〈過去問〉で学ぶ
実務区分所有法

山畑哲世

不磨書房

はじめに

　マンションの良好な居住環境の確保を図ることを目的として「マンション管理適正化法」（マンションの管理の適正化の推進に関する法律）が平成12年12月8日に公布された。この法律により，マンション管理の専門家として「マンション管理士」，「管理業務主任者」という2つの新しい国家資格が創設された。

　「マンション管理士」は，管理組合や区分所有者の相談に応じ，マンション管理組合の運営や管理について，助言や指導等を行う専門家とされている。「管理業務主任者」は，マンション管理業者の中にいて，管理業務を受託する契約を交わす際に事前に重要事項の書面の交付や説明を行う等の業務を行う者とされ，管理会社は登録にあたって管理業務主任者を事務所ごとに設置することが義務づけられている。

　「マンション管理士」，「管理業務主任者」の試験が平成13年度に初めて実施されたが，その内容は比較的やさしいものが多かった。しかし，今後もこのレベルが続くとは思えない。実施回を重ねるごとにだんだんと難しくなっていくものと思われる。出題範囲は，区分所有法（「建物の区分所有等に関する法律」），不動産登記法，民法，建築基準法，宅地建物取引業法，消防法，民事訴訟法，建築設備，損害保険，会計業務，マンション管理適正化法等多岐にわたる。このように，マンション管理業務の実務で必要とされる幅広い知識が出題されるが，この中でも大きな比重を占めるのは，区分所有法であることは明確である。特に，区分所有法については，基本的知識は当然のこととして，ハイレベルの知識がないと実務では通用しないし，まして悩める管理組合およびマンション居住者に対して適確な指導を行うことはできない。逆に言うと，区分所有法を完全にマスターしておれば，他の科目への取り組みは容易であるともいえる。

　本書は，実務で必要とされる区分所有法の解説をコンパクトにまとめたうえで，区分所有法関係の過去問題（以下，「過去問」という）を該当条文へ割り当てて詳しい解説をしている。マンション管理士・管理業務主任者受験対策のためにも，必要にして十分な内容を盛り込んでいる。

　本書は以下の点を基本指針としながら作成した。
（1）　区分所有法の解説書であるが，必要な範囲で不動産登記法，民法（委任等），民事訴訟法等の解説も行っている。
（2）　条文を中心とした解説スタイルをとった。項目ごとの解説という方法もあるが，法律は条文の形式で書かれており，学説や理論によって成り立っているのではないことを認識する意味でも，条文中心主義は有効であると思う。

(3) 条文解説では，その条文が一体何を定めているのか，それはどういう趣旨に基づくものかを簡潔に説明し，ポイントがつかめるようにした。

(4) 区分所有法に関して，管理業務主任者試験，マンション管理士試験，区分所有管理士試験，宅地建物取引主任者試験，土地家屋調査士試験，司法書士試験等の過去問の中からできるだけ多くを取り上げ，それを区分所有法の各条文別に振り分け，これに詳細な解説を加えた。問題を分析してみると，これらの試験では過去問に類似した問題が多数出題されており，マンション管理士・管理業務主任者受験対策においても，過去問の徹底分析は有効であると思う。

(5) 過去問は出題形式通りに四肢択一（五肢択一）をそのままのせるのではなく，各肢ごとにばらして該当する条文に問題を振り分けた。出題形式そのままの四肢択一（五肢択一）では，内容を正確に理解していない場合でも，問題文の比較によって正解にたどり着くことが可能であるが，一肢一題の場合は，正確な知識がないと解答できないからである。一肢一肢について，正誤を素早く判断していくことによって，条文の正確な理解ができるようになるであろう。

(6) 付録として，①「区分所有法」と「標準管理規約」（平成9年度版）の比較表，②「標準管理規約」（平成9年度版）と「標準管理規約」（昭和58年度版）の比較表をのせた。実務では，この付録資料が案外役に立つのではないかと考えている。

以上のように，本書は単なる試験対策用のテキストではなく，実務で参照する場合にも十分使えるような内容にしている。

「法律は，単なる学習の対象ではない。法律は，何よりもまず，使うためにあるものである。世の中には，さまざまな紛争がある。そこでいったい何が問題となり，それをどう解決すればよいのか。法律の知識は，そのために役立つものである。いくら法律を学んだといっても，それを実際の場面で使えなければ意味がない。法律の勉強は，少なくとも最終的にはそれを使えるようになることをめざしておこなう必要がある。」（山本敬三『民法講義Ⅰ総則』はしがき）

われわれが当面の目標とするマンション管理士・管理業務主任者も，単に区分所有法の知識があるというだけでは，実務では何の役にも立たない。区分所有法は，管理組合・理事会の運営方法，総会開催の手続等を定めた実践的な法律ではあるが，マンションは人間が集団で集まって住むことから発生する様々な問題を抱えている。うわべだけの知識ではなく，人間を知ること，他人への思いやり，他人との対話を粘り強く地道に継続していかなければならないのが，マンション管理業務である。このことを忘れずに，新しい国家資格であるマンション管理士・管理業務主任者試験にチャレンジしよう！

2002年7月

山 畑 哲 世

目次

はじめに

区分所有法　基礎知識

1. 区分所有者(頭数)および議決権の数え方 …………………………4
2. 区分所有法と(標準)管理規約の適用関係について ……………6
3. 管理費等，議決権，敷地利用権の割合についての区分所有法の考え方［持分］………………………………………………………………8
4. 区分所有法と(標準)管理規約の比較 ………………………………8

条文解説／過去問題と解答

第1章　建物の区分所有

第1節　総則［第1条〜第10条］　　　　問題1〜問題167 … 12
第2節　共用部分等［第11条〜第21条］　問題168〜問題232 … 61
第3節　敷地利用権［第22条〜第24条］　問題233〜問題242 … 84
第4節　管理者［第25条〜第29条］　　　問題243〜問題325 … 89
第5節　規約及び集会［第30条〜第46条］問題326〜問題439 … 113
第6節　管理組合法人［第47条〜第56条］問題440〜問題478 … 152
第7節　義務違反者に対する措置［第57条〜第60条］
　　　　　　　　　　　　　　　　　　　問題479〜問題510 … 172
第8節　復旧及び建替え［第61条〜第64条］問題511〜問題545 … 187

第2章　団地［第65条〜第68条］　　　　問題546〜問題561 … 202
第3章　罰則［第69条〜第70条］　　　　問題562 …………… 211

● 被災区分所有建物の再建等に関する特別措置法　問題563〜問題574 … 214

資料

1. 区分所有法と「標準管理規約」（平成9年度版）比較表 ……………222
2. 「標準管理規約」新旧対照（平成9年度版／昭和58年度版）………256
   (1) 中高層共同住宅標準管理規約（単棟型）新旧対照（抄）
   (2) 中高層共同住宅標準管理規約（単棟型）コメント新旧対照（抄）

※取り上げた過去問（問題文は，法律改正や各肢ごとに分類した関係で，筆者の方で修正を加えたものもある）
① 管理業務主任者試験……平成11年，12年，13年
② マンション管理士試験……平成13年
③ 区分所有管理士試験……平成10年，11年，12年，13年（区分所有法関係の問題）
④ 宅地建物取引主任者試験……平成１年から平成13年までの13年分（区分所有法関係の問題）
⑤ 土地家屋調査士試験……昭和43年から平成13年までの34年分（区分所有法関係の問題）
⑥ 司法書士試験……昭和60年から平成13年までの17年分（区分所有法関係の問題）

区分所有法
基礎知識

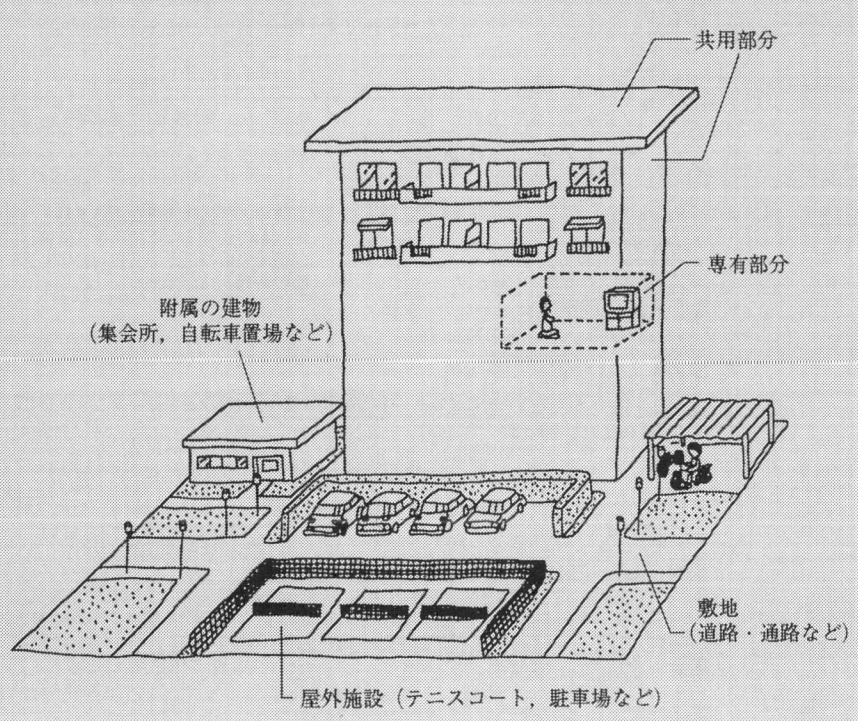

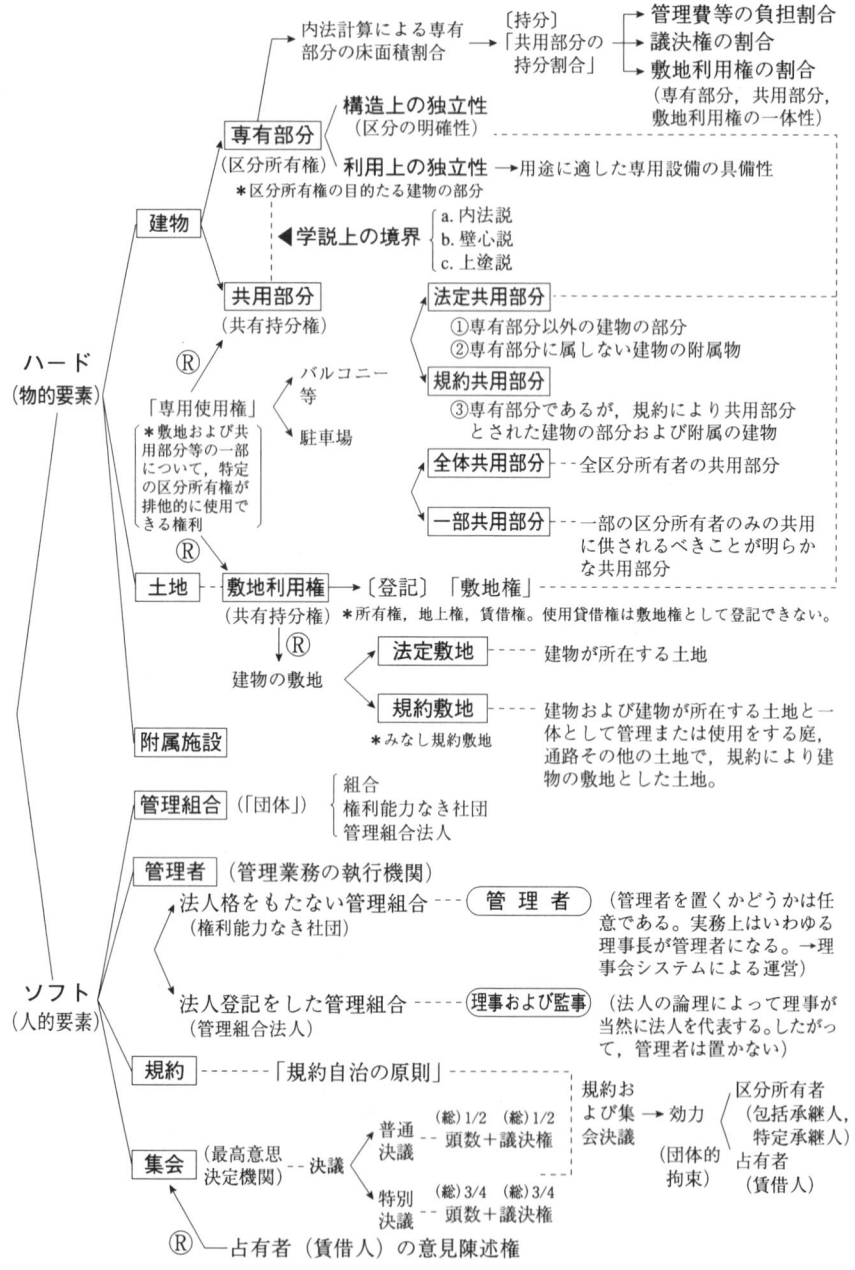

マンションの管理の区分

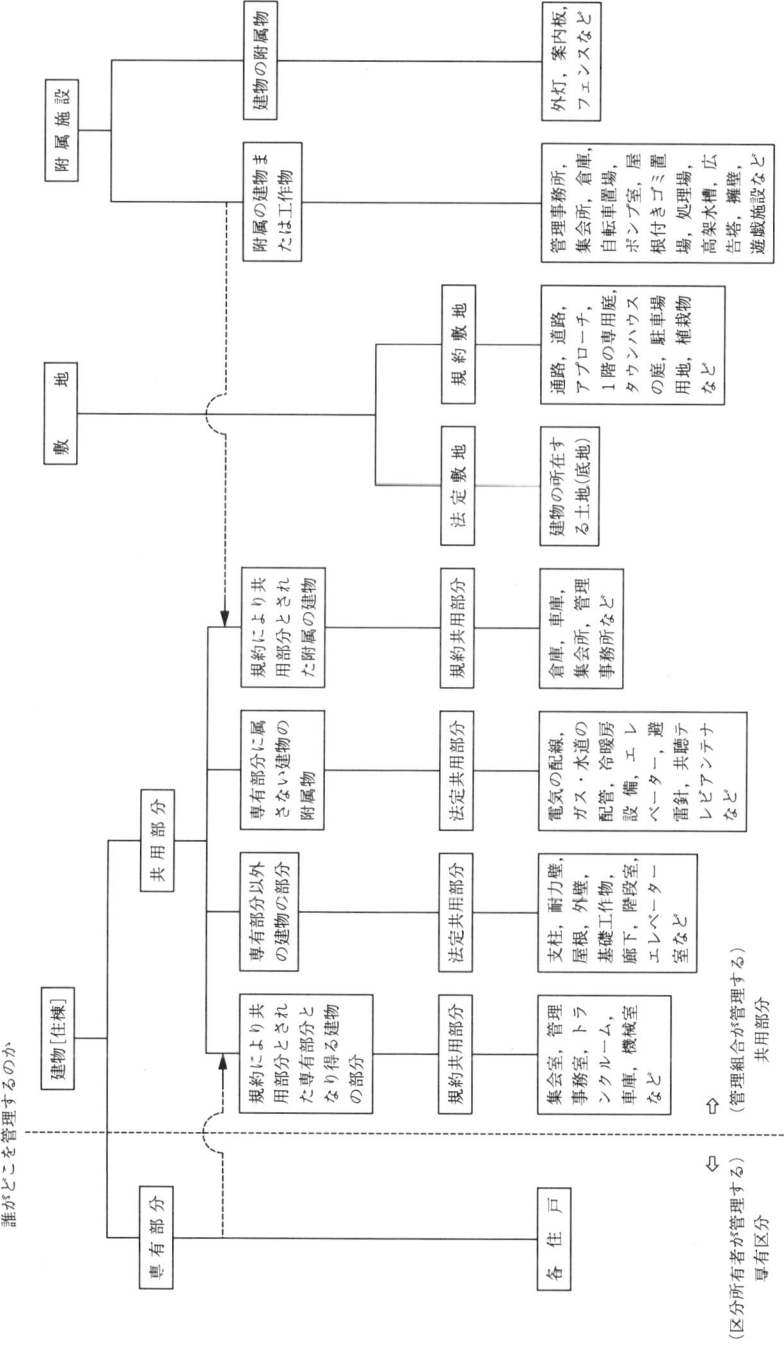

(日本総合住生活(株)「マンション管理と共同生活のルール」より引用)

区分所有法　基礎知識　3

1　区分所有者(頭数)および議決権の数え方

■［原則］ ①区分所有者（頭数）＋②議決権
数え方のパターン
- (1) ①および②の各過半数
- (2) ①および②の各4分の3以上
- (3) ①および②の各5分の4以上
- (4) ①または②の各4分の1超

★1．共用部分の変更［重大変更］（17条1項）
　共用部分の変更は，①区分所有者および②議決権の各4分の3以上の多数による集会の決議で決する（17条1項本文）。ただし，この区分所有者の定数は，規約でその過半数まで減ずることができる（17条1項但書）。
　　⇨　「この区分所有者の定数」とは，①区分所有者（頭数）のみ過半数まで減じることができるという意味であり，②議決権は変更できない。

★2．少数区分所有者の集会招集権（34条3項）
　①区分所有者（頭数）の5分の1以上で（および）②議決権の5分の1以上を有するものは，管理者に対し，会議の目的たる事項を示して，集会の招集を請求することができる（34条3項本文）。ただし，この定数は，規約で減ずることができる（34条3項但書）。
　　⇨　「この定数」とは，「①区分所有者（頭数）の5分の1以上」および「②議決権の5分の1以上」の両方を指す。したがって，規約によって，①および②の「5分の1以上」という割合を減じることもできるし，また，①の区分所有者（頭数）の5分の1以上のみで足りるとすることもできる。しかし，①および②の定数を引き上げることはできない。

★3．一部共用部分の管理（30条2項，31条2項）
　一部共用部分の管理が，区分所有者「全員の利害に関しない」場合であっても，区分所有者全員の規約により定めることができる。
　　⇨　ただし，一部区分所有者の4分の1超または議決権の4分の1超の者が反対した場合は，区分所有者全員の規約で定めることができない（一部共用部分の区分所有者だけの規約により定めることになる）。

■集会（総会）における「組合員数」および「議決権数」の数え方
［事例1］　50戸のマンション。Aさんだけが3部屋所有で，他は1部屋ずつ所有。1住戸1議決権とする。（組合員数の数え方）　本問では，頭数47＋1（Aさん）＝48人，議決権　47＋3（Aさん）＝50個

この場合の「普通決議」、「特別決議」成立のために必要な最小限の組合員数および議決権数の数え方は次のようになる。

①普通決議要件	区分所有法	全区分所有者および全議決権の各過半数で決する。 （区分所有法39条1項） 頭数25／48＋議決権26／50
	標準管理規約	出席区分所有者の議決権の過半数で決する （標準管理規約45条2項） ★総会成立要件は総議決権の「半数以上」、決議要件は出席組合員の議決権の「過半数」 総会成立要件25／50 → 議決権13／25
②特別決議要件	区分所有法	全区分所有者および全議決権の3／4以上で決する。 （建替え決議は4／5以上） 頭数36／48＋議決権38／50
	標準管理規約	特別決議については規約で別段の定めができないので区分所有法による。

[事例2]　20戸の等価交換方式によるマンション。元地権者Bが8部屋所有で、他は1部屋ずつ所有。1住戸1議決権とする。（組合員数の数え方）　本問では、頭数　12＋1（Bさん）＝13人、議決権　12＋8（Bさん）＝20個

①普通決議要件	区分所有法	全区分所有者および全議決権の各過半数で決する。 （区分所有法39条1項） 頭数7／13＋議決権11／20
	標準管理規約	出席区分所有者の議決権の過半数で決する。 （標準管理規約45条2項） 総会成立要件10／20 → 議決権6／10

しかし、本問では、規約変更等の「特別決議」を行う場合に問題が出てくる。

②特別決議要件	区分所有法	全区分所有者および全議決権の3／4以上で決する。 （建替え決議は4／5以上） 頭数10／13＋議決権15／20
	標準管理規約	特別決議については規約で別段の定めができないので区分所有法による。

「特別決議」を行う場合、元地権者Bさんが反対しても、「頭数」では10人を超えているのでクリアーできるが、「議決権」ではBさん以外の全員を合計しても12個にしかならないので、15個の要件を満たしていないことになる。したがって、

特別決議を行う場合にはBさん1人が反対すれば，全て不成立となってしまう。

2　区分所有法と(標準)管理規約の適用関係について

■トラブルとなった場合の判断は，①管理規約，②区分所有法，③民法の順になる

　マンションでトラブルがあった場合を考えてみると，トラブルというのは，分譲主とのトラブル，施工会社とのトラブル，管理会社とのトラブル等いろいろあるが，現在は時代の流れからいうと，区分所有者同士の争いの時代になっているとも言われている。このようにトラブルになって紛争が裁判所に持ち込まれたときにどう判断するかというと，裁判官は，まず当該マンションの管理規約はどういう定めになっているか，それをまず見る。管理規約の中で特に定めがなければ，次に見るのは区分所有法である。マンション管理のことについていろいろと規定している区分所有法では，どのように定めているかを見る。そこでも何も規定がない場合は，私法の一般法である民法を見る。このように，順序を追って判断していくことになる。

　しかし，この中で判断にあたって一番重要なのは管理規約である。別の言い方をすると，管理規約の中である程度トラブルを予想して詳細かつ具体的に書いてあれば，管理規約の方が優先されるので，このような意味で管理規約にどういったことが書いてあるかが重要になる。したがって，実務では当該マンションの管理規約がどのような定めになっているかを理解することが最優先になる。

■マンションにおける行為規範は，区分所有法ではなく，標準管理規約にある

　また，稲本洋之助・鎌野邦樹著『コンメンタールマンション区分所有法』(日本評論社・1997年)の「はしがき」では，区分所有法と標準管理規約について，概要次のように述べている。

　区分所有法は，抽象的であり，任意的であり，財産の私的所有の原則に著しくとらわれていて実効性がない，つまり，実際のマンション管理には役立たない，という批判がある。それに対して，区分所有法の定めを前提としながら，それとは異なる次元で，行政庁が審議会(住宅宅地審議会)の答申に基づいて採用し，業界を通じて奨励する標準約款(標準管理規約)の規範体系が存在し，現実に大きな影響力を有している。マンションにおける集合生活の行為規範を求めるならば，直接には区分所有法にではなく，標準管理規約にその手がかりを探すべきである。

■区分所有法理解のための思考の順序

このように，実務では区分所有法よりも（標準）管理規約の方が重要である。しかし，思考の順序としては，まず①区分所有法ではどういう規定になっているか，②それに対して「別段の定め」としての（標準）管理規約ではどのように定めているか，という順序で考えた方が分かりやすいし誤解も少ない。というのは，実務を長くやっていると（標準）管理規約の扱いが原則だと思い，その規定をそのまま区分所有法に当てはめてしまい，そのために区分所有法を間違って解釈している人が多いからである。

※区分所有法における「（標準）管理規約」の位置

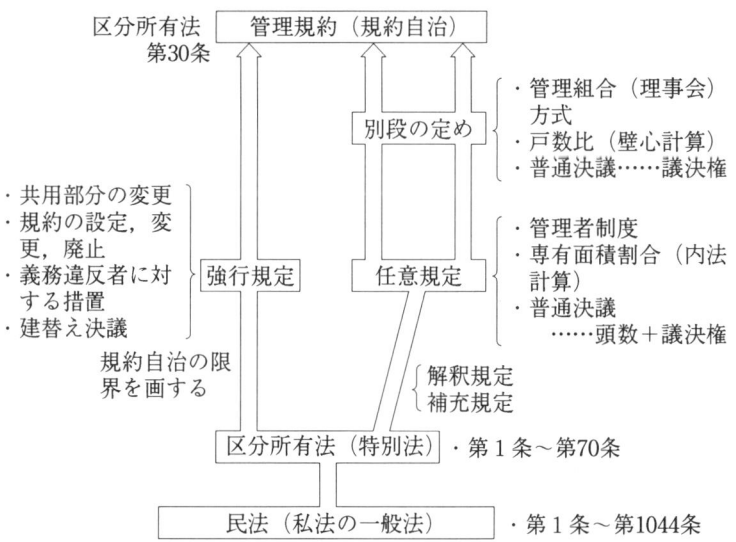

★ 区分所有法では，強行規定に対して任意規定の割合が大きいことから，「規約自治」の領域が拡大している。しかし，マンション自体が社会的資産であり，公共的性格の建物でもあることを考えると，今後は，任意規定から強行規定へ移行する部分も多くなってくると考えられる（任意規定の強行法規化）。

(注) 1.「民法」（一般法）に対する特別法としての「区分所有法」
　　特別法は一般法に優先する。例えば，共有関係については民法にも規定があるが，特別法である区分所有法が適用される。
　2. 区分所有法における「任意規定」と「強行規定」の区分
　　法律の規定には，契約（規約）で別段の定めをすれば契約（規約）の方が優先するものと，契約（規約）で別段の定めをしてもダメなものがあり，前者を任意規定，後者を強行規定という。任意規定は，契約（規約）に特別に定められなかった場合に適用になるものであるが，その作用には「解釈規定」と「補充規

定」の2つがある。ひとつは，契約（規約）の中で用いられた文言や約款の意味が不明瞭なときにそれを解釈する作用であり，もうひとつは，契約（規約）の中で定められなかった空白を埋める作用になる。

　これを区分所有法について見ると，区分所有法には，「規約で別段の定めをすることを妨げない」，「規約に別段の定めがない限り」，「規約に別段の定めがあるときはこの限りでない」等といった規定が多い。これは区分所有法の「強行規定」（例えば，規約変更等の特別決議）については，規約で別の定めをすることはできないが，それ以外の「任意規定」については，自由に定めることができ，自分たちで別段の規定を設ければそれが適用される。もし，そのような規定がない場合に区分所有法が適用されるという意味である。

3　管理費等，議決権，敷地利用権の割合についての区分所有法の考え方 [持分]

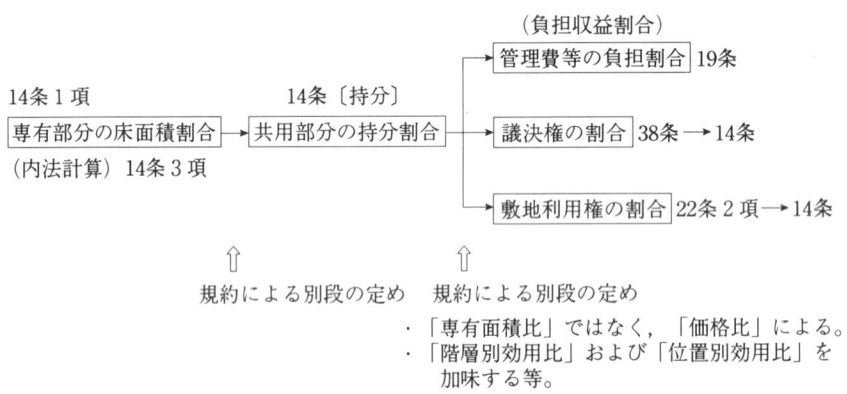

4　区分所有法と(標準)管理規約の比較

　区分所有法では強行規定に対して，任意規定の割合が大きいことから，「規約自治」の領域が拡大しており，(標準)管理規約では，「別段の定め」をしている例が多い。また，区分所有法にはない独自の用語を使用してもいる。数例を比較してみると次の表のようになる。

区分所有法	（標準）管理規約
・管理者制度（法25条〜29条） ・共有持分は，専有面積割合［内法計算］（法14条3項） ・持分に応じて，共用部分の負担に任ずる（法19条，21条） ・管理者は，少なくとも毎年1回集会を招集しなければならない（法34条2項） ・集会の招集通知は，1週間前に発する（法35条） ・議決権は，14条に定める共有持分割合による（法38条） ・集会の普通決議は，全区分所有者および全議決権の各過半数で決する（法39条） ・管理者または集会を招集した区分所有者の1人が議長となる（法41条）	・理事会方式（規約49条〜52条） ・共有持分は，専有面積割合［壁心計算］（規約10条） ・敷地および共用部分の管理に要する経費に充てるため，管理費等［管理費・修繕積立金］を管理組合に納入しなければならない（規約24条，26条，27条） ・理事長は，通常総会を，毎年1回新会計年度開始以後2ヵ月以内に招集しなければならない（規約40条3項） ・総会の招集通知は，2週間前に発する（規約41条1項） ・議決権の割合は，別表第5に掲げるとおりとする［1住戸1議決権とすることも可能］（規約44条1項） ・総会の普通決議は，出席組合員の議決権の過半数で決する（規約45条2項） ・総会の議長は，理事長が務める（規約40条5項）
・集会の議事録には，議長および集会に出席した区分所有者2人が署名押印しなければならない（法42条2項） ・（規定なし）	・総会議事録には，議長および議長の指名する総会出席理事2名が署名押印しなければならない（規約48条2項） ・合意管轄裁判所の定め（規約64条）
・管理者（法3条，25〜29条，33条，34条，35条，41条，57条，69条） ・団体（法3条） ・集会（法34条他） ・（規定なし） ・（規定なし）	・理事長（規約17条，33条，36条，42条，44条，48条，49条，50条，55条，56条，61条，63条，67条，附則3条） ・管理組合（6条他） ・総会（40条他） ・専用使用権（規約2条8号，14条，21条1項，45条7項） ・専用使用部分（規約9号，16条，22条1項，45条7項）

条文解説／過去問題と解答

- 建物の区分所有等に関する法律
- 被災区分所有建物の再建等に関する特別措置法

第1章　建物の区分所有

第1節　総　則

（建物の区分所有）
第1条　1棟の建物に構造上区分された数個の部分で独立して住居，店舗，事務所又は倉庫その他建物としての用途に供することができるものがあるときは，その各部分は，この法律の定めるところにより，それぞれ所有権の目的とすることができる。

解説　（1）本条は，建物の区分所有権が認められることを明らかにし，区分所有権の目的である建物の部分の要件を定めたものである。物権の客体は1個の独立した物でなければならないが，本条は1物1権主義の例外として1棟の建物の一部であっても独立の物として物権の客体になるとし，区分所有の要件を定めた。

（2）その要件とは，①1棟の建物のうち「構造上区分された」部分で，かつ，②その部分が「独立して住居，店舗，事務所又は倉庫その他建物としての用途に供することができるもの」であることである。一般に，①の要件を「構造上の独立性」，②の要件を「利用上の独立性」と呼んでいる。

●**問題 1**　専有部分であるためには，その部分が構造上も利用上も他の部分から独立していなければならない。　　［管理業務主任者H12・5・(2)，H13・31・(1)］
　解答　〇　構造上の独立性および利用上の独立性が要求される。

●**問題 2**　専有部分とすることができる建物の部分は，当該部分の用途に住宅を含んでいる場合に限られる。　　［管理業務主任者H12・5・(3)，H13・31・(2)］
　解答　×　専有部分とすることができる建物の部分は，用途に住宅を含んでいなくともよい。

●**問題 3**　10階建のビルで，外部への出入りは，1階のフロアと各階共通のエレベーター又は階段を使用しているが，エレベーター室又は階段室と，2階以上

の各階の部分とは，構造上区分されている。この場合の２階以上の各階の部分は，区分所有権の目的とならない。　　　　　　　　　　［調査士S43・13・(1)]

解答　×　構造上および利用上の独立性があるので，この場合の２階以上の各階の部分は，区分所有権の目的となる。

●問題 **4**　甲乙両室からなる建物で甲室と乙室の間は鉄製のドアで仕切られているが，甲室の出入りは，平常は，乙室を通って行なわれている。しかし，甲室から直接外部に出るための出入り口もある。この場合の甲室は，区分所有権の目的とならない。　　　　　　　　　　　　　　　　　　［調査士S43・13・(2)]

解答　×　構造上および利用上の独立性があるので，この場合の甲室は，区分所有権の目的となる。

●問題 **5**　５階建で，うち１階から２階に通ずるための専用階段，３階，４階及び５階のための専用エレベーター室がある建物について，３階，４階，５階及び専用エレベーター室の全体は，区分所有権の目的とならない。
　　　　　　　　　　　　　　　　　　　　　　　　　　　　［調査士S43・13・(3)]

解答　×　この場合の「３階，４階，５階及び専用エレベーター室の全体」は，同一人の所有に属するかぎり，１個の専有部分として，区分所有権の目的とすることができる。★「区分所有にかかる中高層ビルディングのエレベーターの機械，高置水槽，冷却装置等を収容する塔屋は，独立して専有部分となり得る建物の部分と認められない。したがって，一棟の建物の表示の登記においてその階数（床面積）を表示しないものとする」（昭和38.10.22民事甲第2933号民事局長通達）。

●問題 **6**　２階建の木造建物で，１階と２階との間は，２階の床によって完全に遮断されており，２階への出入りは，屋外に付設した専用階段を利用している。この場合の２階は，区分所有権の目的とならない。　　　　［調査士S43・13・(4)]

解答　×　構造上および利用上の独立性があるので，この場合の２階は，区分所有権の目的となる。

●問題 **7**　２階建のブロック造建物で，２階から外部へ出るには，１階にある廊下を通らなければならないが，その廊下と１階の部屋との間は，開閉は自由であるが，平常は閉め切っているふすまで仕切られている。なお，出入口は，１階，２階とも共通でその廊下のはずれにある。この場合の２階又は廊下を除く１階部分は，区分所有権の目的とならない。　　　　　　　［調査士S43・13・(5)]

解答　○　廊下と１階の部屋との間は，開閉が自由なふすまで仕切られてい

るだけなので，1階部分は「構造上の独立性」がない。また，出入口は，1階，2階とも共通で廊下のはずれにあるだけなので，1階部分は「利用上の独立性」もない。したがって，構造上および利用上の独立性がないので，1階部分は区分所有権の目的とならない。

●**問題 8** 1棟の建物と建物の一部分がシャッターで他の部分と仕切られ，独立して店舗の用途に供しうるときは，これを区分建物とすることができる。
[調査士S47・12・(1)]

(解答) ○ この場合は，構造上および利用上の独立性があるものと認められ，区分建物として登記できる。★「店舗と店舗，店舗と道路との間がシャッターで仕切られている場合は，各店舗は区分所有権の目的となる」（昭和42.9.25民事甲第2454号民事局長回答）。

●**問題 9** 1個の区分建物を更に区分し2個の区分建物とすることはできない。
[調査士S47・12・(2)]

(解答) × 既登記の1個の区分建物が2個以上の「専有部分」からなる場合には，これをさらに区分して，2個以上の区分建物とすることができる。つまり，「建物の戸数の基準」について，準則137条2項本文は「1棟の建物に構造上区分された数個の部分で独立して住居，店舗，事務所又は倉庫その他建物としての用途に供することができるものがある場合には，その各部分は，各別にこれを1個の建物として取り扱うものとする。」と規定している。「ただし，所有者が同一であるときは，その所有者の意思に反しない限り，1棟の建物の全部又は隣接する数個の部分を1個の建物として取り扱うものとする。」（同条2項但書）

●**問題 10** いわゆる分譲マンションとして建築された1棟の建物の各居住部分は，当然に区分建物であるが，その1棟の建物を区分建物でない1個の建物として登記することはできない。
[調査士S47・12・(3)]

(解答) × 分譲マンションの場合は，分譲する前は，デベロッパーが建物全部を所有するのが一般的である。この場合は，その1棟の建物を1個の普通建物として建物の表示登記をしてもよいし，その各部分を区分建物として建物の表示の登記をしてもよく，あるいはそのうちの数個の部分を1個の区分建物として建物の表示の登記をしてもよいのであって，その方法は区分所有者であるデベロッパー任意である（準則137条2項但書）。

●**問題 11** 1棟の建物に属するすべての区分建物の所有者が同一人に帰したと

きは，各区分建物は区分建物でなくなる。　　　　　　［調査士S47・12・(4)］

解答　×　すべての区分建物が同一人の所有に帰した場合であっても，当然には区分建物でなくなるとはいえない。その後1人でも区分建物の所有者が出てきた場合は，その者との間で区分所有関係が成立することになるからである。その者の意思によって，すべての区分建物の合併の登記をすると，この場合に限って，区分建物でなくなることになる。

●問題 **12**　区分建物を他の区分建物の附属建物とすることはできない。
［調査士S47・12・(5)］

解答　×　「主たる建物」と「附属建物」の関係にある限り，特定の区分建物を他の区分建物の附属建物とするための合併の登記をすることができる。なお，区分建物の合併の類型としては，①甲建物を乙建物に合併する場合，②甲建物を乙建物の附属建物に合併する場合，③甲建物を乙建物の附属建物とする場合，の3つがある（不登法98条1項）。

●問題 **13**　自己所有の建物の一部（区分所有の要件を備えている。）を他の者に譲渡したとき，その建物は，区分所有となる。　［調査士S48・13・(1)］

解答　○　区分所有の要件を備えている建物の一部を他の者に譲渡したときは，その建物は，区分所有となる。そして，譲受人は，区分所有者となる。

●問題 **14**　自己所有の建物の一部（区分所有の要件を備えている。）を他の者に賃貸したとき，その建物は，区分所有となる。　［調査士S48・13・(2)］

解答　×　区分所有の要件を備えている建物の一部が賃貸借の目的とされただけでは，賃借権は債権なので，当然には区分所有とはならない。譲受人は，区分所有者ではなく，賃借人である。

●問題 **15**　既登記建物の一部（区分所有の要件を備えている。）を抵当権の目的としたとき，その建物は，区分所有となる。　［調査士S48・13・(3)］

解答　○　区分所有の要件を備えている建物の一部が抵当権の目的とされた場合には，物権である抵当権の設定により区分所有となる。

●問題 **16**　既存の建物に第三者が所有者の承諾を得て自己の所有として区分建物の要件を備えている建物を増築したとき，その建物は，区分所有となる。
［調査士S48・13・(4)］

解答　○　第三者が増築した部分が区分建物としての要件を備えている限り，従前の建物とともに，区分所有となる。

●問題 17　数人が共同して区分所有の要件を満たす専有部分を定めて建物を建築したとき，その建物は，区分所有となる。　　　　　　　　　　　　［調査士S48・13・(5)］

　解答　○　この専有部分は，いずれも区分所有となる（区分所有法1条）。

●問題 18　1棟の建物に構造上区分された数個の部分で独立した建物としての用途に供することができるものがあるときは，その各部分について，区分建物の登記をすることができる。　　　　　　　　　　　　　　　　　　　　［調査士S51・11・(2)］

　解答　○　各部分は，いずれも専有部分として取り扱われ，それぞれについて区分建物の表示の登記をすることができる。

●問題 19　1棟の建物に属するすべての区分建物の所有権が同一人に帰属したときには，区分所有関係が消滅したことを原因として，表示の変更の登記を申請しなければならない。　　　　　　　　　　　　　［調査士S53・13・(5)，S59・4・(4)］

　解答　×　1棟の建物に属するすべての区分建物の所有権が同一人に帰属しても，区分所有の成立が否定されるわけではないので，それに基づく登記を申請する必要がない。その後1人でも区分建物の所有者が出てきた場合は，その者との間で区分所有関係が成立することになるからである。

●問題 20　1棟の建物に構造上区分された数個の部分で独立した建物としての用途に供することができるものがあるときは，その各部分について建物の表示の登記をすることができる。　　　　　　　　　　　　　　　　　［調査士S59・4・(1)］

　解答　○　「建物の戸数の基準」について，準則137条2項本文は「1棟の建物に構造上区分された数個の部分で独立して住居，店舗，事務所又は倉庫その他建物としての用途に供することができるものがある場合には，その各部分は，各別にこれを1個の建物として取り扱うものとする。」と規定している。「ただし，所有者が同一であるときは，その所有者の意思に反しない限り，1棟の建物の全部又は隣接する数個の部分を1個の建物として取り扱うものとする。」（同条2項但書）

（定義）
第2条　この法律において「区分所有権」とは，前条に規定する建物の部分（第4条第2項［規約共用部分］の規定により共用部分とされたものを除く。）を目的とする所有権をいう。
2　この法律において「区分所有者」とは，区分所有権を有する者をいう。
3　この法律において「専有部分」とは，区分所有権の目的たる建物の部分

をいう。
　4　この法律において「共用部分」とは，専有部分以外の建物の部分，専有部分に属しない建物の附属物及び第4条第2項［規約共用部分］の規定により共用部分とされた附属の建物をいう。
　5　この法律において「建物の敷地」とは，建物が所在する土地および第5条第1項［規約敷地］の規定により建物の敷地とされた土地をいう。
　6　この法律において「敷地利用権」とは，専有部分を所有するための建物の敷地に関する権利をいう。

解説　　本条は，この法律における重要な概念の意義を定めた規定である。
（1）　区分所有権とは，1条で規定された建物の部分（1棟の建物のうちの構造上の独立性・利用上の独立性を有している部分）を目的とする所有権をいう。
（2）　区分所有者とは，区分所有権を有する者をいう。すなわち，現に区分所有権の目的となっている建物の部分（専有部分）の所有者をいう。自然人でも法人でもよい。
（3）　専有部分とは，区分所有権の目的である建物の部分をいう。第1条に定める要件を備えた建物の部分が現に区分所有権の客体である場合に，その建物の部分が，本法にいう専有部分である。したがって，「区分所有権」は，「専有部分」を目的とする所有権であり，「区分所有者」は，「専有部分」の所有者である。
　旧法成立以前には「専用部分」という用語のほうが多く使われていたが，旧法では，区分所有権の目的たる部分という意味を表すために特に「専有部分」としたと説明されている。本法でも，この用語を受け継いだ。したがって，今日では，「専用部分」という意味を「専有部分」の意味で使うことはできない（慣用的には，たとえば1階住戸前の庭やルーフバルコニーなど一部の区分所有者の専用使用権の対象となる共用部分を「専用部分」ということがある）。
（4）　共用部分とは，①専有部分以外の建物の部分，②専有部分に属しない建物の附属物，③4条2項の規定によって共用部分とされた附属の建物という3種のものの総称である。これらの共用部分には，その性質により法律上当然に共用部分になるもの（構造上または性質上共用部分になるもの）［法定共用部分］と，区分所有者の定める規約によって共用部分になるもの［規約共用部分］とがある。本法では，区分所有の建物に関して，「建物の部分」，「建物の附属物」，「附属の建物」の3つを区別しており，さらに，そのそれぞれについて専有部分と共用部分とを観念上明確に区別し，それぞれをその一方に属させるという建前をとっている。
　共用部分は区分所有者の共有に属するが（11条），その共有関係については，

基本的に普通法である民法上の共有の規定（民法249条〜252条，256条等）の適用が排除される。なお，旧法以来「共有部分」という言葉は用いず，「共用部分」という言葉を用いている。

（5） 建物の敷地とは，建物が所在する土地（法定敷地）および5条1項の規定により建物の敷地とされた土地（規約敷地）とをいう。専有部分と敷地利用権の一体性の原則（分離処分の原則的禁止）を採用する前提として，敷地の範囲を明確にすることにしたのである。なぜなら，専有部分と一体化する敷地利用権の目的たる土地の範囲が画一的に明らかにされていないと取引の安全を著しく害することになり，また，不動産登記手続上も対応することができないことになるからである。

（6） 敷地利用権とは，区分所有者が専有部分を所有するための建物の敷地（法定敷地と規約敷地の双方を含む）に関する権利をいう。敷地利用権は，一般的には所有権，地上権または賃借権であるが，使用貸借契約等に基づく権利（使用借権）も含まれる。なお，敷地利用権のうち登記された権利で専有部分と一体化されたものは，不動産登記法上，「敷地権」と呼ばれる（不登法91条2項4号）。敷地権は，登記することのできる権利でなければならない。使用貸借権等は登記できない（不登法1条参照）ので敷地権とはならない。結局のところ，敷地権たりうるものは，所有権，地上権，賃借権ということになる。また，現実に登記されていることが必要であるから，所有権，地上権，賃借権であっても未登記のものは敷地権たりえない。

●問題 **21** 管理組合を構成する組合員は区分所有者であるが，組合員たる資格は区分所有者となったときに取得し，自己の所有する専有部分を他人に賃貸する等の事由によって当該区分所有建物に居住しなくなったときに，その資格を喪失する。
[管理業務主任者H12・21・（2）]

（解答） ✕　自己の所有する専有部分を他人に賃貸する等の事由によって当該区分所有建物に居住しなくなったときでも，区分所有権を失うわけではないから組合員であることに変りはない。

●問題 **22** 専有部分は，区分所有権の目的たる建物の部分である。
[マンション管理士H13・1・（1）]

（解答） 〇　専有部分とは，区分所有権の目的たる建物の部分をいう。

●問題 **23** 専有部分には，共用部分に属する設備があってはならない。
[マンション管理士H13・1・（4）]

（解答） ✕　専有部分内にマンホール，電気・水道等のパイプなどの共用部分

に属する設備があっても，それが排他的使用を妨げるものでないときは，なお専有部分と認められるとするのが判例である（最判昭和56.6.18）。

●**問題 24** 建物の構成部分の直下の土地は，その構成部分が床面積に算入されないものであっても，法定敷地である。　　　　　　　　　　［調査士S61・7・(1)］

（解答）　○　逆に，建物の構成部分の直下の土地だけが法定敷地となるわけではないので注意のこと。法定敷地とは，建物が乗っている一筆あるいは数筆の土地をいい，一筆であればその一筆の土地全体をいい，建物が数筆にまたがって乗っていれば，その数筆の土地全体をいう。

●**問題 25** 建物が一筆の土地の一部の上に建築された場合には，建物が存する部分のみが法定敷地となり，その余りの部分は，規約敷地とみなされる。

［調査士S61・7・(5)］

（解答）　×　建物が一筆の土地の一部に存する場合でも，その一筆の土地全体が法定敷地である。建物の敷地とは「1棟の建物が所在する土地」および「規約によって建物の敷地とされた土地」をいい，前者を法定敷地，後者を規約敷地という。規約敷地は，区分所有者が建物および法定敷地と一体として管理または使用する庭，通路その他の土地で，規約により敷地としたものをいい，必ずしも法定敷地に隣接していることを要しない。

（区分所有者の団体）
第3条　区分所有者は，全員で，建物並びにその敷地及び附属施設の管理を行うための団体を構成し，この法律の定めるところにより，集会を開き，規約を定め，及び管理者を置くことができる。一部の区分所有者のみの共用に供されるべきことが明らかな共用部分（以下「一部共用部分」という。）をそれらの区分所有者が管理するときも，同様とする。

（解説）　**(1)**　本条は，区分所有者が何らの行為をするまでもなく，本法の定めるところにより当然に，他の区分所有者と共同で建物等の管理をする仕組みの中に組み込まれ，様々な団体的な拘束を受ける関係に立つことになることを確認的に宣言したものである（確認的規定）。

本法がこのような規定を置いた理由は，①管理組合をめぐる実務上の混乱を解消するとともに区分所有者の共同管理の意識を高めること，②管理組合法人の制度を新設する前提として，法人となるべき団体の存在を明らかにすることにあっ

た。

（2）　したがって，区分所有関係が生じたときに，当然に団体（管理組合）ができるということであり，管理組合は設立の手続なしに成立することになる。区分所有者は，この区分所有関係が存続する限り，管理組合からの脱退・除名は認められない。区分所有権が譲渡・競売等で移転したときに限り，構成員の交替が生じることになる。

（3）　しかし，管理組合が実質的に機能するためには，業務を執行するための機関として管理者（いわゆる理事長）を置くことが必要であり，基本的なルールを定めた管理規約も必要になる。すなわち，この団体の運営のためには，①集会を開き，②規約を定め，および③管理者を置く必要がある（但し，①，②および③の設置は任意である）。

したがって，法律上当然に成立する管理組合にも，実際は次の3つの形態が存在することになる。(a)管理組合が組織されているもの（①，②および③の置かれている団体，顕在的管理組合），(b)管理組合法人（本条に規定する団体で区分所有者の数が30人以上であるものは，区分所有者および議決権の各4分の3以上の多数による集会の決議で法人となる旨ならびにその名称および事務所を定め，かつ，その主たる事務所の所在地において登記をすることによって法人［管理組合法人］となることができる），(c)単なる団体を構成しているにすぎないもの（①，②および③の置かれていない団体，潜在的管理組合）。

一般的には，法人登記をしていない団体で，本条に定める集会，規約，管理者等に関する規定に従って運営されている団体は，権利能力なき社団に該当すると見てよいであろう。

判例は，「権利能力なき社団といい得るためには，団体としての組織をそなえ，そこには多数決の原則が行なわれ，構成員の変更にもかかわらず団体そのものが存続し，しかしてその組織によって代表の方法，総会の運営，財産の管理その他団体としての主要な点が確定しているものでなければならない」としている（最判昭和39.10.15）。

（4）　一部共用部分とは，たとえば一部の専有部分にのみ通じる廊下・階段室・エレベーター室など，構造上一部の区分所有者のみの共用に供されるべきことが明らかな共用部分をいう。一部共用部分をそれらの区分所有者が管理するときは，その区分所有者は，全員で，一部共用部分の管理を行うための団体を当然に構成する。その構成員である一部の区分所有者は，本法の定めるところによって集会を開き，規約を定め，管理者を置くことができる。

＊［参考］管理組合と自治会の違い

団体	管理組合	自治会
目　　　的	・建物等の共有財産の維持保全 ・共同生活の秩序維持	・住民の相互親睦 ・地域生活の向上（行政の補助）
構　　　成	・区分所有者 　（組合員）	・居住者 　（賃借人含む）
加　　　入	・強制（区分所有者である限り離脱できない）	・任意（いつでも自由である）
運営資金	・管理費 ・修繕積立金	・自治会費
主な準拠法　　規	・区分所有法 ・管理規約等	・自治会規則等

●問題 26　管理組合は，区分所有者全員で構成する。
　　　　　　　　　　　　　　　　　　　　　　　［管理業務主任者H11・6・(1)]
　解答　○　管理組合は，区分所有者全員が構成員となり，賃借人は管理組合の構成員ではない。

●問題 27　管理組合は，集会を開き，管理規約を設定し，管理者を選任しなければ成立しない。　　　　　　　　　　　　　　　　［管理業務主任者H11・6・(2)]
　解答　×　「集会を開き」，「管理規約を設定」し，「管理者を選任する」ことは，任意である。

●問題 28　管理組合は，建物並びにその敷地及び附属施設の管理を行うことを目的とする団体である。　　　　　　　　　　　　［管理業務主任者H11・6・(3)]
　解答　○　管理組合は，建物等の共有財産の維持保全を目的とする団体である。

●問題 29　管理組合の構成員の資格は，区分所有者となったときに取得し，区分所有者でなくなったときに失う。　　　　　　　［管理業務主任者H11・6・(4)]
　解答　○

●問題 30　区分所有法に定める区分所有者の団体は，当該建物が完成した時点で管理組合という名称を用いて登記されるが，万一登記を怠ったときは，管理組合理事長に対して10万円以下の過料が課せられる。　［管理業務主任者H12・21・(1)]

解答 ×　区分所有関係が生じたときに，当然に団体（管理組合）ができるということであり，管理組合は設立の手続なしに成立する。法人格を有さない管理組合の登記はできない。

●**問題 31**　管理組合は，建物共用部分並びにその敷地及び附属の建物並びに附属の施設の維持管理を主たる目的とする団体で，区分所有者全員で構成される。

［管理業務主任者H12・21・(3)］

解答 ○

●**問題 32**　共用部分は，当然に管理組合の管理の対象である。

［マンション管理士H13・2・(1)］

解答 ○

●**問題 33**　建物の共用部分以外の附属施設のうち，区分所有者の共有に属するものは，当然に管理組合の管理の対象である。　［マンション管理士H13・2・(2)］

解答 ○

●**問題 34**　専有部分内の床下に設置されていて居室から見えない配管は，当然に管理組合の管理の対象である。　［マンション管理士H13・2・(3)］

解答 ×　給排水管の本管は，法定共用部分に該当し，管理の対象となる（4条1項）。ただし，給排水管でも各住戸に設置される枝管は，専有部分に該当する場合がある。なおこの場合でも共用部分の管理と一体として行う必要があれば管理の対象となる（標準管理規約21条2項）。

●**問題 35**　区分所有者は，建物並びにその敷地及び付属施設の管理を行うための団体である管理組合を構成することができるが，管理組合の構成員となるか否かは各区分所有者の意思にゆだねられる。　［宅建H11・15・(2)］

解答 ×　区分所有法3条では，区分所有者の団体である管理組合が当然成立すると規定している。そして，区分所有者であれば，当然に同団体の構成員となるのであり，管理組合の構成員となるか否かが各区分所有者の意思に委ねられているわけではない。

●**問題 36**　分譲業者は，引渡しがなされ区分所有関係が成立すると，分譲業者であると同時に売れ残り住戸の区分所有者となるから，特別な権利義務の承認を得ておかない限り，区分所有者として規約を遵守すべき義務を負う。

［区分所有管理士H10・32・(4)］

解答 ○ 分譲業者は，引渡しがなされ区分所有関係が成立すると，分譲業者であると同時に売れ残り住戸の区分所有者となる。そして，当然に区分所有者として規約を遵守すべき義務を負う。しかし，実務上管理規約等のなかで「売主は未販売住戸の管理費を負担しないでよい」等の承認事項を入れている場合があり，その場合は，判例では有効であると解釈されている。

●**問題 37** 区分所有法によれば，管理組合を構成するのは区分所有者であり，賃借人を組合員として加入させる管理組合も存するが，そのような管理組合は区分所有法で予定する管理組合ではなく民法上の組合と解される。

[区分所有管理士H12・27・（1）]

解答 ○ 区分所有法上，管理組合の構成員は区分所有者だけであり，賃借人は管理組合員の構成員ではない。区分所有者は，管理組合の構成員としてマンションの維持管理のための管理費等を負担する義務を負うが，賃借人に管理費等負担の義務はない。また，区分所有者は，集会で議決権を行使する権利を有するが，賃借人には議決権はない（集会の議題が賃借人にも利害関係がある場合は，集会で意見陳述ができるが，その場合でも，賃借人に議決権はない）。

●**問題 38** 1棟の区分所有建物の中に一部の区分所有者のみの共用に供されることが明らかな共用部分（一部共用部分）がある場合でも，それを管理する一部管理組合が常に成立存在するとは限らない。 [区分所有管理士H13・22・（1）]

解答 ○ 一部共用部分の管理のうち，区分所有者全員の利害に関係するものは，区分所有者全員で管理するので，それを管理する一部管理組合が常に成立存在するとは限らない（16条）。

（共用部分）
第4条 数個の専有部分に通ずる廊下又は階段室その他構造上区分所有者の全員又はその一部の共用に供されるべき建物の部分は，区分所有権の目的とならないものとする。
2 第1条に規定する建物の部分及び附属の建物は，規約により共用部分とすることができる。この場合には，その旨の登記をしなければ，これをもって第三者に対抗することができない。

解説 （1）本条1項は，まず，|構造上区分所有者の全員又はその一部

の共用に供されるべき建物の部分」は「共用部分」でしかあり得ないことを明確にし，そのような構造上の共用部分は，規約によっても，専有部分とすることができないことを定める。次に，本条2項は，1条に従って区分所有権の目的とすることができる建物の部分も，規約に定めることによって共用部分とすることができることを規定する。そして，その対抗要件としての登記の必要性を規定する。

（2） 共用部分には，法定共用部分と規約共用部分の2種類がある。法定共用部分は，その性質ないし構造からみて，当然に共用部分とされるものである。規約共用部分は，本来は専有部分となり得る建物の部分や附属の建物でありながら，規約によって特別に共用部分とされているものである。

（3） 特定の建物部分または附属の建物を規約共用部分と定めた場合は，その旨を登記しなければ，これをもって第三者に対抗しえない。これらの建物部分または附属の建物は，通常は，1個の専有部分として独立して取引の対象となりうるものである。したがって，それを規約により共用部分となした場合は，その旨の登記をもって対抗要件となすことにより，取引の安全を図ったわけである。

（4） 「その旨の登記」とは，不動産登記法99条ノ4にいう「共用部分たる旨の登記」であり，当該建物部分または附属の建物が共用部分であることを表示する登記をいう。共用部分たる旨の登記は，登記簿の表題部中「原因及びその日付」欄にすることとされている（不登法99条ノ4第2項，同施行細則49条ノ6）。この登記は，表題部に所有者として記載されている者（所有権の登記がない場合）または所有権の登記名義人（所有権の登記がある場合）の申請によってなされる。この登記申請書には，共用部分たる旨を証する書面（たとえばその規約の写し）が添付される（不登法99条ノ4第1項）。

（5） 規約の廃止によって規約共用部分を専有部分に復する場合は，その旨の登記をすることにより第三者に対抗しうることになる（不登法95条ノ5）。この場合，当該建物の所有者は，規約の廃止された日から1カ月内に，共用部分たる旨の規約の廃止による建物の変更の登記を申請しなければならないものとされている（不登法99条ノ5第1項，93条）。この登記をするときは，表題部に所有者の表示をし，共用部分たる旨の記載を朱抹する（不登法99条ノ5第3項）。

●**問題 39** 規約共用部分は，その旨を登記しなければ共用部分とすることはできない。　　　　　　　　　　　　　　　　　　［管理業務主任者H11・11・（1）］

　解答　×　登記は，規約共用部分であることの第三者対抗要件であり，規約共用部分とするための成立要件ではない。

●**問題 40** 法定共用部分とは，専有部分以外の建物の部分及び専有部分に属しない建物の附属物をいう。　　　　　　　　　　　　　［管理業務主任者H11・11・（2）］

解答 ○

●問題 **41** 規約共用部分とは、専有部分とすることができる建物の部分及び附属の建物で、管理規約により共用部分と定められたものをいう。
[管理業務主任者H11・11・(3)]

解答 ○

●問題 **42** Aマンションの敷地は、市道をはさんで甲地と乙地からなっており、甲地にはAマンションと集会所があり、乙地はAマンションの駐車場として使用されている。Aマンションの1階には、全専有部分共通の玄関及びロビーがあり、また、各階には各専有部分に通ずる廊下がある。なお、甲地及び乙地は、いずれもAマンションの敷地権たる旨の登記がされている。この場合、集会所は、規約で共用部分たる旨を定めたうえで、共用部分である旨の登記をしなければ、その旨を第三者に対抗することができない。[マンション管理士H13・17・(2)]

解答 ○ 設例では、集会所は附属の建物に該当し、構造上の独立性および利用上の独立性を備えた専有部分である。この集会所を規約で共用部分と定めた場合は、第三者対抗のために登記を備える必要がある。

●問題 **43** 区分所有法及び不動産登記法の規定によれば、専有部分を規約により共用部分とすることができ、また、区分所有法上当然に共用部分とされる部分（法定共用部分という。）を規約により専有部分とすることができる。
[マンション管理士H13・4・(1)]

解答 × 専有部分を規約により共用部分とすることはできる（規約共用部分、4条2項）。しかし、法定共用部分は専有部分以外の建物の部分であり、構造上および利用上の独立性を有していないため専有部分とすることはできない。

●問題 **44** 区分所有法及び不動産登記法の規定によれば、専有部分を規約により共用部分とすることができ、また、規約による共用部分を専有部分とすることができる。
[マンション管理士H13・4・(2)]

解答 ○ 専有部分を規約により共用部分とすることはできる（4条2項）。規約共用部分は、もともと専有部分であった場所であるから、その規約を廃止することにより、これを専有部分とすることもできる。

●問題 **45** 区分所有法及び不動産登記法の規定によれば、法定共用部分を規約による共用部分とすることはできず、また、規約による共用部分を法定共用部分

とすることはできない。　　　　　　　　　　[マンション管理士H13・4・(3)]

> **解答**　○　法的共用部分は，その構造上，当然に共用部分となるべきものだから，専有部分と異なり，規約による共用部分とすることはできない。規約共用部分は，規約により初めて共用部分となるものだから，これを法定共用部分とすることはできない。

●**問題 46**　区分所有法及び不動産登記法の規定によれば，専有部分と規約による共用部分は，その旨の表示登記をすることができるが，法定共用部分はその旨の表示登記をすることができない。　　　　　　[マンション管理士H13・4・(4)]

> **解答**　○　表示登記をするためには，構造上および利用上も独立していることが必要である（不登法91条2項，3項）。したがって，専有部分および規約共用部分は表示登記の対象となるが，法定共用部分は，構造上および利用上独立していないため表示登記はできない。

●**問題 47**　専有部分と共用部分の具体的な区分については，管理規約で設定するのが一般的であり，専有部分の専用に供される設備についても原則として，その部分が専有部分内にあるか否かにより，その所有と管理の帰属が分かれるので，給水管，配水管，電気・ガスなどの配管，配線を管理組合が一体として管理することは難しく，その管理の要件や方法，費用負担等を予め管理規約で規定することはできない。　　　　　　　　　　　　　　　　[区分所有管理士H10・32・(3)]

> **解答**　×　標準管理規約21条2項では「専有部分である設備のうち共用部分と構造上一体となった部分の管理を共用部分の管理と一体として行う必要があるときは，管理組合がこれを行うことができる。」と規定している。すなわち，専有部分である設備であっても，配管，配線等の枝管，枝線等であって，本管，本線等の共用部分と構造上一体となった部分の管理については，管理組合の行う本管等の共用部分の管理と一体として行った方が効率的な場合も多いと考えられることから，このような場合には，総会の決議を経た上で（標準管理規約46条7号）管理組合が一体として管理を行うことができるとしている。

●**問題 48**　数個の専有部分に通ずる廊下又は階段室その他構造上区分所有者の全員又はその一部の共用に供されるべき建物の部分は，区分所有権の目的とならない。　　　　　　　　　[宅建H11・15・(1)，区分所有管理士H12・14・(4)]

> **解答**　○　区分所有法4条1項の通り。その性質ないし構造からみて，当然に共用部分とされるものであり，このような建物の部分を「法定共用部分」という。

●**問題 49** 数個の専有部分に通ずる廊下又は階段室その他構造上区分所有者の全員又はその一部の共用に供されるべき共用部分は，区分所有建物として登記をすることができない。　　　　　　　　　　　　　　　　[宅建H1・16・(4)]

　解答　○　数個の専有部分に通ずる廊下（例えば，アパートの各室に通ずる廊下）または階段室，エレベーター室，屋上等建物の構造上区分所有者の全員またはその一部の共用に供されるべき建物の部分は，格別に1個の建物として取り扱うことができない（準則137条3項）。したがって，当該共用部分は，区分所有建物として登記をすることができない。

●**問題 50**　区分建物が規約による共用部分である旨の登記は，当該区分建物の表題部にされる。　　　　　　　　　　　　　　　　　　　　　　[宅建H13・14・(3)]

　解答　○　区分建物が規約による共用部分である旨の登記は，当該区分建物の表題部にされる（不登法99条の4第2項）。このように，「共用部分たる旨の登記」は，形式的には建物の表示に関する登記の一種として定められ，その登記も登記用紙の「表題部」の原因およびその日付欄にされる。しかし，実質的には，共用部分であることを第三者に対抗するための一種特別の登記であるから①登記官の職権登記，②当事者不出頭主義，③実地調査等の本来の意味における表示に関する登記についての規定は適用されない。

●**問題 51**　共用部分である旨の登記は，構造上の共用部分についてもすることができる。　　　　　　　　　　　　　　　　　　　　　　　　　[調査士S44・17・(1)]

　解答　×　構造上の共用部分というのは，その性質ないし構造からみて，当然に共用部分とされる「法定共用部分」のことである。法定共用部分については，民法177条の規定は適用しないので（11条3項），共用部分である旨の登記はできない。逆に，「規約共用部分」（本来は専有部分となり得る建物の部分や附属の建物でありながら，規約によって特別に共用部分とされているもの）は，共用部分である旨の登記をしなければ，第三者に対抗できない（4条2項）。

●**問題 52**　数個の専有部分に通ずる廊下の部分については，共用部分である旨の登記をすることができない。　　　　　　　　　　　　　　　[調査士S51・11・(1)]

　解答　○　数個の専有部分に通ずる廊下の部分は，その性質ないし構造からみて，当然に共用部分とされる法定共用部分であり，法定共用部分は共用部分である旨の登記をすることができない。

●**問題 53**　数個の専有部分に通ずる階段室であっても，構造上区分所有者の一

部の者のみの共有に供されるべき建物の部分は，専有部分とする旨を定めた規約を証する書面を添付すれば，区分建物として建物の表示の登記を申請することができる。　　　　　　　　　　　　　　　　　　　　　　　　［調査士H6・12・(5)］

解答　×　数個の専有部分に通ずる廊下（例えば，アパートの各室に通ずる廊下）または階段室，エレベーター室，屋上等建物の構造上区分所有者の全員またはその一部の共用に供されるべき建物の部分は，格別に1個の建物として取り扱うことができない（準則137条3項）。したがって，当該建物の部分は，区分所有建物として登記をすることができない。

●**問題 54**　建物を規約により共用部分とした場合には，その旨の登記をしなければ，これを第三者に対抗することができない。　　　　［調査士H7・13・ア］

解答　○　建物の部分および附属の建物は，規約により共用部分とすることができるが（規約共用部分），この場合には，その旨の登記をしなければ，これを第三者に対抗することができない（4条2項）。

●**問題 55**　区分所有の対象となっている1棟の建物の一部でない建物を規約による共用部分とする旨の登記を申請することはできない。　［調査士H7・13・エ］

解答　×　規約により共用部分である旨の登記のできる建物は，区分建物とは限らない。区分建物の所有者の共有に係る1棟1個の附属の建物（集会所，倉庫等）についても，規約による共用部分である旨の登記をすることができる（4条2項）。

●**問題 56**　規約による共用部分である旨の登記を申請するには，その対象となる建物につき区分所有者の共有の登記がされていなければならない。

［調査士H7・13・オ］

解答　×　規約共用部分の登記をするに際し，その対象となる建物につき区分所有者の共有の登記がされている必要はない。共用部分たる旨の登記は，形式的には建物の表示に関する登記の一種として定められ，その登記も登記用紙の表題部の原因およびその日付欄にされることになっている（不登法99条の4第2項，細則49条の5）。しかし，実質的には，共用部分であることを第三者に対抗するための一種特別の登記であるところから，登記官の職権登記（不登法25条の2）や当事者不出頭主義（不登法26条2項），実地調査（不登法50条）等の，本来の意味における表示に関する登記についての規定は適用されない。

●**問題 57**　専有部分を共用部分とする旨の登記をしなければ，専有部分が共用

部分となったことを第三者に対抗することができない。　　[調査士H9・12・(3)]
解答　○　専有部分が共用部分となったことを第三者に対抗するためには，共用部分たる旨の登記をしなければならない（4条2項）。

●**問題 58**　規約による共用部分とは，建物の構造上，区分所有者の全員又はその一部の共用に供されるべき建物の部分で，規約の設定によって共用部分とされたものである。　　[調査士H12・4・ア]
解答　×　建物の構造上，区分所有者の全員またはその一部の共用に供されるべき建物の部分は，その性質ないし構造からみて，当然に共用部分とされる法定共用部分であり，規約の設定によっても共用部分とはできない。

●**問題 59**　規約による共用部分とは，一棟の建物の構造上区分され，独立して建物としての用途に供することができる部分で，規約の設定によって共用部分とされたものである。　　[調査士H12・4・イ]
解答　○　一棟の建物の構造上区分され，独立して建物としての用途に供することができる部分は専有部分であり，専有部分は規約によって共用部分（規約共用部分）とすることができる（4条2項）。

●**問題 60**　共用部分たる旨の登記とは，共有者の持分はその者の有する専有部分の処分に従うことから，その専有部分と分離して処分することができないものであることを第三者に対抗するための登記である。　　[調査士H12・4・オ]
解答　○　共用部分たる旨の登記とは，本来独立して取引の対象となり得る専有部分を規約で共用部分としたことを第三者に対抗するための登記である。したがって，共用部分たる旨の登記をすることにより，それが共用部分であることから生ずる法律効果である共用部分の共有者の持分と専有部分との分離処分禁止等を第三者に対して主張することができる。

●**問題 61**　抵当権の登記がある建物についてする共用部分たる旨の登記の申請書には，その抵当権者の承諾書又はこれに対抗することができる裁判の謄本を添付しなければならない。　　[調査士H13・8・ア]
解答　○　共用部分たる旨の登記の申請書には，共用部分とした建物を目的とする所有権の登記以外の権利に関する登記があるときは，その登記名義人の承諾書またはこれに対抗することができる裁判の謄本を添付することを要する。

●**問題 62**　所有権の登記がある区分建物を共用部分とする旨の規約を定めたと

きは，所有権の登記名義人は，その規約の設定の日から1カ月以内に共用部分たる旨の登記を申請しなければならない。　　　　　　　　　　［調査士H13・8・オ］

解答　×　共用部分たる旨の登記は，共用部分であることを第三者に対抗するための登記であるから，申請義務は課せられていない。

（規約による建物の敷地）
第5条　区分所有者が建物及び建物が所在する土地と一体として管理又は使用をする庭，通路その他の土地は，規約により建物の敷地とすることができる。
2　建物が所在する土地が建物の一部の滅失により建物が所在する土地以外の土地となったときは，その土地は，前項の規定により規約で建物の敷地と定められたものとみなす。建物が所在する土地の一部が分割により建物が所在する土地以外の土地となったときも，同様とする。

解説　（1）　本条1項は，同項に定める土地については，規約により「建物の敷地」とすることができるものと定め，2条5項の規定（「この法律において「建物の敷地」とは，建物が所在する土地及び第5条第1項の規定により建物の敷地とされた土地をいう。」）とあいまって，この法律上の「建物の敷地」の範囲を明確にしている。つまり，法律上当然に「建物の敷地」（法定敷地）であるものを「建物が所在する土地」に限定する一方，それ以外の土地は，建物および建物が所在する土地と一体的な関係があっても，当然に「建物の敷地」とはせず，規約によって「建物の敷地」と定める（規約敷地）ことにより「建物の敷地」となることとしたものである。

（2）　このような土地を建物の敷地とすることの意義は，直接には，専有部分と敷地利用権の一体性の制度が当該土地に関する権利についても適用されるようにすることと，当該土地を本法の定める団体的管理の対象に取り込むことにある。

（3）　規約敷地とすることができるのは，庭，通路，広場，駐車場，テニスコート，附属建物等の敷地など，すなわち，建物および法定敷地と一体的となって管理または使用される土地である。一体的に管理・使用することが不可能と認められる特段の事情がないかぎり，必ずしも法定敷地と隣接していることは必要でなく，また他の法定敷地または規約敷地となっている土地でも差し支えがない。

（4）　数筆の土地にまたがって所在する一棟の建物の一部が滅失した結果，何筆かの土地が建物が所在する土地（法定敷地）でなくなった場合や，法定敷地が分筆された結果，法定敷地でない土地が生じた場合は，その土地は，本条2項の

規定により，規約で建物の敷地と定められたものとみなされる（みなし規約敷地）。

（5） 規約敷地を設定するについては，その面積・筆数などの制限もなく，たんに，規約のなかで，「甲市乙町三丁目4番1　雑種地　552平方メートルの土地を○○の建物の敷地とする」というふうに定めることで足りる。

●**問題 63**　次の敷地のうち，規約敷地となるものを選べ。ただし，各図の敷地A，B，C，Dはいずれも区分所有者全員が共有し，建物と一体として管理又は使用しているものとする。

[管理業務主任者H12・7]

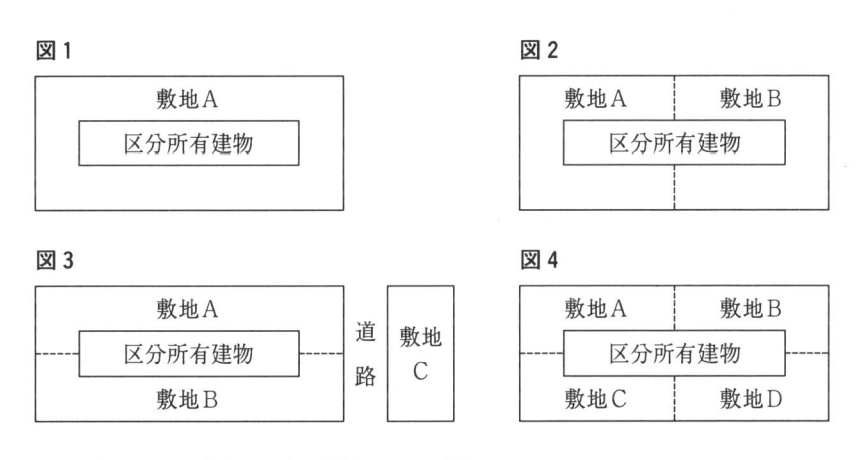

図1
```
┌─────────────────┐
│     敷地A        │
│ ┌─────────────┐ │
│ │ 区分所有建物  │ │
│ └─────────────┘ │
└─────────────────┘
```

図2
```
┌────────┬────────┐
│ 敷地A  │ 敷地B  │
│ ┌─────────────┐ │
│ │ 区分所有建物  │ │
│ └─────────────┘ │
└────────┴────────┘
```

図3
```
┌─────────────────┐  ┌────┐
│     敷地A       │道│敷地│
│ ┌─────────────┐ │路│ C  │
│ │ 区分所有建物  │ │  │    │
│ └─────────────┘ │  │    │
│     敷地B       │  │    │
└─────────────────┘  └────┘
```

図4
```
┌────────┬────────┐
│ 敷地A  │ 敷地B  │
│ ┌─────────────┐ │
│ │ 区分所有建物  │ │
│ └─────────────┘ │
│ 敷地C  │ 敷地D  │
└────────┴────────┘
```

（1．図1，2．図2，3．図3，4．図4）

解答　3．図3　敷地には，「法定敷地」と「規約敷地」がある。法定敷地とは，区分所有建物が所在する一筆または数筆の土地（底地）のことである。図3．では，敷地Aと敷地Bの2筆が区分所有建物の法定敷地になっている。敷地Cは，区分所有建物の法定敷地ではなく，道路を隔てているが，建物および法定敷地と一体として管理されており，規約敷地となる。

●**問題 64**　Aマンションの敷地は，市道をはさんで甲地と乙地からなっており，甲地にはAマンションと集会所があり，乙地はAマンションの駐車場として使用されている。Aマンションの1階には，全専有部分共通の玄関及びロビーがあり，また，各階には各専有部分に通ずる廊下がある。なお，甲地及び乙地は，いずれもAマンションの敷地権たる旨の登記がされている。この場合，甲地及び乙地は，その性質から，法律上当然のAマンションの敷地である。

[マンション管理士H13・17・(3)]

解答 ×　甲地は，法定敷地であるので当然に敷地となるが（2条5項），乙地は規約敷地であるので，当然には敷地にならず，規約で敷地とされる（5条1項）。

●**問題 65**　区分所有者の共有に属さない敷地であっても，規約で定めることにより，管理組合の管理の対象とすることができる。[マンション管理士H13・2・(4)]

解答 ○　区分所有者の共有に属さない敷地であっても，区分所有者が建物および建物が所在する土地と一体として管理または使用する土地であれば，規約により建物の敷地とすることができる（5条1項）。

●**問題 66**　庭，通路，広場，駐車場，テニスコート，附属施設の敷地等，建物及び法定敷地と一体として管理又は使用をする土地を規約敷地とするためには，法定敷地と必ず隣接していなければならない。　[区分所有管理士H10・13・(2)]

解答 ×　規約敷地は，建物および法定敷地と一体的に管理・使用することが不可能と認められる特段の事情がない限り，必ずしも法定敷地と隣接していることは必要ではなく，また，他の法定敷地または規約敷地となっている土地でも差し支えがない。

●**問題 67**　法定敷地が建物の一部の滅失により法定敷地以外の土地となったときは，その土地は規約で建物の敷地と定められたものとみなされる。

[区分所有管理士H10・13・(3)]

解答 ○　このように区分所有法により規約敷地とみなされる土地を「みなし規約敷地」という。

●**問題 68**　ある1棟の建物の法定敷地となっている土地を，重ねて他の1棟の建物の規約敷地とすることはできない。　[調査士S61・7・(2)]

解答 ×　ある1棟の建物の法定敷地となっている土地でも，他の1棟の建物の規約敷地とすることができる。

●**問題 69**　数筆の土地にまたがって所在する建物の一部が滅失したことにより建物が所在しない土地を生じた場合には，その土地は，当然に建物の敷地から除外される。　[調査士S61・7・(3)]

解答 ×　その土地は，規約敷地とみなされるので，当然に建物の敷地から除外されることはない。

●**問題 70**　法定敷地と隣接していない土地も規約敷地とすることができる。

[調査士S63・3・イ]

解答 ○ 法定敷地に隣接していることが規約敷地の要件ではないので、法定敷地と隣接しない土地も規約敷地とすることができる。

●問題 **71** 区分所有者は、何らかの利用権を有しない土地についても、これを建物の敷地とする旨の規約を設定することができるが、その規約は、区分所有者がその土地について利用権を取得した時に効力を生じる。 [調査士S63・3・ウ]

解答 × 区分所有者は、何らかの利用権を有しない土地についても、これを建物の敷地とする規約を設定することができる。しかし、この場合には、その土地を現実に管理、使用することはできず、区分所有法22条以下の規定の適用があるわけではない。したがって、この規約は、その土地につき区分所有者が利用権を取得するまでは効力を生じないことになり、その利用権を取得したときは、当然効力を生ずることになる。

●問題 **72** 法定敷地が分筆された結果、建物が所在しない土地が生じた場合、その土地は、規約敷地とみなされる。 [調査士S63・3・エ]

解答 ○

●問題 **73** 敷地権の目的である土地の分筆により、建物の存しない土地となったものについては、法律上規約で建物の敷地と定めたものとみなされるので、その土地を専有部分と分離して処分するには、規約に分離処分をすることができる旨の定めがなければならない。 [調査士H4・7・(4)]

解答 ○ 法定敷地の分筆により建物が所在する土地以外の土地が生じたときは、その土地は規約敷地とみなされ、分離処分禁止の規約の適用は持続されるので（5条2項）、専有部分と分離して処分するには、そのみなし規約の廃止（または分離処分可能規約の設定）が必要である。

（区分所有者の権利義務等）
第6条 区分所有者は、建物の保存に有害な行為その他建物の管理又は使用に関し区分所有者の共同の利益に反する行為をしてはならない。
2 区分所有者は、その専有部分又は共用部分を保存し、又は改良するため必要な範囲内において、他の区分所有者の専有部分又は自己の所有に属しない共用部分の使用を請求することができる。この場合において、他の区分所有者が損害を受けたときは、その償金を支払わなければならない。
3 第1項の規定は、区分所有者以外の専有部分の占有者（以下「占有者」

という。）に準用する。

解説 （1）区分所有者は，専有部分については所有権を有し，これを自由に使用・収益・処分することができる（民法206条）。また，共用部分については共有持分を有し，その用法に従って使用することができる。本条は，区分所有関係を基本的には個々の所有権の集合と見て私的所有権の自由を前提とした上で，各区分所有者に対して，共同の利益に反する行為を禁止し（1項），また，建物の保存・改良に必要な範囲内で他の区分所有者に専有部分等を一時的に使用させることを受忍する義務（2項）を課している（なお，2項の一時的使用受忍義務は，占有者には準用されていないことに注意）。このような制約は，区分所有関係が成立する建物の構造等から，当然に導かれるべきものである。

なお，本条1項，3項の義務違反者に対しては，57条～60条（第7節「義務違反者に対する措置」）によって，差止め，使用禁止，競売，引渡しの4種類の裁判上の請求が認められている。

（2）「共同の利益に反する行為」とは何かに関して，「共同の利益に反する行為にあたるかどうかは，当該行為の必要性の程度，これによって他の区分所有者が被る不利益の態様，程度等の諸事情を比較考量して決すべきものである」とした判例がある（東京高判昭和53．2．27）。共同の利益に反する行為には，財産的観点からの共同の利益だけではなく，いわゆる生活上の共同の利益（ニューサンス等）も含まれる。

● 支払督促制度の概要
① 訴額に特に制限はないが，支払督促は債務者の住所地を管轄する簡易裁判所に申し立てる必要がある。当事者の合意により，任意に管轄裁判所を定めることはできない（通常訴訟では，訴額が90万円以下の場合は簡易裁判所の管轄であり，訴額が90万円を超えるときは地方裁判所の管轄となる）。
② 金銭その他の代替物または有価証券の一定の数量の給付を目的とする請求である。
③ 支払督促は，通常の訴訟によらないで，債権者の申立て書類のみにより，簡易裁判所書記官が債権者の申立てに理由があると認めれば，債務者の言い分を調べることなしに債務の支払いを命ずる制度である。
④ 審査の対象となるのは支払督促申立書のみであり，証拠の提出を求めることや債務者を審尋することはできない。
⑤ 債務者から支払督促を発した簡易裁判所に異議の申立てがあった場合は，通常の訴訟に移行する。
⑥ 支払督促に債務者から異議の申立てがなく，さらに債権者による仮執行宣言付支払督促にも債務者が異議を申し立てないときは，仮執行宣言付支払督促は確定し，確定した判決と同じ効力を持つことになる。債権者はこれにより，強制執行ができ

るようになる。
⑦ 債権者が仮執行宣言の申立てをすることができるときから30日以内にその申立てをしないときは、支払督促は効力を失う。
⑧ 簡易裁判所書記官が、債権者に対し、転居先不明等により債務者に支払督促が送達できなかったことを通知し、債権者がその通知を受けた日から2月の不変期間内に新たに送達すべき場所の申出をしないときは、支払督促の申立ては取り下げたものとみなされる。
⑨ 支払督促では公示送達は認められていないが、仮執行宣言付支払督促正本の送達については公示送達の方法が認められている。
⑩ 支払督促の申立書に貼付する印紙は、訴状貼付用印紙額の2分の1である。このほかに郵便切手代が必要となる。
⑪ 管理組合を代表して管理者が支払督促の申立てをする場合、管理規約に管理者が原告または被告になるとの規定がある場合を除き、区分所有法26条4項に基づき、管理者を支払督促の債権者とすることおよび債務者より督促異議がなされた場合に原告となることについて、集会の決議を経ておくべきである。また、支払督促の申立てを行った場合は、その旨を区分所有者全員に通知する必要があることに留意する（26条5項）。

● **少額訴訟制度の概要**
① 訴額が30万円以下の金銭支払請求事件について利用することができる。
② 原則として、相手方の住所地を管轄する簡易裁判所に訴状を提出する。ただし、管理規約に合意管轄の定めがある場合にはそれによる。
③ 特別の事情がある場合を除き、原則として1回だけで審理（第1回口頭弁論期日）を終了する。
④ 1回の期日だけで審理を終了させるために、訴訟代理人が選定されている場合であっても、裁判所は当事者本人（または法定代理人）の出頭を命じることができる。
⑤ 訴えを提起する際に、原告が少額訴訟による審理および裁判を希望し、相手方（被告）がそれに異議を申し出ないときに審理が進められる。相手方（被告）は、原告が少額訴訟による審理を求めてきても、審理が開始されるまで（第1回口頭弁論期日において弁論するまで）は、通常の訴訟手続に移行させることができる。
⑥ 当事者は口頭弁論が続行された場合を除き、第1回口頭弁論期日前またはその期日において、すべての言い分と証拠（攻撃防御方法）を提出しなければならない。
⑦ 証拠調べは、即時に取り調べができる証拠に限られる。
⑧ 裁判所は、少額訴訟の要件を満たさない等の場合には、職権で訴訟を通常の手続によって行う旨の決定をする。
⑨ 1人の原告による同一簡易裁判所における同一年内の少額訴訟利用回数は、10回以内に制限される。
⑩ 少額訴訟においては、反訴を提起することができない。
⑪ 判決の言い渡しは、口頭弁論の終結後、直ちにする。
⑫ 裁判所は、一定の条件のもとに、支払い猶予、分割払い、訴え提起後の遅延損害金の支払免除等を命ずることができる。この場合も、勝訴ということになり、不服

の申立てはできない。
⑬　判決に対しては，同じ簡易裁判所に異議の申立てをすることはできるが，地方裁判所に控訴をすることはできない。また，異議申立て後の判決に対しては，原則として不服を申し立てることはできない。
⑭　申立手数料は訴額の1％と低額である。このほかに郵便切手代が必要となる。
⑮　少額訴訟判決については，必要的に仮執行宣言が付され，通常の強制執行の際に予定される単純執行文は不要とされている。

※原告・被告等の用語の区分

訴訟	原告・被告
支払督促	債権者・債務者
即決和解	申立人・相手方
民事調停	申立人・相手方

●**時効～管理費等の消滅時効は5年である。**
　民法には10年，5年，3年，2年，1年など債権の種類により期間が定められている（民法167条～174条）。管理費等の支払請求権の消滅時効について，最高裁判所は，平成5年9月10日の判決で管理費等支払請求権は定期給付債権であり，民法169条に定める「年又は之より短き時期を以て定めたる金銭其他の物の給付を目的とする債権」だとして消滅時効を5年としている。定期給付債権とは，毎年あるいは毎月いくらずつ払う，といった定期で給付をする債権をいう。なお，大規模修繕工事のために各戸から一時分担金を徴収するようなことを決めた場合は，その分担金の時効は5年ではなく，10年になると思われる。

※民法169条（定期給付債権の短期消滅時効）
　「年又は之より短き時期を以て定めたる金銭其他の物の給付を目的とする債権は5年間之を行わざるに因りて消滅す。」

●**時効の中断とは，時効期間を断ち切って振出しに戻すことをいう。**
　(1)　消滅時効の要件は，単に時間が経つことだけではなく，権利の不行使という事実状態が続くことが必要である。このことは，逆に言えば，権利が行使されてしまえばもう時効は完成しないということになる。そこで民法は，債権者が，権利を行使したときには，それまでに進行した時効の期間はゼロになるという制度を設けた。これが中断である。中断とはいっても，時効の進行が単に中断するのではなく（この場合は，停止になる），双六で「振出しに戻れ」が出るのと同じでゼロになる。
　(2)　民法が認めている時効中断事由は147条にある①「請求」（1号），②「差押，仮差押又は仮処分」（2号），③「承認」（3号）の3類型である。そして，①「請求」（1号）には，(イ)「裁判上の請求」（149条），(ロ)「支払督促」（150条），(ハ)「和解のための呼出・任意出頭」（151条），(ニ)「破産手続参加」（152条），(ホ)「催告」（153条）の5つがある。

●**「内容証明郵便」による催促の場合の注意事項**
　内容証明郵便で催促することによっても時効は中断する。しかし，内容証明郵便は

これを頻繁に出していればずっと時効が中断し，時効にかからないということではないので注意する必要がある。この内容証明郵便による催告の中断の効力は弱く，請求後6カ月以内に訴訟を提起するなど（ただし，支払督促を除く）しなければ，時効中断の効力は生じない。

●時効が完成したら一切請求できない，という意味ではない。

時効が完成したからといって当然に管理費等を請求できなくなるわけではない。「時効の援用」といって，時効の利益を受ける者（管理費等の滞納者）が時効だと主張した場合には請求できなくなる，という意味あいのものである。滞納者が消滅時効を主張しないのであれば，催促をすることは少しも構わない。つまり，相手からそのような主張があるまでは，6年前のものでも10年前のものでも請求して構わないし，むしろ請求すべきである。

※民法145条（時効の援用）
「時効は当事者が之を援用するに非ざれば裁判所之によりて裁判を為すことを得ず。」

※時効完成後の債務承認
債務者が消滅時効完成後に債務の承認をした場合には，時効完成の事実を知らなかったときでも，爾後その債務についてその完成した消滅時効を援用することは許されない（最大判昭和41.4.20）。

●訴訟提起により裁判が確定すると，債権の時効は10年になる。

訴訟を提起し，裁判が確定すると（少額訴訟，仮執行宣言付支払督促を含む），仮に10年より短い時効にかかる債権でも，確定したときから時効期間が10年に延びる。したがって，管理費等の支払請求権の消滅時効は5年と解釈されているが（最判平成5.9.10），その5年の時効ぎりぎりに裁判を起こして裁判が確定すると，確定したときから時効が10年になる。つまり，大雑把な計算で15年間は時効にかからないで済むことになる。

※民法174条の2（確定債権の時効期間）
「①確定判決に依りて確定したる権利は10年より短き時効期間の定あるものと雖も其時効期間は之を10年とす裁判上の和解，調停其他確定判決と同一の効力を有するものに依りて確定したる権利に付き亦同じ②前項の規定は確定の当時未だ弁済期の到来せざる債権には之を適用せず」

●**問題 74** 管理者である理事長が組合員を代理して支払督促の申立てを行う場合は，管理規約で別段の定めをしている場合を除いて，理事会の決議で決することができる。
[管理業務主任者H11・21・（1）]

解答 ×　管理者は，規約または集会の決議により，その職務に関し，区分所有者のために，原告または被告となることができる（26条4項）。したがって，理事会の決議ではなく，総会の決議が必要である。

●**問題 75** 管理者である議事長が支払督促の申立てを行った場合は，区分所有

（区分所有者の権利義務等）第6条　37

法第26条第5項の定めにより，遅滞なく，区分所有者全員にその旨を通知しなければならない。　　　　　　　　　　　　　　　　　　　　　　［管理業務主任者H11・21・(2)］

解答 ○

●**問題76** 支払督促の申立ては，原則として，債務者の普通裁判籍の所在地を管轄する簡易裁判所の裁判所書記官に対して行うことができる。
［管理業務主任者H11・21・(3)］

解答 ○　支払督促は債務者の住所地を管轄する簡易裁判所に申し立てる必要がある。当事者の合意により，任意に管轄裁判所を定めることはできない。

●**問題77** 支払督促に対して不服のある債務者は，支払督促の送達を受けた日の翌日から2週間以内に，これを発した裁判所書記官の所属する簡易裁判所に督促異議を申立てることができる。　　　　　　　　　　［管理業務主任者H11・21・(4)］

解答 ○　債務者による異議申立ての機会は，支払督促に対する異議申立てと，仮執行宣言付支払督促に対する異議申立ての2回ある。

●**問題78** 少額訴訟制度は，訴訟の目的の価額が30万円以下の金銭の請求を目的とする訴えについて利用することができる。　　　［管理業務主任者H11・22・(1)］

解答 ○　訴額が30万円以下（利息は含めない）の金銭支払請求事件について利用することができる。

●**問題79** 1人の原告による同一簡易裁判所における同一年内の少額訴訟手続利用回数は，10回未満に制限される。　　　　　　　［管理業務主任者H11・22・(2)］

解答 ×　1人の原告による同一簡易裁判所における同一年内の少額訴訟利用回数は，「10回未満」ではなく，「10回以内」に制限される。

●**問題80** 少額訴訟制度においては，特別の事情がある場合を除いて，最初にすべき口頭弁論の期日において，審理を終了しなければならない。
［管理業務主任者H11・22・(3)］

解答 ○　特別の事情がある場合を除き，原則として1回だけで審理（第1回口頭弁論期日）を終了する。

●**問題81** 少額訴訟制度においては，反訴を提起することができない。
［管理業務主任者H11・22・(4)］

解答 ○　少額訴訟においては，反訴を提起することができない。

●問題 *82*　原告である管理組合が管理費の滞納額の一括払いを望んでも，裁判所は判決の言渡しの日から3年を超えない範囲内で，管理費の分割払いの判決を言い渡すことができる。
　　　　　　　　　　　　　　　　　　　　　　　　[管理業務主任者H13・10・(1)]
　解答　○　少額訴訟については，裁判所は被告の資力等を考慮して，判決の言渡しの日から3年を超えない範囲で，分割払いを命じ得る（民訴法375条1項）。

●問題 *83*　少額訴訟による審理及び裁判を求める旨の申述は，訴えの提起の際にする必要はない。
　　　　　　　　　　　　　　　　　　　　　　　　[管理業務主任者H13・10・(2)]
　解答　×　審理および裁判を求める旨の申述は，訴えの提起の際にしなければならない（民訴法368条2項）。

●問題 *84*　管理費の滞納金を請求する管理組合は，管理費を50万円滞納している者に対し，その全額について少額訴訟の訴えを提起することができる。
　　　　　　　　　　　　　　　　　　　　　　　　[管理業務主任者H13・10・(3)]
　解答　×　少額訴訟については，金銭が30万円以下の支払請求事件について利用することができる（民訴法368条1項）。

●問題 *85*　少額訴訟においては，原則として1回の期日だけで審理を終了し，その後1月後に判決の言渡しをするものとされている。
　　　　　　　　　　　　　　　　　　　　　　　　[管理業務主任者H13・10・(4)]
　解答　×　少額訴訟については，原則として1回の期日のみで審理を終了しなければならない（民訴法370条1項）。判決の言渡しは原則として，口頭弁論終結後，直ちに行われる（民訴法374条1項）。

●問題 *86*　占有者は，区分所有者と同様に，建物の保存に有害な行為その他建物の管理又は使用に関し共同の利益に反する行為をしてはならない。
　　　　　　[管理業務主任者H12・14・(2)，H13・35・(1)，区分所有管理士H11・11・(1)]
　解答　○

●問題 *87*　隣接する専有部分との間の耐力壁を撤去したり，専有部分に面する外壁に穴を開けて窓を取りつける等の行為を，不当毀損行為という。
　　　　　　　　　　　　　　　　　　　　　　　　[管理業務主任者H12・33・(1)]
　解答　○

●問題 *88*　廊下などの共用部分に私物を置くなど勝手に使用したり，敷地内に

勝手に車を駐車する等の行為を，不当使用行為という。

[管理業務主任者H12・22・(2)]

解答 ○

●**問題 89** 専有部分内から他の組合員又は占有者に迷惑を及ぼすような異常な騒音・振動・悪臭を発散させたり，専有部分内に爆発物やガソリン等の可燃物を持ち込む等の行為を，プライバシーの侵害，ニューサンスという。

[管理業務主任者H12・22・(3)]

解答 ×　専有部分内から他の組合員または占有者に迷惑を及ぼすような異常な騒音・振動・悪臭を発散させるような行為は「プライバシーの侵害，ニューサンス」に該当する。しかし，専有部分内に爆発物やガソリン等の可燃物を持ち込む等の行為は「不当使用行為」である。

●**問題 90** 勝手に屋上に広告塔を設置したり，ベランダや外壁に看板を取り付けたりする行為を，不当外観変更行為という。　　[管理業務主任者H12・22・(4)]

解答 ○

●**問題 91** 管理規約の定めにより，専有部分の占有者に対し，建物の使用方法に関することや共同の利益に反する行為をしてはならないことの他にも占有者の義務を定めることは有効である。　　　　　　　　[区分所有管理士H10・10・(1)]

解答 ×　占有者は，建物またはその敷地もしくは附属施設の「使用方法」につき，区分所有者が管理規約に基づいて負う義務と同一の義務を負う（46条2項）のであり，それ以外の義務は負わない。例えば占有者に管理費等の負担義務を課する管理規約を定めても無効である。

●**問題 92** 区分所有権は単独所有権であるので，自由に専有部分の使用，収益および処分をすることができるが，建物の保存に有害な行為その他建物の管理または使用に関して区分所有者の共同の利益に反する行為をしてはならないという制限を受ける。　　　　　　　　　　　　　　　　　　[区分所有管理士H11・7・(1)]

解答 ○

●**問題 93** 区分所有者の共同の利益に反する行為とは，当該行為の必要性の程度，これによって他の区分所有者の被る不利益の態様，程度の諸事情を比較考量して決することになる。　　　　　　　　　　　[区分所有管理士H11・7・(3)]

解答 ○　共同の利益に反する行為にあたるかどうかは，当該行為の必要性の程度，これによって他の区分所有者の被る不利益の態様，程度の諸事情を

比較考量して決すべきものである（東京高判昭和53.2.27）。

●問題 94　区分所有法上では専有部分の賃借人の立場は「占有者」という名称で表現されている。　　　　　　　　　　　　［区分所有管理士H12・27・(3)］

解答　○　占有者として，具体的には，専有部分の賃借人，寮や社宅などの形での利用者または居住者，不在所有者の留守宅の預かり人などが該当する。

●問題 95　滞納管理費の消滅時効は3年である。［区分所有管理士H10・6・(1)］

解答　×　最高裁判所は，平成5年9月10日の判決で管理費等支払請求権は定期給付債権であり，民法169条に定める「年又は之より短き時期を以て定めたる金銭其他の物の給付を目的とする債権」だとして消滅時効を5年としている。

●問題 96　内容証明郵便による催告をすれば，時効は確定的に中断する。
　　　　　　　　　　　　　　　　　　　　　　　　［区分所有管理士H10・6・(2)］

解答　×　内容証明郵便で催促することによっても時効は中断する。しかし，内容証明郵便はこれを頻繁に出していればずっと時効が中断し，時効にかからないということではないので注意する必要がある。この内容証明郵便による催告の中断の効力は弱く，請求後6カ月以内に訴訟を提起するなど（ただし，支払督促を除く）しなければ，時効中断の効力は生じない。

●問題 97　消滅時効の期間を経過してしまった場合には，もはや請求すること自体意味が無いと判断することができる。　　　［区分所有管理士H10・6・(3)］

解答　×　時効が完成したからといって当然に管理費等を請求できなくなるわけではない。「時効の援用」といって，時効の利益を受ける者（管理費等の滞納者）が時効だと主張した場合には請求できなくなる，という意味あいのものである。滞納者が消滅時効を主張しないのであれば，催促をすることは少しも構わない。

●問題 98　滞納管理費の一部支払いであることを示して支払った場合，残額についても時効が中断する。　　　　　　　　　　［区分所有管理士H10・6・(4)］

解答　○　承認は，時効中断事由とされており，滞納管理費の一部支払いは「承認」に該当する。判例上「承認」に当たるとされた事例として①支払猶予の懇請，②利息の支払い，③一部の弁済，④反対債権による相殺等がある。

●問題 99　対象物件所在地と異なる県に住んでいる区分所有者に対し，滞納管

理費の支払いを求めることになったが，管理規約には管理組合と管理組合員間の訴訟について合意管轄の定めがあり，対象物件を管轄する○○地方裁判所と定められている場合，その地方裁判所に支払督促の申し立てを行うことができる。

[区分所有管理士H10・7・(1)]

解答 × 支払督促は債務者の住所地を管轄する簡易裁判所（簡易裁判所書記官）に申し立てる必要がある。合意管轄の定めがあったとしてもダメである。

●**問題 100** 管理規約には，管理者である理事長が原告又は被告になることができる旨の規約の規定がないが，支払督促は訴訟とは違うので，そのための総会の決議をせずに支払督促の申し立てを行うことができる。

[区分所有管理士H10・7・(2)]

解答 × 総会の決議を経る必要がある。

●**問題 101** 支払督促は公示送達ができないで，債権者は，送達不能の通知を受けた日から2カ月以内に別の新たに送達すべき場所の申し出をしないと，支払督促の申し立てを取り下げたものとみなされる。 [区分所有管理士H10・7・(3)]

解答 ○ 簡易裁判所書記官が，債権者に対し，転居先不明等により債務者に支払督促が送達できなかったことを通知し，債権者がその通知を受けた日から2月の不変期間内に新たに送達すべき場所の申出をしないときは，支払督促の申立ては取り下げたものとみなされる。

●**問題 102** 支払督促に対して不服のある相手方が督促異議を申し立てることができる期間は，支払督促を受け取った日の翌日から数えて30日以内となっている。

[区分所有管理士H10・7・(4)]

解答 × 支払督促を受け取った日の翌日から数えて2週間以内である。

●**問題 103** 未収納金が発生した場合は，民事訴訟法上の有効な証拠とする必要があるため，督促した日時・内容・約束等については「督促業務記録簿」に必ず記載しておくことが望ましい。 [区分所有管理士H10・37・(1)]

解答 ○ 常日ごろから，督促の記録をつけるよう心掛けること。

●**問題 104** 内容証明郵便による督促は，滞納者に対して具体的に何らかの行為をする法的義務を生じさせるものであり，有効な手段である。

[区分所有管理士H10・37・(2)]

解答 × 内容証明郵便にしたからといって，その文書が公文書としての効

力を有するわけではなく，あくまでも私文書であるが，相手方としては，その文書の存在ないし送付されてきたことを否定することができないという意味合いにおいて，証拠としての価値が普通の私文書の場合よりも高いということができる。

●**問題 105** 支払督促の制度は，債権の目的が「金銭その他の代替物又は有価証券の一定数量の給付」の場合に債権者が裁判所に申し立て，その理由が認められれば，債務者に支払を命ずる制度である。　　　　［区分所有管理士H10・37・（3）］

（解答）　○　債権の目的が「金銭その他の代替物又は有価証券の一定数量の給付」の場合に限られるが，訴額に制限はない。

●**問題 106** 法人でない管理組合が何らかの事情により督促することを止め，債権の放棄を検討することになった場合，その実行に関しては区分所有者の全員の合意が必要である。　　　　［区分所有管理士H10・37・（4）］

（解答）　○　法人でない管理組合の場合には，滞納管理費用の債権は区分所有者全員の債権として構成されるため，その債権の放棄は区分所有者全員の合意が必要となり，多数決の決議をもってなされるものではない。しかし，管理組合法人の場合は，滞納管理費用をどのように処理するかは管理組合法人事務処理に関するものであるので，区分所有法52条により，集会の決議（普通決議）を経れば法人として放棄することができる。

●**問題 107** 管理費等の督促と管理会社の善管注意義務との関係からみて，次の対応は適切な措置といえるか。対象物件に居住せず他人に賃貸しているサラリーマンの区分所有者が，管理費等を長期滞納し，また多額の住宅ローンを滞納し，その賃貸住戸にローン保証会社による抵当権が設定され配当の見込みがないケースの場合，競売を待って承継人に請求すればよい，と組合にアドバイスした。
　　　　［区分所有管理士H11・3・（1）］

（解答）　×

●**問題 108** 管理費等の督促と管理会社の善管注意義務との関係からみて，次の対応は適切な処置といえるか。管理会社が建設省の標準管理委託契約書に準拠して作成された管理委託契約書に基づき，契約上定められた督促業務を行ったが，滞納管理費の回収ができなかった。その後，管理組合から本件について申し出がなく，法的督促手続はなされなかった。　　　　［区分所有管理士H11・3・（2）］

（解答）　×　管理会社としては，滞納管理費の回収ができなかったことを速やかに報告し，その後の対応について管理組合と相談すべきであった。

●問題 *109* 管理費等の督促と管理会社の善管注意義務との関係からみて，次の対応は適切な処置といえるか。管理規約には，遅延損害金の規定があり，「請求することができる」ことになっているが，管理会社としては，組合と協議することなしに所定の損害金の請求をおこなった。　　［区分所有管理士H11・3・(3)］

(解答)　×　管理規約の遅延損害金の規定は，「請求することができる」とあるので，必ず請求しなければならないというわけではない。督促の目的は，管理費等の回収であり，遅延損害金の請求が回収の有効な手段とならない場合もある。

●問題 *110* 管理費等の督促と管理会社の善管注意義務との関係からみて，次の対応は適切な処置といえるか。管理費等の徴収については，自動振替の方法による旨の定めがあり，管理委託契約にも同じ規定があるにもかかわらず管理会社を訪問した際，滞納金を持参したので管理会社はこれを受領した。

［区分所有管理士H11・3・(4)］

(解答)　○

●問題 *111* 少額訴訟とは，民事訴訟のうち少額の金銭（50万円以下）の支払いを求める訴えについて，原則として1回の審理で判決を言い渡すものである。

［区分所有管理士H11・6・(1)］

(解答)　×　少額の金銭（30万円以下）の支払いである。

●問題 *112* 少額訴訟手続でも，話し合いで解決したいときには，和解と言う方法があるが，話し合いによる解決の見込みがない場合には，特別の事情がある場合を除き，当事者双方の言い分を聞き，かつ証拠を調べて，1カ月後に判決を言い渡すのを原則としている。　　［区分所有管理士H11・6・(2)］

(解答)　×　特別の事情がある場合を除き，原則として1回だけで審理（第1回口頭弁論期日）を終了する。

●問題 *113* 少額訴訟手続による審理を希望しない場合には，簡易裁判所の通常の手続による審理を求めることができる。　　［区分所有管理士H11・6・(3)］

(解答)　○　訴えを提起する際に，原告が少額訴訟による審理および裁判を希望し，相手方（被告）がそれに異議を申し出ないときに審理が進められる。相手方（被告）は，原告が少額訴訟による審理を求めてきても，審理が開始されるまで（第1回口頭弁論期日において弁論するまで）は，通常の訴訟手続に移行させることができる。

●**問題 *114*** 少額訴訟を起こす場合は，通常の訴訟提起の場合と同様に訴状を作成して，原則として相手の住所地を管轄する地方裁判所に提出する。
　　　　　　　　　　　　　　　　　　　　　　　　　［区分所有管理士H11・6・(4)］
　解答　×　原則として相手の住所地を管轄する簡易裁判所に提出する。

●**問題 *115*** 支払督促の申し立ては，請求の価格にかかわらず債務者の普通裁判籍の所在地を管轄する簡易裁判所に対して行い，簡易裁判所から支払督促が発せられる。　　　　　　　　　　　　　　　　　　　　　　［区分所有管理士H12・8・(1)］
　解答　○　訴額に特に制限はないが，支払督促は債務者の住所地を管轄する簡易裁判所に申し立てる必要がある。当事者の合意により，任意に管轄裁判所を定めることはできない。

●**問題 *116*** 支払督促には，金銭その他の代替物又は有価証券の一定の数量の給付を命ずる旨，請求の趣旨及び原因並びに当事者及び法定代理人を記載し，かつ，債務者が支払督促の送達を受けた日から1週間以内に督促異議の申し立てをしないときは，債権者の申し立てにより仮執行の宣言をする旨を付記することが要求される。　　　　　　　　　　　　　　　　　　　　　［区分所有管理士H12・8・(2)］
　解答　×　債務者が支払督促の送達を受けた日から「2週間以内」に督促異議の申立てをしないときは，債権者の申立てにより仮執行の宣言をする旨を付記することが要求される。

●**問題 *117*** 債権者が申し出た場所に債務者の住所，居所がないため，支払督促を送達することができないときは，裁判所は，その旨を債権者に通知し，この場合に，債権者が通知を受けた日から2月以内にその申し出に係る場所以外の送達をすべき場所の申し出をしないときは，支払督促の申し出を取り下げたものとみなされる。　　　　　　　　　　　　　　　　　　　　　　　［区分所有管理士H12・8・(3)］
　解答　○　簡易裁判所書記官が，債権者に対し，転居先不明等により債務者に支払督促が送達できなかったことを通知し，債権者がその通知を受けた日から2月の不変期間内に新たに送達すべき場所の申出をしないときは，支払督促の申立ては取り下げたものとみなされる。

●**問題 *118*** 支払督促の送達を受けた日から2週間以内に異議の申し立てがなかった場合は，支払督促は確定判決と同一の効力をもつ。
　　　　　　　　　　　　　　　　　　　　　　　　　［区分所有管理士H12・8・(4)］
　解答　×　督促異議の申立てには，①仮執行宣言前の督促異議と②仮執行宣言後の督促異議があり仮執行宣言の前後2回にわたって，督促異議の申立て

の機会を与えている。本肢の問題文は，①の段階か，②の段階かはっきりしない。もし，①の段階であるとすると，債権者が仮執行宣言の申立てをすることができるときから30日以内にその申立てをしないときは，支払督促は効力を失うことになる。

●**問題 119** 区分所有者から専有部分を賃借しているＡは，その専有部分を保存するため必要な範囲内であっても，他の区分所有者の専有部分の使用を請求することはできない。　　　　　　　　　　　　　　　　　　　　　　[宅建Ｈ５・14・(3)]

解答 ○　区分所有者は，その専有部分または共用部分を保存し，または改良するため必要な範囲内において，他の区分所有者の専有部分または自己の所有に属しない共用部分の使用を請求することができる（6条2項）。しかし，専有部分の賃借人には，このような使用請求権が認められていないので注意が必要である。

（先取特権）
第7条　区分所有者は，共用部分，建物の敷地若しくは共用部分以外の建物の附属施設につき他の区分所有者に対して有する債権又は規約若しくは集会の決議に基づき他の区分所有者に対して有する債権について，債務者の区分所有権（共用部分に関する権利及び敷地利用権を含む。）及び建物に備え付けた動産の上に先取特権を有する。管理者又は管理組合法人がその職務又は業務を行うにつき区分所有者に対して有する債権についても，同様とする。
2　前項の先取特権は，優先権の順位及び効力については，共益費用の先取特権とみなす。
3　民法（明治29年法律第89号）第319条[即時取得の準用]の規定は，第1項の先取特権に準用する。

解説　（1）　区分所有者は，区分所有者全員の共有に属する共用部分，建物の敷地もしくは共用部分以外の建物の附属施設を共同して維持管理すべき立場にある。したがって，区分所有者がこれらの適正な維持管理に要した経費について他の区分所有者に対し債権を有する場合には，区分所有者間の公平の観点から，債務者の区分所有権および建物に備え付けた動産の上に先取特権を付与して，その債権を保護することにした。本条は，旧法6条よりも被担保債権の範囲を拡張し，共用部分とされない建物の附属施設につき他の区分所有者に対し有する債権，

規約もしくは集会の決議に基づき他の区分所有者に対し有する債権をも担保することにした。また、管理組合法人制度の新設に伴い管理組合法人がその業務を行うにつき区分所有者に対して有する債権についても、同様に先取特権を与えることにした。

（2）先取特権とは、法律の規定に従い、特定の債権者がその債務者の財産について他の債権者に優先して自己の債権の弁済を受ける権利である（民法303条）。本項で定める債権を有する区分所有者は、その債務者たる他の区分所有者に対し、その区分所有権（共用部分に関する権利および敷地利用権を含む）および建物に備え付けた動産について、他の債権者に優先して自己の債権の弁済を受ける権利を有する。したがって、一般の先取特権ではなく、特別の先取特権であり、①不動産の先取特権と②動産の先取特権の2種類があるが、動産の先取特権から先に実行すべき制約を受ける（民法335条1項）。

●問題 *120* 動産の先取特権が実行できるときは、これによってまず弁済を受け、それで足りない場合にのみ不動産への先取特権を実行することができる。

[区分所有管理士H11・34・（1）]

解答 ×　先取特権の実行は、不動産である専有部分または建物に備え付けられた動産について競売の申立てによって開始される。動産の先取特権が実行できるときは、その動産について、まず弁済を受け、その動産のみでは弁済を受けることができない不足分について、不動産の先取特権を実行することができる（民法335条1項）。

●問題 *121* 先取特権の実行は債務者に対する債務名義がなくてもでき、簡易な権利実現方法であるが、建物に備え付けた動産もなく、専有部分についてもその価値を超えて抵当権が設定されていて剰余価値が無い場合には実効もない。

[区分所有管理士H11・34・（2）]

解答 ○　先取特権の実行としての競売を開始するには、強制執行の場合のように債務名義（一定の私法上の請求権の存在を証明し、法律がこれに執行力を付与した公正の文書をいう）を要件とせず、これに代えて先取特権の存在を証する一定の文書（管理費等について定めた規約または集会の議事録）を提出することを要する（民事執行法181条1項4号）。このように、先取特権の実行は、比較的簡単な手続きで実施することができるが、建物内に価値のある動産がなければ（動産があっても、占有者が差押えを承諾しなければ先取特権の実行は不可能である）、動産先取特権を行使する意味は少ない。また、不動産先取特権も、専有部分についてその価値いっぱいに抵当権等の担保権が設定されている場合には、これを行使しても、実効が少ない。

●問題 *122* 管理費等の先取特権は登記した抵当権には遅れるが，登記をしなくても一般の債権者には対抗することができる。　［区分所有管理士H11・34・(3)］

（解答）　○　管理費等の先取特権は，不動産および動産に対する特別先取特権である。順位は，一般先取特権の第一順位の共益費用の先取特権と同順位とされている。その効力は，共益費用の先取特権と同様とされ，不動産先取特権は登記をしないでも一般債権者に対抗することができるが，登記ある抵当権には後れる（民法336条）。

●問題 *123* 先取特権の目的物以外の債務者の財産について強制執行をする場合には，先取特権では不可能であり，訴訟等により債務名義を取得しなければならない。　［区分所有管理士H11・34・(4)］

（解答）　○　先取特権は，法律に定める特殊の債権者が，債務者の財産から，他の債権者に優先して債権の弁済を受けることができる担保物権であり，これは法律上当然に生ずる。このようなこともあり，先取特権の目的物は限定されている。

●問題 *124* 規約又は集会の決議に基づき区分所有者が他の区分所有者に対して有する債権は，債務者の区分所有権（共用部分に関する権利及び敷地利用権を含む）及び建物に備え付けた動産の上に先取特権を有する。

［区分所有管理士H12・34・(1)］

（解答）　○

●問題 *125* 先取特権の実行は，債務者に対する債務名義（強制執行を行う基礎となる文書）がない場合は，これを行うことはできない。

［区分所有管理士H12・34・(2)］

（解答）　×　先取特権の実行は，債務者に対する債務名義がなくてもできる。なお，先取特権の実行としての競売の申立ては，専有部分については，建物の所在地を管轄する地方裁判所に，動産については，その地方裁判所に所属する執行官に対してなすことを要する。

（特定承継人の責任）
第8条　前条第1項に規定する債権は，債務者たる区分所有者の特定承継人に対しても行うことができる。

解説 （1）　前条第1項で規定された債権は，債務の弁済がないまま区分所有権が移転された場合には，債務者たる区分所有者の特定承継人に対しても行うことができることとし，適正な維持管理に要する管理経費債権の一層の保護をはかることとした。譲渡人たる区分所有者の債務は消滅するものではなく，特定承継人は譲渡人の債務と同一債務を重畳的に引き受けたものと解すべきだからである。
（2）　特定承継人には，通常の売買の買主のほか，贈与の場合の受贈者，強制競売や担保権の実行としての売却における買受人などが含まれる。
（3）　区分所有権が譲渡された場合は，譲渡人が規約または集会の決議に基づき既に拠出した修繕積立金の払戻しを請求することはできない。その理由は，拠出された財産は，管理組合法人にあっては法人に帰属し，法人格のない場合にあっても区分所有者全員に合有的ないし総有的に帰属して，各区分所有者はその団体の構成員としてその財産に対し持分を有するが，区分所有権の譲渡が行われたときは，譲渡人はその団体から脱退するのではなく，構成員の交替が生ずるにすぎないから，その持分は当然に承継人に移転する，と解されるからである。

●**問題 126**　管理費等の滞納は，組合員個々の事情によるものであり管理会社に直接の責任はない。　　　　　　　　　　　　　［管理業務主任者H12・23・（1）］
　解答　○　ただし，管理受託契約に基づく督促を管理会社として実施していない場合は，債務不履行としての責任を問われる可能性もある。

●**問題 127**　宅地建物取引業法の定めにより，宅建業者が中古マンションの売買を仲介する場合は，当該中古マンションの購入予定者に対し，当該建物の所有者が負担すべき管理費等の月額又は前所有者の滞納額がある場合はその額のいずれかを書面で説明しなければならない。　　　　　　［管理業務主任者H12・23・（2）］
　解答　×　宅地建物取引業者が中古マンションの売買を仲介する場合は，①当該建物の所有者が負担すべき管理費等の月額を説明することはもちろん，②前所有者に滞納額がある場合は，その額も報告する義務がある。本肢では，①または②の「いずれか」を説明しなければならないとしているので誤り。

●**問題 128**　区分所有法では「共用部分，敷地もしくは附属施設の管理に関する債権」，「管理規約または総会決議に基づく債権」等組合員が他の組合員に対して有する債権については，広く先取特権で担保している。
　　　　　　　　　　　　　　　　　　　　　　　　［管理業務主任者H12・23・（3）］
　解答　○　法7条の通りで，正しい。

●問題 **129** 滞納管理費等の先取特権で担保された債権については，組合員の特定承継人に対しても請求を行うことができる。　［管理業務主任者H12・23・(4)］

解答　○　法8条の通りで，正しい。なお，譲渡人である区分所有者の債務は消滅するものではなく，特定承継人は譲渡人の債務と同一の債務を重畳的に引き受けたものと解される。また，債務の存在を譲渡人が説明したかどうか，特定承継人がその事実を知っていたかどうかは関係ない。

●問題 **130** 先取特権とは，他の債権者より優先して弁済を受けられる権利をいう。　［管理業務主任者H12・25・(1)］

解答　○　先取特権とは，法律に定める特殊の債権者が，債務者の財産から，他の債権者に優先して債権の弁済を受けることができる担保物権をいい，これは法律上当然に生ずるものである。

●問題 **131** 特定承継人とは，中古マンションの購入者，競落人を指す。
　［管理業務主任者H12・25・(2)］

解答　○　他人の権利義務を一括して承継することを包括承継（一般承継ともいう）といい，承継する者を包括承継人という。相続により，被相続人の権利義務を承継する相続人がその例である。一方，他人の権利義務を個々的に取得することを特定承継といい，承継する者を特定承継人という。売買，交換，贈与などによる承継が特定承継の例である。抵当権の実行（裁判所による競売）により，所有権を取得する買受人（競落人）も，特定承継人に該当する。

●問題 **132** 遅延損害金とは，金銭債務の履行が遅れた場合に支払われる遅延利息のことをいう。　［管理業務主任者H12・25・(3)］

解答　×　管理組合によっては滞納防止策として，納付者が定められた期日までに納付すべき金額を納めなかった場合，その未払金額について，年利△△％の延滞料を加算して請求することができる旨の規約を設定している。この延滞料のことを遅延損害金という。遅延損害金とは，金銭債務の履行が遅れた場合に支払われる損害賠償金のことをいい，いわゆる利息ではないことに留意する必要がある。

●問題 **133** 民事調停とは，裁判所の調停委員会の仲介によって，金銭の貸借等のトラブルを相手方との話し合いで解決する手続きである。
　［管理業務主任者H12・25・(4)］

解答　○　民事調停は，裁判所の調停委員会の仲介によって，金銭の貸借等，

相手方との話し合いでトラブルを解決する手続きである。訴訟によらず、当事者の自由意思によって紛争を解決する点が特徴である。なお、調停は、紛争を円滑に解決させる手段であるが、たとえ申立てをしても相手方は、調停の場に出る義務はない。

●**問題 134** 管理組合は、中古マンションの買主に対し、前区分所有者の滞納管理費を請求することはできるが、その遅延損害金は請求することはできない。　　　　　　　　　　　　　　　　　　　　　　　　　　　　[管理業務主任者H13・9・(1)]
（解答）　×　特定承継人である中古マンション購入者は、売主の債務である滞納管理費を負担しなければならない。併せて遅延損害金がある場合には、当該遅延損害金も特定承継人が負担しなければならない（8条、54条）。

●**問題 135** 管理組合は、相続人に対し、被相続人である前区分所有者の滞納管理費とその遅延損害金を請求することができる。　[管理業務主任者H13・9・(2)]
（解答）　○　包括承継人である相続人は、被相続人の財産上のすべての権利義務を承継する（民法896条）。したがって、滞納管理費と遅延損害金を当然に承継するので、管理組合は請求できる。

●**問題 136** 管理費の遅延損害金については、利息制限法（昭和29年法律第100号）が適用される。　　　　　　　　　　　　　　　　[管理業務主任者H13・9・(3)]
（解答）　×　遅延損害金は金銭債務の履行遅滞の場合に支払われる損害賠償金であり、利息ではないため（民法419条）、利息制限法の適用は受けない。

●**問題 137** 管理組合は、管理規約に管理費の遅延損害金の定めがない場合は、遅延損害金を請求することができない。　　　　　　[管理業務主任者H13・9・(4)]
（解答）　×　管理規約に遅延損害金について特段の定めがない場合には、民法419条1項に規定された法定利率または約束した利率の遅延損害金を請求できる。

●**問題 138** 管理費等が滞納されたまま、区分所有権が譲渡された場合、譲渡人と譲受人の双方に対して請求することができる。　[区分所有管理士H12・34・(3)]
（解答）　○　譲渡人たる区分所有者の債務は消滅するものではなく、特定承継人は譲渡人の債務と同一債務を重畳的に引き受けたものと解される。

●**問題 139** 相続や合併のように包括承継によって区分所有権の移転が生じた場合には、その権利義務一切が承継人に引継がれるので、被承継人に対する請求

権が残る余地はない。　　　　　　　　　　　　　[区分所有管理士H12・34・(4)]

解答　×　包括承継によって被承継人に対する請求権が消滅してしまうわけではなく，請求権が残る余地がある。

（建物の設置又は保存の瑕疵に関する推定）
第9条　建物の設置又は保存に瑕疵があることにより他人に損害を生じたときは，その瑕疵は，共用部分の設置又は保存にあるものと推定する。

解説　民法717条1項は，土地工作物（区分所有建物もこれに該当する）の設置または保存の瑕疵により他人に損害を生じたときは，その工作物の占有者または所有者が損害賠償責任を負う，と規定している。区分所有建物以外の建物においては，瑕疵が建物のどの部分に存するかが明らかにされなくても，その建物の瑕疵によって損害が生じたことが立証されれば，被害者はその建物の占有者または所有者にその損害の賠償を請求することができる。しかし，区分所有建物にあっては，その建物が専有部分と共用部分とに分かれており（2条3項，4項），その帰属主体が異なっている（専有部分は当該部分の区分所有者の所有であり，共用部分は原則として区分所有者全員の共有である［11条］）ので，瑕疵がいずれの部分にあったかによって異なる結果となる。すなわち，瑕疵が，専有部分にある場合には専有部分の占有者または所有者が賠償責任を負い，共用部分にある場合には共用部分の占有者または所有者が賠償責任を負う。

　ところが，実際に区分所有建物にあっては，その瑕疵が専有部分にあるのか共用部分にあるのか明らかでない場合が少なくない。このような場合に，被害者がこの点を明らかにして主張・立証することができない限り，専有部分，共用部分のいずれの占有者または所有者に対しても損害賠償の請求をすることができないとすれば，被害者にとってははなはだ不都合なこととなる。そこで，本条は，そのような場合に賠償請求権者の立証責任の軽減を図ることを目的として，瑕疵は共用部分にあるものと推定した。本条は，民法717条の特則規定である。

●瑕疵担保責任とアフターサービスの比較

	瑕疵担保責任	アフターサービス
根　　拠	民法566条，570条	売買契約に基づいて負う売主の任意の責任（債務）
対象範囲	隠れた瑕疵にかぎる。	一定の欠陥で，隠れた瑕疵にかぎらない。
責任の内容	損害賠償	瑕疵または欠陥の補修。

帰責事由	契約の解除 売主が無過失の場合も適用される。	売買契約の定めによる。 (天災等の不可抗力,使用ミス等,補修責任を売主に帰しえない場合は除く。)
原因の発生時期	契約当時に存在していた隠れた瑕疵。	売買契約で定めた期間内に発生した欠陥または瑕疵。
期間とその起算日	買主が瑕疵を知ったときから1年(民法566条,570条)。 ただし売主が宅地建物取引業者である場合は特約により,目的物引渡しの日から2年以上の期間とすることができる(宅地建物取引業法40条)。	部位や欠陥の種類により期間と起算日が異なる。 ［期　間］1年間～10年間 ［起算日］①屋上・外壁等の雨漏り,内外壁・基礎等構造耐力上主要な部分の亀裂・毀損については,建設会社から分譲会社に建物が引き渡された日。②共用部分については,最初に使用を開始した日。③その他の部分はその物件の引渡しの日。

● 「アフターサービス規準」改正の経緯

	昭和48.6 (1973年)	昭和52.4 (1977年)	平成5.3 (1993年)	平成12.4 (2000年)
屋上防水	2年	5年	10年	10年
外壁防水	2年	3年	7年	10年
その他	1年または2年	1年または2年	1年または2年	2年 (植栽は1年)

　これを見るポイントは,ほとんどの建物部位については保証期間が1年または2年となっているが,①屋上防水と②外壁防水の保証期間がどのように変ってきたかをチェックすることである(もちろん,長期保証部位には他に「浴室防水」,「給排水管」もある)。このアフターサービスの各保証期間は,業界［旧(社)日本高層住宅協会(現(社)不動産協会]が独自に設定しているものであり,法律や通達ではない。これは,売主が任意に負う売買契約上の責任なので,その内容や保証期間は売主によって異なる。

● 民法・宅建業法・住宅品質確保促進法　比較表

	民法(請負)	民法(売買)	宅地建物取引業法	住宅品質確保促進法(請負)	住宅品質確保促進法(売買)
請負人または売主	すべて	すべて	宅建業者	住宅の新築に係る請負人に限定(法人・個人を問わない)	新築住宅の売主に限定(法人・個人を問わない)
対　象	土地工作物	すべて	宅地・建物(新	新築住宅の構造	新築住宅の構造

		民法（請負）	民法（売買）	宅地建物取引業法	住宅品質確保促進法（請負）	住宅品質確保促進法（売買）
				築・中古，住宅・非住宅をすべて含む)	耐力上主要な部分等に限定	耐力上主要な部分等に限定
瑕疵		隠れたる瑕疵に限定されない（通説）	隠れたる瑕疵に限定される(570条)	民法（売買）に同じ	民法（請負）に同じ	民法（売買）に同じ
請求の内容	修補請求	○（634条1項）瑕疵が軽微かつ過分費用の場合は×（634条1項但書）	×（伝統的通説？）有力反対学説・裁判例あり	民法（売買）に同じ	民法（請負）に同じ	○瑕疵が軽微かつ過分費用の場合は×（請負の場合と同一）
	賠償請求	履行利益（通説）（条文上634条2項は損害賠償請求）	信頼利益（伝統的通説？）有力反対学説等に従えば，履行利益	民法（売買）に同じ	民法（請負）に同じ	・修補に代わる損害賠償 ・修補と共にする賠償請求（請負の場合と同一）
		634条1項但書の場合は信頼利益（通説）			民法（請負）に同じ	
		修補と共にする損害賠償（履行利益＝通説）（634条2項）			民法（請負）に同じ	
	解除	×（635条但書）	○（契約目的達成不可能の場合のみ566条1項）	民法（売買）に同じ	民法（請負）に同じ	民法（売買）に同じ
	特約	注文者に不利な特約も可能	買主に不利な特約も可能	不利な特約は不可（40条）	不利な特約は不可	不利な特約は不可
期間	原則	引渡時から5年又は10年（638条1項）	引渡しから10年以内（内田説）	引渡時から2年以上とすることは可能（40条）	構造耐力上主要な部分等10年義務づけ	構造耐力上主要な部分等10年義務づけ
		滅失，毀損時から1年以内(638条2項)	瑕疵を知ってから1年以内(566条3項)	引渡時から2年以上とすれば短縮可能	民法（請負）に同じ（強行規定対象外）	民法（売買）に同じ（強行規定対象外）

	民法（請負）	民法（売買）	宅地建物取引業法	住宅品質確保促進法（請負）	住宅品質確保促進法（売買）
特約	10年以内で伸長・短縮可能（639条）（金山説では20年）	短縮可能（通説）	引渡時から2年以上とする特約以外は不可（40条）	短縮不可（10年超20年まで伸長可能）	短縮不可（10年超20年まで伸長可能）
免責特約	有効。ただし，悪意の場合は×（640条）	有効。ただし，悪意の場合は×（572条）	不可（40条）	不可	不可
免責条文	注文者の指図等（636条）	なし	民法（売買）に同じ		民法（売買）に同じ

●問題 **140** 瑕疵担保責任は宅地建物取引業法上の責任であり，それに従わないという特約がない限り売主は宅地建物取引業法に規定されている内容の責任（損害賠償・契約解除）を負わなければならない。 ［管理業務主任者H12・32・（1）］

(解答) ×　瑕疵担保責任は宅地建物取引業法上の責任ではなく，民法上の責任であり，同法に基づき，損害賠償または契約解除の責任を負う。なお，瑕疵担保責任は任意規定と解されており，売主が宅建業者でない場合は，瑕疵担保責任を負わない旨の特約も有効であるが，売主が宅建業者の場合は，そのような特約は無効である。

●問題 **141** 瑕疵担保責任は，売買契約時に存在していた隠れた瑕疵が発見されたときに売主の責任が生じるのに対し，アフターサービスは欠陥が契約で定める期間内に発生すれば責任が生じる。［管理業務主任者H12・32・（2），H13・44・（1）］

(解答) ○　瑕疵担保責任の原因の発生時期は，契約当時に存在していた隠れた瑕疵であるのに対し，アフターサービスの原因の発生時期は，売買契約で定めた期間内に発生した欠陥または瑕疵であればよい。

●問題 **142** 瑕疵担保責任は，取引時における目的物の隠れた瑕疵が対象であるのに対し，アフターサービスは契約で定める一定の欠陥で隠れた瑕疵に限る。
［管理業務主任者H12・32・（3），H13・44・（4）］

(解答) ×　瑕疵担保責任の対象範囲は，隠れた瑕疵に限るが，アフターサービスの対象範囲は，一定の欠陥で，隠れた瑕疵に限らない。

●問題 **143** 瑕疵担保責任が，買主が隠れたる瑕疵のあることを知ってから2

年以内であるのに対し，アフターサービスは規約で定める期間である。

[管理業務主任者H12・32・(4)]

(解答) ×　瑕疵担保責任を追及できる期間は，買主が瑕疵を知ったときから1年以内である（民法566条，570条）。ただし，売主が宅地建物取引業者である場合は，特約により，目的物引渡しの日から2年以上の期間とすることができる（宅地建物取引業法40条）。

●問題 **144**　施工不良などが原因と見られる新築住宅の欠陥問題が，購入者と分譲業者・施工業者との間のトラブルとなり，このことがしばしば問題となることから，平成11年6月23日に「住宅の品質確保の促進等に関する法律」（以下，「品確法」という。）が成立し，平成12年4月1日より施行された。

[管理業務主任者H12・34・(1)]

(解答) ○　「住宅の品質確保の促進等に関する法律」（品確法）は，①住宅の品質確保の促進，②住宅購入者等の利益の保護，③住宅に係る紛争の迅速かつ適正な解決を図ることを目的として，平成11年6月23日に公布され，平成12年4月1日に施行された。本法は，新築住宅の基本構造部分に係る瑕疵担保責任10年の義務づけや，住宅の性能を評価・表示するための共通ルールの設定等とともに，住宅専門の裁判外紛争処理体制の整備を行うことを大きな柱としている。

●問題 **145**　品確法では，新築住宅の取得契約（請負・売買）において，基本構造部分について10年間の瑕疵担保責任が義務づけられたが，特約によりこれを10年未満に短縮することができる。

[管理業務主任者H12・34・(2)]

(解答) ×　品確法により，基本構造部分について10年間の瑕疵担保責任が義務づけられた。これは「強行規定」なので，注文者または買主に不利な特約は無効となる（品確法87条2項，88条2項）。

●問題 **146**　品確法では，新築住宅の取得契約（請負・売買）において特約を結べば，基本構造部分以外も含めた瑕疵担保責任が最長20年まで伸長することができる。

[管理業務主任者H12・34・(3)]

(解答) ○　構造耐力上主要な部分，雨水の浸入防止部分その他の瑕疵について，20年まで伸長することは可能である（品確法90条）。

●問題 **147**　品確法は，平成12年4月1日以降に建築請負契約又は売買契約が締結されたすべての新築住宅に適用され，修補請求，賠償請求，契約解除が請求できる。

[管理業務主任者H12・34・(4), マンション管理士H13・19・(1)・(2)]

解答 ○ 品確法は，平成12年4月1日以降に建築請負契約または売買契約をした新築住宅に適用となる。引渡し後，住宅の構造耐力上主要な部分に瑕疵があった場合には，買主は供給業者に対し，①修補請求，②修補に代わる損害賠償請求，③修補とともにする損害賠償請求，④契約解除（ただし，契約の目的を達成することができない場合に限る）を行うことができる。

●**問題 148** アフターサービスは，売買契約締結後，契約で定めた一定期間，一定の部位について売主が無償で補修するという内容のサービスを行うことが一般的である。　　　　　　　　　　　　　　　　　　　　[管理業務主任者H13・42・(1)]

解答 ○

●**問題 149** アフターサービスの内容については，不動産業者の団体が標準的な基準を制定している。　　　　　　　　　　　　　　　[管理業務主任者H13・42・(2)]

解答 ○ 新築分譲マンションを対象として，不動産関係団体が消費者サービスの一環として「アフターサービス基準」を作成し，実施している。その内容については，先に施行された住宅品質確保法に伴い一部見直しがされた。

●**問題 150** アフターサービスは，天災地変等の不可抗力による損壊の場合も，その対策としていることが多い。　　　　　　　　　　　[管理業務主任者H13・42・(3)]

解答 × 天災地変等の不可抗力による損壊の場合は，適用除外とされている。

●**問題 151** アフターサービスは，対象となる部位や種類により，サービス期間とその起算日を異にしている場合が多い。　　　　　　　[管理業務主任者H13・42・(4)]

解答 ○

●**問題 152** 宅地建物取引業者が売主となり，宅地建物取引業者でない者が買主となる中古マンションの売買契約における，瑕疵担保責任に関して，「売主は，民法の規定に基づく責任を負うと共に，買主からの瑕疵の補修の請求にも応ずる」旨の特約は有効である。　　　　　　　　　　　[管理業務主任者H13・43・(1)]

解答 ○ 宅地建物取引業者が売主となっている場合，瑕疵担保責任を負う期間を引渡しの日から2年以上とする特約を除き，民法の規定よりも買主に不利な特約をすると無効になる。本肢の瑕疵の補修の請求に応ずる旨の特約は，買主に有利なので有効である（宅建業法40条）。

●問題 **153** 宅地建物取引業者が売主となり、宅地建物取引業者でない者が買主となる中古マンションの売買契約における、瑕疵担保責任に関して、「売主は、物件引渡しの日から1年間のみ瑕疵担保責任を負う」旨の特約をした場合、買主に対し、引渡しの日から2年間責任を負うことになる。

[管理業務主任者H13・43・(2)、区分所有管理士H13・16・(2)]

解答 × 売主が瑕疵担保責任期間を引渡しの日から1年間のみとした特約は無効となり、民法の規定が適用されることとなる。したがって、買主が隠れた瑕疵を発見した時から1年以内は、契約の解除または損害賠償の請求に応じなければならない（民法570条）。

●問題 **154** 宅地建物取引業者が売主となり、宅地建物取引業者でない者が買主となる中古マンションの売買契約における、瑕疵担保責任に関して、買主は、その売買契約の締結時に知っていた瑕疵についても、売主に対し、その責任追及をすることができる。 [管理業務主任者H13・43・(3)、区分所有管理士H13・16・(3)]

解答 × 買主が売買契約締結時に知っていた瑕疵についてまで、売主に対し責任を追及することはできない。瑕疵担保責任は、買主の善意無過失が条件である（民法570条）。

●問題 **155** 宅地建物取引業者が売主となり、宅地建物取引業者でない者が買主となる中古マンションの売買契約における、瑕疵担保責任に関して、「買主は、瑕疵の修補の請求を物件引渡しの日から3年間行うことができるが、損害賠償請求は売主が認めるときに限りできる」旨の特約は有効である。

[管理業務主任者H13・43・(4)]

解答 × 前段の「買主は、瑕疵の修補の請求を物件引渡しの日から3年間行うことができる」旨の特約は有効である。しかし、後段の「損害賠償請求は売主が認めるときに限りできる」旨の特約は、買主にとって不利なので無効である（宅建業法40条）。

●問題 **156** 瑕疵担保責任を負う期間は、特約のない限り、目的物の引渡しの日から1年間であるのに対し、アフターサービスの期間は部位別に異なることが多い。 [管理業務主任者H13・44・(2)]

解答 × 瑕疵担保責任は、買主が隠れた瑕疵を知ったときから1年以内に売主に対し追及できる。したがって、目的物の引渡しの日から1年間ではない（民法566条、570条）。アフターサービスの期間は、部位ごとに定められた期間（1年～10年）である。

●**問題 157** 瑕疵担保責任は，民法上の法定責任であるのに対し，アフターサービスは売買契約上の責任である。　　　　　　　　［管理業務主任者H13・44・（3）］

【解答】　○

●**問題 158** 住宅の品質確保の促進等に関する法律第88条に規定する瑕疵担保責任の特例に関しては，売買契約締結の日から10年間に限り，適用がある。
　　　　　　　　　　　　　　　　　　　　　　　　　　［マンション管理士H13・19・（3）］

【解答】　×　住宅品質確保法による瑕疵担保責任の期間については，売主が買主に住宅を引き渡した時から10年間と規定されており，売買契約の締結日からではない（品確法87条）。なお，特約で20年まで延長することができる（同法90条）。

●**問題 159** 住宅の品質確保の促進等に関する法律第88条に規定する瑕疵担保責任の特例に関して，柱及び梁などについては適用があるが，屋根及び外壁については適用がない。　　　　　　　　　　　　　　　　　　［マンション管理士H13・19・（4）］

【解答】　×　住宅品質確保法で瑕疵担保責任の対象とされるのは，「住宅の構造耐力上主要な部分または雨水の浸入を防止する部分」である（品確法87条，同施行令6条）。したがって，屋根および外壁についても適用される。

●**問題 160** 建物の設置又は保存に瑕疵があることにより他人に損害を生じたときは，その瑕疵は，共用部分の設置又は保存にあるものと推定される。
　　　　　　　　　　　　　　　　　　　　　　　　　　［区分所有管理士H10・8・（4）］

【解答】　○　「推定する」と「見做す」の違いに注意すること。「推定する」とは，ある事実の有無が不明確な場合に，一応それがあるものとして法律効果を生じさせること。後で，裁判において推定された事実と異なる事実が立証（反証）されたときは，推定された効果は生じない。一方「見做す」とは，Aということとは元来性質の違うBということを，ある法律関係では，同一にみるということを表し，この表現が使われた場合にはいかなる反証もできない。

●**問題 161** 宅地建物取引業者が売主として，宅地建物取引業者でない者に対してマンションを販売した場合の瑕疵担保責任に関して，そのマンションの瑕疵について，「買主は損害賠償の請求はできないが，瑕疵の修補請求をすることはできる」旨の特約は有効である。　　　　　［区分所有管理士H13・16・（1）］

【解答】　×　「瑕疵の修補請求をすることができる」旨の特約は，民法よりも買主に有利なので有効であるが，「損害賠償の請求はできない」旨の特約は，

民法よりも買主に不利なので無効である。

●**問題 162** 宅地建物取引業者が売主として，宅地建物取引業者でない者に対してマンションを販売した場合の瑕疵担保責任に関して，そのマンションが，建物完成後すでに10年を経過している場合には，売主は瑕疵担保責任を負うべき期間について自由に決定することができる。　　　　　　　　[区分所有管理士H13・16・(4)]

（**解答**）　×　このような規定はない。

●**問題 163**　AがBに中古マンションを売却した場合におけるAの瑕疵担保責任については，Bは，その瑕疵を知った日から1年以内にAに請求しなければならない。　　　　　　　　　　　　　　　　　　　　　　[マンション管理士H13・16・(1)]

（**解答**）　○　買主が契約解除または損害賠償請求をできるのは，瑕疵を知った日から1年以内である（民法570条，566条3項）。

●**問題 164**　AがBに中古マンションを売却した場合におけるAの瑕疵担保責任に関して，AB間で，「Aは瑕疵担保責任を負わない」旨の特約をしても，Aが瑕疵を知りながらBに告げなかった事実については，免責されない。

[マンション管理士H13・16・(2)]

（**解答**）　○　売主は，瑕疵担保責任を負わない旨の特約をしても，①売主が瑕疵を知りながら買主に告げなかった事実，②自ら第三者のために設定または譲渡した権利，については免責されない（民法572条）。

●**問題 165**　AがBに中古マンションを売却した場合におけるAの瑕疵担保責任に関して，Aの妻Cが1年前にAの専有部分内において自殺したことを，AがBに告げないことは，当該マンションの「隠れたる瑕疵」に当たる。

[マンション管理士H13・16・(3)]

（**解答**）　○　居住のために購入したマンションの専有部分内で過去に自殺があったことが分かり，瑕疵による売買契約の解除をした事案について，裁判所は「建物は継続して生活する場であるから，このような心理的欠陥も瑕疵に含まれる」との判断をしている（横浜地判平成1.9.7）。

●**問題 166**　AがBに中古マンションを売却した場合におけるAの瑕疵担保責任に関して，Bは，あらかじめAに瑕疵の修補を請求した上でなければ，当該マンションに係る売買契約を解除することができない。

[マンション管理士H13・16・(4)]

（**解答**）　×　売買の目的物に隠れた瑕疵があり，購入の目的を達成できない場

合は，損害賠償の請求または契約の解除のいずれでもすることができる。

> （区分所有権売渡請求権）
> 第10条　敷地利用権を有しない区分所有者があるときは，その専有部分の収去を請求する権利を有する者は，その区分所有者に対し，区分所有権を時価で売り渡すべきことを請求することができる。

解説　（1）　本条は，専有部分の区分所有権と敷地利用権とを一体化している。しかし，両者が分離し，区分所有者が敷地利用権を有しない場合もあり，そのときは，敷地の権利者は専有部分の収去を請求できる権利をもつ。だが，専有部分の収去は区分所有建物の構造上物理的に不可能であったり，社会的にみて不適当なことも多いので，専有部分の収去を請求する権利を有する者はその区分所有者に対し，区分所有権を時価で売り渡すよう請求することができるとした。
（2）　区分所有権売渡請求権とは逆方向の，区分所有者による敷地利用権買取請求権は認められていないが，当事者がそのように合意することはできる。

●問題 *167*　敷地利用権を有しない建物の区分所有者がいる場合には，区分所有者及び議決権の各4分の3以上の多数による集会の議決により，その者の所有する専有部分の競売を請求することができる。　　　　　　［司法書士Ｈ6・14・(2)］
解答　×　敷地利用権を有しない区分所有者に対し，その専有部分の収去を請求する権利を有する者は，区分所有権を時価で売り渡すべきことを請求することができる。この売渡請求権は形成権なので（集会の決議を経ることなく）相手方に対する請求権行使の意思表示によって，一方的に時価による売買契約成立の効果を生じさせる。

第2節　共用部分等

> （共用部分の共有関係）
> 第11条　共用部分は，区分所有者全員の共有に属する。ただし，一部共用部分は，これを共用すべき区分所有者の共有に属する。
> 2　前項の規定は，規約で別段の定めをすることを妨げない。ただし，第27条第1項［管理所有］の場合を除いて，区分所有者以外の者を共用部分の

所有者と定めることができない。
　3　民法第177条［不動産物権変動の対抗要件―登記］の規定は，共用部分には適用しない。

解説　（1）　本条は，共用部分が当該区分所有建物内の全区分所有者の共有である旨の原則を明示する。しかし同時に，本条は，共用部分はこれを一部共用部分となすことができるが，原則として区分所有者でない者をその所有者とはなしえず，また，共用部分の物権変動については，民法177条が適用されない旨をも規定する。

（2）　規約で本条1項と異なる定めをする場合に，共用部分の所有者とすることができるのは，区分所有者および25条以下で定める管理者のみである。区分所有者および管理者（区分所有者でない場合もあり得る）でない者を共用部分の所有者と定めることはできず，そのような者を共用部分の所有者と定めた場合には無効である。

（3）　本条3項は，共用部分の物権変動については，民法177条が適用されない旨を規定する。共用部分の物権変動については，それが専有部分の物権変動に随伴して生じた場合は，専有部分の不動産物権変動に関する対抗要件としての登記が具備されていればよい。すなわち，この専有部分の登記をもって共用部分に関する物権変動を第三者に対抗させることとし，共用部分の物権変動については独自の対抗要件を不要とした。

●**問題 168**　Aマンションの敷地は，市道をはさんで甲地と乙地からなっており，甲地にはAマンションと集会所があり，乙地はAマンションの駐車場として使用されている。Aマンションの1階には，全専有部分共通の玄関及びロビーがあり，また，各階には各専有部分に通ずる廊下がある。なお，甲地及び乙地は，いずれもAマンションの敷地権たる旨の登記がされている。この場合，玄関，ロビー及び廊下についても，区分所有者の専有部分の所有権保存又は移転の登記とあわせて，共有持分の登記をする必要がある。　　　［マンション管理士H13・17・(1)］
　解答　×　玄関，ロビーおよび廊下は法定共用部分に該当するので，不動産登記の対象とならない。

●**問題 169**　共用部分の共有については，規約で別段の定めをすることができるが，管理者による管理所有の場合を除いて，区分所有者以外の者を共用部分の所有者と定めることができる。　　　［区分所有管理士H10・12・(1)，H12・10・(1)］
　解答　×　管理者による管理所有の場合を除いて，区分所有者以外の者を共

用部分の所有者と定めることはできない。

●**問題 170** 一部共用部分とは，共用部分のうち，一部の区分所有者のみの共用に供されるべきことが明らかなものであり，これを共用すべき区分所有者の共有に属する。　　　　　　　　　　　　　　　　　　　　［区分所有管理士H12・7・(1)］
　(解答)　○

●**問題 171** 共用部分は，区分所有者全員の共有登記を行わなければ，第三者に対抗することができない。　　　　　　　　　　　　　　　　　　　　［宅建H6・14・(1)］
　(解答)　×　区分所有者の共有に属するものには，法定共用部分と規約共用部分がある。法定共用部分については，そもそも共用部分である旨の登記はなされず，登記がなくても第三者に対抗することができる（11条3項）。これに対し，規約共用部分は区分所有権の目的とすることが可能であるから，共用部分である旨の登記をしなければ，第三者に対抗することができない（4条2項）。しかし，この登記は，共用部分である旨を表題部に記載するという形式で行われ，区分所有者全員の共有の登記をするわけではない（不登法99条の4第2項）。

●**問題 172** 表示の登記がされていない区分建物（1棟の建物を区分した建物）を建築業者から取得した者は，当該区分建物の表示の登記を申請する義務はない。　　　　　　　　　　　　　　　　　　　　　　　　　　　　［宅建H13・14・(1)］
　(解答)　×　建物を新築した後で，所有者の変更があったときには，原則として，新所有者はその変更のあった日から1ヵ月以内に建物の表示の登記を申請しなければならないが，区分建物を建築業者から取得した者は，例外的に表示の登記を申請する義務はない（不登法93条3項）。

●**問題 173** 共用部分である旨の登記がされている建物については，所有権その他権利に関する登記をすることができない。　　　　　　　　　　　［調査士S51・11・(5)］
　(解答)　○　共用部分である旨の登記がされている建物（規約上の共用部分）については，民法177条の規定を適用しないものとしているので（11条3項），所有権その他の権利に関する登記をなすべき必要がない（ということは，登記することができないことに通ずることになる）。

●**問題 174** 共用部分たる旨の登記においては，共有する区分所有者の氏名，住所は記載されない。　　　　　　　　　　　　　　　　　　　　　［調査士S53・13・(2)］
　(解答)　○　共用部分の共有持分は専有部分の処分に従うとされ，共用部分に

については民法177条の規定を適用しないものとしているので（11条3項，15条），共用部分たる旨の登記においては，「規約設定とその年月日並びに共用部分」であることを登記し，共用すべき共有者の氏名，住所を登記しないこととしている。

●**問題 175** 規約による共用部分である旨の登記がされた建物については，権利に関する登記をすることができない。　　　　　　　　　　［調査士H7・13・ウ］

（解答）　○　規約による共用部分である旨の登記がされている建物については，権利に関する登記をすることができない。共用部分については，登記なくしてその物権変動を第三者に対抗することができる（11条3項）。

> **第12条** 共用部分が区分所有者の全員又はその一部の共有に属する場合には，その共用部分の共有については，次条から第19条までに定めるところによる。

（解説）　（1）　本条は，共用部分の共有については，次条から第19条までの規定によることを定めたものである。すなわち，共用部分の共有については，本条の諸規定によることとなり，民法物権編の共有に関する規定は適用されない。
（2）　民法物権編における共有にあっては，各共有者はいつでも共有物の分割を請求することができ（分割請求の自由，民法256条），また，その持分を放棄することができる（持分処分の自由，民法255条）。これに対して，区分所有にあっては，共用部分の共有は建物の区分所有が続くかぎり維持されなければならず，したがって共用部分の分割請求や共有持分の単独譲渡は，原則として認められない。このような特性から，共用部分の共有は，（通常の共有としての面ももってはいるが）合有的な傾向を強くもったもの，ないし一種の合有，と解するのが一般的である。

	民法上の共有	共用部分の共有
共有物の使用	共有物の全部について持分に応じた使用ができる（民法249条）。	持分に関係なく，共用部分全体を用法に従って使用することができる（区分所有法13条）。
持分の割合	法律の規定または意思表示によって定まらない場合は，相等しいものと推定される（民法250条）。	規約に別段の定めがない限り，専有部分の床面積割合である（区分所有法14条）。

持分の処分	持分の処分はできる。	持分のみの処分はできない（区分所有法15条）。
共有物の保存行為	各共有者が単独で行うことができる（民法252条但書）。	各共有者が単独で行うことができる（区分所有法18条1項但書）。
共有物の管理（利用・改良）	持分の価格の過半数で決する（民法252条）。	区分所有者および議決権の各過半数による集会の決議で決する（18条1項）。軽微な変更も同じ（区分所有法17条1項本文括弧書）。
共有物の変更	全員の同意で変更できる（民法251条）。	区分所有者および議決権の各4分の3以上の多数による集会の決議で決する（区分所有法17条1項）。
共有物の処分	全員の同意で処分できる（民法251条）。	共用部分のみの処分はできない（区分所有法15条）。
費用の負担	持分に応じて負担する（民法253条1項）。	規約に別段の定めがない限り，持分に応じて負担する（区分所有法19条）。
共有物の分割請求	分割を請求できる（民法256条1項本文）。	分割を請求できない（区分所有法15条）。

（共用部分の使用）
第13条 各共有者は，共用部分をその用方に従って使用することができる。

解説 （1） 民法は，各共有者は共有物について持分に応じた使用をすることができると規定する（民法249条）が，区分所有建物の共用部分については，各共有者の「持分に応じて」使用を認めることは適当ではない。たとえば，各区分所有者のエレベーターの使用頻度が共用部分の共有持分に応じて異なるものとすることは妥当ではない。そこで，本条では，共用部分を「その用法に従って」使用することができる，とした。

（2） 共用部分の使用権は，たとえ規約によってさえも，これを剥奪することはできない。しかし，これに合理的な範囲で制限を課したり，使用方法をある程度まで特定することは差し支えない。

（3） 「専用使用権」とは，建物の共用部分および敷地を特定の区分所有者または特定の第三者が排他的に使用する権利である（建物の共用部分では屋上，バ

ランダ・バルコニー，敷地では駐車場，庭に関して設定されることが多い）。このような専用使用権の設定は，本条の趣旨に反しない限り有効である。専用使用権の対象となる「建物の共用部分」として典型的なものは，バルコニーである。「敷地」については，青空駐車場としてラインを引いた屋外駐車場が典型的な例になる。もちろん，駐車場は青空駐車場ばかりではなくて，マンションの建物内の，例えば1階部分や地下部分に駐車場を設けるという例もある。

●専用使用権の対象としてのバルコニーおよび駐車場

このように専用使用権の対象部分は，①「バルコニー」と②「駐車場」の2種類があって，バルコニーはたまたまその部屋にくっついているので，その住戸の方しか使用できないという構造になっている。そのためにバルコニーは共用部分であるが，よく専有部分であると誤解される。しかし，バルコニーは消防法上の避難通路や火災等の非常の際は隣の住戸との隔板を破って逃げるための場所である。バルコニーの使用に関しては，無料という場合が多い。一方，駐車場は全員の共有地である土地の一部を特定の方だけが使えるようにした場所であり，使用料として相当額の駐車場使用料を徴収する場合が多い。

●具体例では

具体例で言うと，マンション201号室の所有者はAさんであるが，転勤のためにCさんへ所有住戸を売ったとする。新しく区分所有者となったCさんは，201号室のバルコニーを引き続き使用できる。ところが，同じ専用使用権でも駐車場に関しては扱いが違う。先程のAさんは，マンション敷地内の駐車場を使用しており，その区画がNo.3区画だったとする。この場合に新しく区分所有者となったCさんはバルコニーと同様にNo.3区画の駐車場を使用できるか。結論から言うと，Cさんは引き続き駐車場を使えるわけではない。Aさんが使っていた駐車場は管理組合との賃貸借契約に基づいて使わせてもらっている場所なので，売買等により区分所有者でなくなる場合には，その駐車区画No.3は，一旦管理組合へ返してもらう必要がある。そして，管理組合ではそのNo.3区画について新たな使用者を募って抽選等の公平な方法で次の使用者を決定するということになる。

●駐車場については専用使用権の用語は使わないようにした

現在はかなり少なくなっているが，以前のトラブルがあったケースではこのAさんが部屋を売るときに，自分の住戸は駐車場付きですよといって売ってしまい，後の購入者Cさんの方は駐車場が使えると思ったのに使えないということでトラブルになることもあった。特に駐車場に関してはトラブルが多いが，駐車場が使用できる権利を専用使用権と言っていたために，この言葉を見ると物権的な誰に対しても主張できる権利のようなイメージを持たれて，変に誤解されていた点があった。そのために平成9年版標準管理規約では改正されている。つまり，バルコニーについては専用使用権という用語を使っているが，駐車場についてはトラブルが多いので使用できる権利は物権ではなくて，単なる債権である，賃貸借契約であるということを明確にするために，専用使用権という用語を使わないようにした。単に，駐車場の使用という言い方にとどめている。

（共用部分の持分の割合）
第14条 各共有者の持分は，その有する専有部分の床面積の割合による。
2 前項の場合において，一部共用部分（附属の建物であるものを除く。）で床面積を有するものがあるときは，その一部共用部分の床面積は，これを共用すべき各区分所有者の専有部分の床面積の割合により配分して，それぞれの区分所有者の専有部分の床面積に算入するものとする。
3 前2項の床面積は，壁その他の区画の内側線で囲まれた部分の水平投影面積による。
4 前3項の規定は，規約で別段の定めをすることを妨げない。

解説 （1）本条は，各共有者が共用部分に対して有する持分の定め方を規定する。すなわち，共用部分に対する各共有者の持分は，各専有部分の床面積の割合によって算定し，一部共用部分については，これを共用すべき区分所有者の専有部分に配分・算入することとする。なお，その場合の床面積とは，壁などによる区画の，内側線で囲まれた部分を指すものとする。

（2）本条3項は，床面積の測定をする場合に，壁その他の区画の内側線で囲まれた部分の水平投影面積による旨を明記した（床面積測定における内法主義）。専有部分の床面積の測定においては，解釈上，壁の内側で測る考え方（内法計算）と壁の中心で測る考え方（壁心計算）があった。

しかし，法改正により，専有部分と敷地利用権の一体性の原則が採用され（22条1項），敷地利用権の割合も，原則として専有部分の床面積の割合によることになった（22条2項）。そして，敷地利用権もこれに基づいて登記されるため（不登法91条2項4号），専有部分の床面積の測定方法をも，画一的に定める必要があった。このような状況から，法は，専有部分および一部共用部分の床面積の測定においても，不動産登記の実務の運用にあわせ，内法主義，すなわち「壁その他の区画の内側線で囲まれた部分の水平投影面積」によることにした。

（3）しかし，本条3項所定の床面積の測定方法（内法主義）は，あくまでも，共用部分についての持分割合の算定のためのものにすぎない。言いかえれば，この規定は，専有部分の範囲を壁の内側線で囲まれた部分に限定する趣旨ではない。専有部分そのものの範囲の画定は，本条によっては律せられず，したがって，依然として法解釈および規約に委ねられている，ということになる。

（4）床面積の測定方法について規約で別段の定めをすること（例えば，壁心計算によるものとすること）も，規約で直接共用部分の持分の割合を端数のつかない合理的な割合に定めることもできる。

○マンションの登記について
●登記用紙の構成について
　一登記用紙は,「表題部」・「甲区」・「乙区」の3つの部分から構成されている。つまり,一登記用紙とは,一組の登記用紙ということである。しかし,ある不動産につき登記がされているということは少なくとも「表題部」用紙があるということにはなるが,「甲区」・「乙区」の用紙も備えられているとは限らない。甲区および乙区に記載すべき事項がなければ,用紙はもうけられない。したがって,一登記用紙の現実の構成やスタイルとしては,①表題部だけのもの,②表題部＋甲区のもの,③表題部＋甲区＋乙区のものの3種があることになる。

　「表題部」…不動産の表示に関する事項,つまり,①「土地」では,所在・地番・地目・地積等が,②「建物」では,所在・家屋番号・種類・構造・床面積等の土地または建物の物理的な現況が記載される。
　「甲　区」…その土地または建物の所有権に関する事項が記載される。
　「乙　区」…その土地または建物に対する所有権以外の権利,すなわち,地上権,永小作権,地役権,先取特権,質権,(根)抵当権,賃借権,採石権等に関する事項が記載される。

●区分所有建物（マンション）の登記用紙の構成
　区分所有建物（マンション）については,一登記用紙で構成されているのであるが,若干異なっている。すなわち,まず物理的な1棟の建物全体の所在,構造,床面積などを表示する表題部用紙を設け,その次に各区分建物ごとにそれぞれの表題部,甲区,乙区のワンセットの用紙を,家屋番号順に編綴しており,これら全部で一登記用紙を構成している。

[床面積の計算方法]（不動産登記法施行令8条）
・普通建物…「壁心計算」（柱または壁の中心線で囲まれた部分の水平投影面積）
・区分所有建物
　①1棟の建物の床面積…「壁心計算」（柱または壁の中心線で囲まれた部分の水平投影面積）
　②1棟の建物を区分した各建物の床面積…「内法計算」（内壁で囲まれた部分の水平投影面積）

不動産登記における「原則」と「例外」の確認

一般の建物（普通建物）	区分所有建物（マンション）
「土地」と「建物」を別々の不動産として扱い,登記もそれぞれに行う。	「土地」と「建物」は別々の不動産ではあるが,敷地権の登記により一体性が適用され,以後は建物の登記のみを行う。
建物の床面積の測定は「壁心計算」で行う。	1棟の建物の床面積の測定は「壁心計算」であるが,1棟の建物を区分した各建物の床面積の測定は「内法計算」で行う。

●問題 **176** 各共有者の持分は，その有する共用部分の床面積の割合による。

[管理業務主任者H11・13・(1)]

解答 ○

●問題 **177** 各共有者の有する専有部分の床面積は，管理規約で別段の定めをしている場合を除いて，壁その他の区画の中心線で囲まれた部分の水平投影面積による。　　　　[管理業務主任者H11・13・(4)，宅建H13・14・(2)，

区分所有管理士H10・12・(3)，区分所有管理士H12・10・(3)]

解答 ×　専有部分の床面積は，壁その他の区画の「内側線」で囲まれた部分の水平投影面積による。

●問題 **178** 管理費等の負担割合は，規約で別段の定めをしている場合を除き，原則として各区分所有者が有する専有部分の床面積割合による。

[管理業務主任者H12・12・(2)]

解答 ○　管理費等の負担割合については，19条で，「各共有者は，規約に別段の定めがない限り，その持分に応じて共用部分の負担に任じ，共用部分から生ずる利益を収取する」とある。そして，基準となるその持分については，14条1項に，「共有者の持分は，その有する専有部分の床面積の割合による」（ただし，規約で別段の定めができる）と規定されており，その専有部分の床面積の算定は，規約で別段の定めをしない限り，「内法基準」によっている（14条3項）。

●問題 **179** 区分所有法により共用部分に対する区分所有者の共有持分の割合は，原則として専有部分の床面積割合となり，一般的に規約ではこの共有持分割合を権利義務の基準としてとらえ，議決権の付与や管理費等の負担の根拠としている。　　　　　　　　　　　　　　　　　　[区分所有管理士H10・32・(1)]

解答 ○　共用部分の持分割合（専有部分の床面積割合）を基準として，議決権の付与（38条）や管理費等の負担の根拠（19条）としている。

●問題 **180** 規約の設定，変更又は廃止は，集会において区分所有者及び議決権の各4分の3以上の多数の決議によりなされる。議決権は原則として専有部分の床面積の割合によるが，一部共用部分で床面積を有するものがあるときは，一部共用部分の床面積は，これを共用すべき各区分所有者の専有部分の床面積の割合により配分して，それぞれの区分所有者の専有部分の床面積に算入される。

[区分所有管理士H12・12・(2)]

解答 ×　例えば，総床面積500m²のマンションで，100m²の部屋に住むA，

(共用部分の持分の割合) 第14条

150m²の部屋に住むB，250m²の部屋に住むCの共用部分の持分割合は，それぞれ2／10，3／10，5／10となる。ところで，床面積のある一部共用部分（附属建物を除く）がある場合は，その一部共用部分の床面積を一部区分所有者の専有部分の床面積割合により配分して，各区分所有者の持分を計算する（14条2項）。先の例で，BCのみが共用する一部共用部分の床面積が80m²とすると，これをBとCの床面積の割合3：5で配分し，Bの床面積は180m²，Cの床面積は300m²となり，ABCの持分割合は，それぞれ5／29，9／29，15／29となる。

●問題 181　共用部分に関する各区分所有者の持分は，その有する専有部分の床面積の割合によることとされており，規約で別段の定めをすることはできない。
[宅建H4・16・(1)]

解答　×　各区分所有者の共用部分の持分の割合は，その有する専有部分の床面積の割合によるのが原則であるが（14条1項），規約で別段の定めをすることが認められている（14条4項）。

●問題 182　区分建物の原始取得者が単独である場合において，共用部分に対する共有持分を各専有部分の床面積の割合と異なる割合とする旨の公正証書による規約を添付して，その旨の登記を申請することができる。[調査士H2・13・(5)]

解答　×　共用部分に対する共有持分を各専有部分の床面積の割合と異なる割合とする別段の定めを規約で設置することはできるが（14条4項），この規約の設定は，原則として，集会の決議によってしなければならない（30条1項，31条，45条1項）。区分建物の原始取得者が単独である場合には，共用部分に対する共有持分を各専有部分の床面積の割合と異なる割合とする旨の規約を公正証書で設定することはできない（32条）。また，規約共用部分については，持分（所有権）の登記をすることができない。法定共用部分については，登記の余地がない。

（共用部分の持分の処分）
第15条　共有者の持分は，その有する専有部分の処分に従う。
2　共有者は，この法律に別段の定めがある場合を除いて，その有する専有部分と分離して持分を処分することができない。

解説　本条は，共用部分に対する共有者の持分につき，その専有部分が処

分された場合はその処分に従うこととし，また，原則として，専有部分から分離しては処分されえない旨を規定する。

> 専有部分＋共用部分…この法律（区分所有法）に定めがある場合［管理所有等］を除いて，共用部分だけを処分することはできない（15条2項）。
> 専有部分＋敷地利用権…規約に別段の定めがあるときは，敷地利用権を分離して処分できる（22条1項但書）。

●問題 *183* 共有者の持分は，その有する専有部分の処分に従う。

[管理業務主任者H11・13・(2)]

(解答) ○ 区分所有者がその専有部分を売却したときは，特約などがなくても当然にその共有持分も売却されたことになり，また区分所有者がその専有部分に抵当権を設定したときは，当然にその効力が共有持分にも及ぶことになる。逆に区分所有者がその共有持分だけを売却したり，それだけに抵当権を設定しても，その処分は無効となる。

●問題 *184* 共有者は，区分所有者及び議決権の各4分の3以上の集会の決議があったときは，その有する専有部分と分離して持分を処分することができる。

[管理業務主任者H11・13・(3)]

(解答) × この法律（区分所有法）に定めがある場合［管理所有等］を除いて，その有する専有部分と分離して持分を処分することはできない（15条2項）。

●問題 *185* 専有部分と共用部分の共有持分は，この法律に別段の定めがある場合を除いて，分離して処分することができない。[管理業務主任者H13・31・(3)]

(解答) ○ 「この法律に別段の定めがある場合を除いて」，であり，「この規約に別段の定めがある場合を除いて」，ではないので注意のこと。

●問題 *186* 共用部分に対する共有者の共有持分は，原則としてその有する専有部分と分離して処分することはできないが，規約で分離して処分できる旨の定めをすることができる。

[区分所有管理士H10・8・(3)]

(解答) × 規約で分離して処分できる旨の定めをすることはできない。

●問題 *187* 専有部分とその専有部分に係る敷地利用権との分離処分が禁止される場合であっても，共用部分の共有者は，その共有持分と専有部分を分離して処分することができる。

[司法書士H6・14・(4)]

(解答) × 共用部分の共有者の持分は，その有する専有部分の処分に従う（15条1項）。そして，共有者は，原則として，その有する専有分と分離して

持分を処分することができない（15条2項）。共用部分の存在は，専有部分の利用維持と不可分の関係にあるからである。

（一部共用部分の管理）
第16条 一部共用部分の管理のうち，区分所有者全員の利害に関係するもの又は第31条第2項［区分所有者全員の利害に関係しない一部共用部分の規約を区分所有者全員の規約で定める場合］の規約に定めがあるものは区分所有者全員で，その他のものはこれを共用すべき区分所有者のみで行う。

解説 本条は，一部共用部分の管理について規定する。すなわち，一部共用部分が区分所有者全員の利害に関係する場合，または，一部共用部分を共用すべき区分所有者の（またはその議決権の）4分の1を超える者がそれを希望する場合は，区分所有者全員の管理に服する。しかし，それ以外の場合は，当該一部共用部分を共用すべき区分所有者のみで，その管理を行う。

●**問題 188** 一部共用部分の管理は区分所有者全員の利害に関係するものは当然に区分所有者全員で行い，区分所有者全員の利害に関係しないもので区分所有者全員の規約により区分所有者全員で行うことを定めたものは区分所有者全員で行い，その他のものはこれを共用すべき区分所有者のみで行う。

［区分所有管理士H12・7・(2)］

解答 ○ 当該一部共用部分の管理が「全員の利害に関係する」のか，または「全員の利害に関係しない」のか，に区分して考えるのがポイントである。

●**問題 189** 区分所有建物の形態により，一部管理組合・棟管理組合・団地管理組合が成立する場合があるが，一部管理組合や棟管理組合は常に全体の管理組合の下部組織として位置づけられる。　　　　［区分所有管理士H12・33・(4)］

解答 × 標準管理規約は，一部管理組合や棟管理組合がある場合でも，できるだけ一元管理をしていこうという考え方であるが，そうだからと言って，一部管理組合や棟管理組合が常に全体の管理組合の下部組織として位置づけられているわけではない。

（共用部分の変更）
第17条 共用部分の変更（改良を目的とし，かつ，著しく多額の費用を要し

ないものを除く。）は，区分所有者及び議決権の各4分の3以上の多数による集会の決議で決する。ただし，この区分所有者の定数は，規約でその過半数まで減ずることができる。
2　前項の場合において，共用部分の変更が専有部分の使用に特別の影響を及ぼすべきときは，その専有部分の所有者の承諾を得なければならない。

解説　（1）　本法では，共用部分の管理（広義の管理）について，これを①狭義の管理（18条1項本文），②保存行為（18条1項但書），③変更（本条1項）の3つに分けて規定する。このうち，本条は，変更に関する規定であり，共用部分の変更につき，「軽微変更」を除いて，区分所有者および議決権の各4分の3以上の多数決によることとした［重大変更］。しかも，この要件に関しては，規約により，区分所有者の定数（頭数）の要件を「過半数」まで減ずることはできるが，それ以外の特約は認められないことになった。軽微変更については，本条の適用は除外され，代わりに18条が適用されることとなり，原則として集会の普通決議で決することができる。

（2）　本条1項但書きで「ただし，この区分所有者の定数は，規約でその過半数まで減ずることができる。」という意味は，①頭数（人数）と②議決権のうち，①の頭数については，過半数まで減らすことができる，ということであり，②の議決権については，変更できないという意味である。

●**問題 190**　共用部分の変更（改良を目的とし，かつ，著しく多額の費用を要しないものを含む）は，区分所有者及び議決権の各4分の3以上の集会決議で決することができる。　　　　　　　　　　　　　　　　　［管理業務主任者H11・14・(1)］
　解答　×　共用部分の変更（改良を目的とし，かつ，著しく多額の費用を要しないものを含む）は，「軽微変更」であるから，区分所有者および議決権の各過半数（普通決議）でよい。

●**問題 191**　区分所有法では，共用部分の変更（改良を目的とし，かつ，著しく多額の費用を要しないものを除く。）は，区分所有者又は議決権の4分の3以上の集会決議で決する。　　　　　　　　　　　　　　　　　　　　　　　　［管理業務主任者H12・6・(1)］
　解答　×　共用部分の変更（改良を目的とし，かつ，著しく多額の費用を要しないものを除く）は，「重大変更」であるから，区分所有者および議決権の各4分の3以上の集会決議（特別決議）で決する。本肢では，「区分所有者又は議決権の4分の3以上」になっているので，まちがい。

●問題 *192* 共用部分の変更における集会決議要件のうち，区分所有者の定数は，規約でその数を過半数まで減ずることができる。
[管理業務主任者H12・6・(2)，区分所有管理士H11・8・(1)]
解答 ○ その数を過半数まで減ずることができるのは，区分所有者の定数（頭数）だけであり，議決権は変更できないので注意のこと。

●問題 *193* 共用部分の変更が専有部分の使用に特別の影響を及ぼすべきときは，その専有部分の所有者の承諾を得なければならない。
[管理業務主任者H12・6・(3)，宅建H8・14・(3)]
解答 ○ 区分所有者のこうむる影響ないし不利益が微少なものである場合には，特別な事情がない限り，区分所有者は17条2項を盾に共用部分の変更を拒むことはできない，と解されている。

●問題 *194* 共用部分の変更（改良を目的とし，かつ，著しく多額の費用を要しないものを含む）が，専有部分の使用に特別の影響を及ぼすべきときは，影響を受けるべき専有部分の所有者全員の承諾を得なければならない。
[管理業務主任者H11・14・(2)]
解答 × 影響を受けるべき専有部分の所有者「全員の」承諾を得なければならない，という点がまちがい。影響を受ける当該区分所有者の承諾が得られればよい。なお，専有部分の使用に特別の影響を受けるべき者がいるときに，その区分所有者の承諾が必要なのは，①保存行為，②利用行為，③改良行為，④軽微変更，⑤重大変更のうち，②〜⑤の行為であり，①保存行為については，当該区分所有者の承諾はいらない。

●問題 *195* 共用部分の変更（改良を目的とし，かつ，著しく多額の費用を要しないものを除く）に係る集会決議要件のうち区分所有者の定数は，管理規約でその半数まで減ずることができる。
[管理業務主任者H12・14・(3)]
解答 × 集会決議要件のうち区分所有者の定数は，管理規約でその「半数」まで減ずることができる，という点がまちがい。「過半数」が正しい。

●問題 *196* 区分所有者全員の共有に属する建物の敷地又は共用部分以外の附属施設の変更（改良を目的とし，かつ，著しく多額の費用を要しないものを除く）は，区分所有者及び議決権の各4分の3以上の集会決議で決することができる。
[管理業務主任者H11・14・(4)]
解答 ○ 建物の敷地または共用部分以外の附属施設が区分所有者の共有に属する場合には，法17条から19条までの規定（「共用部分の変更」，「共用部

分の管理」,「共用部分の負担及び利益収取」)は,その敷地または附属施設に準用される。したがって,敷地または附属施設の重大変更は,区分所有者および議決権の各4分の3以上の集会決議で決することができる。

●問題 197　共用部分の変更(改良を目的とし,かつ,著しく多額の費用を要しないものを除く)は,区分所有者及び議決権の各過半数による集会の決議で決する,というマンションの管理規約の定めは区分所有法の規定に違反しない。

[管理業務主任者H13・40・(2)]

（解答）　×　共用部分の変更(改良を目的とし,かつ,著しく多額の費用を要しないものを除く)は,重大変更なので,特別決議が必要となる。管理規約の定めにより,区分所有者の頭数を過半数まで減ずることはできるが,議決権は変更できない。

●問題 198　共用部分の変更は,改良を目的とするものであれば,区分所有者及び議決権の各4分の3以上の多数による集会の決議を要しない。

[マンション管理士H13・10・(3)]

（解答）　×　共用部分の変更のうち「改良を目的とし,かつ,著しく多額の費用を要しないもの」(軽微変更)については,特別決議は必要なく,普通決議でよい。しかし,「改良を目的とし,かつ,著しく多額の費用を要するもの」(重大変更)は,特別決議が必要である。

●問題 199　共用部分の変更が専有部分の使用に特別の影響を及ぼすときは,集会の決議に加え,その専有部分の区分所有者の承諾が必要である。

[マンション管理士H13・10・(4)]

（解答）　○

●問題 200　共用部分の変更(改良を目的とし,かつ,著しく多額の費用を要しないものを除く。)は,区分所有者及び議決権の各4分の3以上の多数による集会の決議で決するが,この区分所有者の定数は,規約で別段の定めをすることができる。

[区分所有管理士H10・12・(4),H12・10・(4)]

（解答）　○　規約で別段の定めをすることができるのは,区分所有者の定数(頭数)だけであり,議決権は別段の定めができないので注意のこと。

●問題 201　共用部分の小規模変更は,特別決議によることなく,改良行為およびその他の管理の場合と同じく,区分所有者および議決権の各過半数の多数による集会の決議で行うことができる。

[区分所有管理士H11・8・(2)]

【解答】 ○

●問題 **202** 共用部分の「改良行為」とは、共用部分の性質を変えない範囲内でその価値を増加する行為をいう。　　　　　　　　　　[区分所有管理士H11・8・(4)]
【解答】 ○ 「保存行為」とは、物の現状を維持する行為をいう。「利用行為」とは、物の性質に従って利用し利益を上げる行為をいう。「改良行為」とは、物の性質を変えない範囲内で価値を高める行為をいう。「軽微変更」とは、改良を目的とし、かつ著しく多額の費用を要しないものをいう。「重大変更」とは、軽微変更以外の変更行為（改良を目的とし、かつ著しく多額の費用を要するもの）をいう。

●問題 **203** 共用部分の変更（改良を目的とし、かつ、著しく多額の費用を要しないものを除く。）は、区分所有者及び議決権の各3／4以上の多数による集会の決議で決められるが、この区分所有者の定数は、規約の定めによっても減じることはできない。　　　　　　　　　　　　　　　　　　　[宅建H2・14・(4)]
【解答】 × 共用部分の変更（改良を目的とし、かつ、著しく多額の費用を要しないものを除く）は、区分所有者および議決権の各4分の3以上の多数による集会の決議で決する。ただし、この区分所有者の定数は、規約でその過半数まで減ずることができる。

●問題 **204** 共用部分の変更（改良を目的とし、かつ、著しく多額の費用を要しないものを除く。）を行うためには、区分所有者及び議決権の各4分の3以上の多数による集会の決議が必要であるが、議決権については規約でその過半数まで減ずることができる。　　　　　　　　　　　　　　　　[宅建H7・14・(1)]
【解答】 × この区分所有者の定数は、規約でその過半数まで減ずることができる。しかし、議決権については、規約で減ずることはできない。

●問題 **205** 改良を目的とし、かつ、著しく多額の費用を要しない共用部分の変更については、規約に別段の定めがない場合は、区分所有者及び議決権の各過半数による集会の決議で決することができる。　　　　　　　　　[宅建H10・13・(2)]
【解答】 ○ 共用部分の変更で、改良を目的とし、かつ著しく多額の費用を要しないもの（軽微変更）は、区分所有者および議決権の各過半数で決することができる。

●問題 **206** 共用部分の変更（改良を目的とし、かつ、著しく多額の費用を要しないものを除く。）は、集会の決議の方法で決することが必要で、規約によっ

ても，それ以外の方法による旨定めることはできない。　［宅建H12・13・(3)］

解答　○　重大変更については，集会の決議以外の方法で決することができる旨の規定はない。

（共用部分の管理）
第18条　共用部分の管理に関する事項は，前条の場合を除いて，集会の決議で決する。ただし，保存行為は，各共有者がすることができる。
2　前項の規定は，規約で別段の定めをすることを妨げない。
3　前条第2項の規定は，第1項本文の場合に準用する。
4　共用部分につき損害保険契約をすることは，共用部分の管理に関する事項とみなす。

解説　（**1**）　本法では，共用部分の管理（広義の管理）について，これを①狭義の管理（18条1項本文），②保存行為（18条1項但書），③変更（17条1項）の3つに分けて規定する。このうち，本条は，①と②について規定する。③の変更のうち，「改良を目的とし，かつ，著しく多額の費用を要しないもの」（「軽微変更」）は，17条1項本文括弧書の規定によって本条の適用を受け，①の狭義の管理（本条1項本文）と同様の扱いを受ける。

（**2**）　共用部分の保存行為は，各区分所有者が単独ですることができる。集会の決議を必要としない。

（**3**）　「狭義の管理」（18条1項本文）に該当するか，「変更」（17条1項）に該当するかは，具体的場面においては明確でない場合がある。一般論としては，「変更」とは，共用部分の用途を確定的に変えるもので，かつ，著しく多額の費用を要するものであるのに対し，「狭義の管理」とは，それ以外の共用部分の改良行為であるといえる。

「保存行為」とは，共用部分を維持する行為（共用部分の滅失・毀損を防止して現状の維持を図る行為）であるが，本条1項但書でいう保存行為は，集会の決議を要せずに各区分所有者が単独でなし得る行為であることから，そのうち，緊急を要するか，または比較的軽度の維持行為である，と解されている。

●**問題 207**　共用部分の管理に関する事項は，区分所有法又は管理規約で別段の定めをしている場合を除いて，区分所有者及び議決権の各過半数で決することができる。　［管理業務主任者H11・11・(4)］

解答　○

●問題 208　共用部分の管理に関する事項は，共用部分の変更に該当する場合及び規約で別段の定めをしている場合を除き，区分所有者及び議決権の各過半数の集会決議で決することができる。　　　　　　　　　［管理業務主任者H12・6・(4)］

（解答）　○

●問題 209　共用部分については，特定の共有者に専用使用する権利を設定することは認められない。　　　　　　　　　　　　　［マンション管理士H13・10・(1)］

（解答）　×　バルコニーなどの共用部分について専用使用権を認めることは，規約，集会の決議，書面による全員の合意があれば可能である。

●問題 210　共用部分の管理に関する事項は，全て集会の決議で決するとされており，管理者が単独で行うことはできない。　　　　［区分所有管理士H10・12・(2)］

（解答）　×　共用部分の管理に関する事項には，保存行為，利用行為，改良行為があるが，保存行為は管理者が単独で行うことができる。

●問題 211　共用部分の管理に関する事項の決定は，規約で別段の定めができるので，これが専有部分の使用に特別の影響を及ぼすべきときであっても，その専有部分の所有者の承諾を得る必要はない。　　　　［区分所有管理士H10・15・(1)］

（解答）　×　専有部分の使用に特別の影響を及ぼすべきときは，その専有部分の所有者の承諾を得る必要がある。ただし，保存行為の場合は，承諾を得る必要はない。

●問題 212　共用部分の「保存行為」とは，共用部分の滅失または破損を防ぎ，その現状を維持するための行為をいい，管理者のみが行うことができる。
　　　　　　　　　　　　　　　　　　　　　　　　　［区分所有管理士H11・8・(3)］

（解答）　×　保存行為は，各区分所有者が単独で行うことができる。

●問題 213　損害保険の付保には，壁芯（真）説，上塗り説や対外・対内関係から両者の折衷説などがあるが，共用部分の損害復旧を前提とした上塗り説が一般化している。　　　　　　　　　［区分所有管理士H11・41・(1)，H13・34・(3)］

（解答）　○　損害保険の付保では，共用部分の範囲が広くなる上塗り説が一般化している。「上塗り基準」では上下階との床スラブ，隣戸との界壁は共用部分に入るので付保の対象となるが，「壁心基準」では上下階との床スラブ，隣戸との界壁は中心線を境にしてそれぞれの専有部分となり，共用部分の付保の対象からはずれることになる。火災・爆発等の事故に備えて管理組合が共用部分に損害保険を付保する場合は，復旧費の主要な部分を占めることな

る界壁，床スラブ等の主要構造部分が全て保険の対象となるようにしておくことが望ましいので，実務上は「上塗り基準」で付保するのが一般的である。

●問題 214　区分所有法は，共用部分につき損害保険契約を締結することは，共用部分の管理に関する事項とみなすとの規定を置いている。

[区分所有管理士H11・41・(2), H13・34・(1)]

解答　○

●問題 215　損害保険業界では，復旧を前提として，専有部分と共用部分の境界基準については，上塗り説を，付保方式では共用部分一括付保方式を統一的に推奨している。

[区分所有管理士H12・42・(1)]

解答　○　共用部分の損害保険の付保では，「上塗基準」および「共用部分一括付保方式」を統一的に推奨している。付保方式には，各区分所有者が専有部分とともに共用部分についても，自己の持分に相応する金額を含めて付保する方法もある（これを，「個別付保方式」という）。しかし，この方法では，共用部分の持分に保険を掛ける人，掛けない人がいて保険の条件がまちまちになり，共用部分の損害の際に支払保険金が事故の復旧費用に不足するという場合がある。そこで，専有部分はそれぞれの所有者がその責任において独自に付保するが，共用部分は管理組合が一括して付保する方法が，実務では広く行われている。これを，「共用部分一括付保方式」という。

●問題 216　区分所有法では，マンションの共用部分，区分所有者の共有に属する建物の敷地及び附属施設について，損害保険契約を締結することは，専有部分および共用部分等の管理に関する事項とみなすと定めている。

[区分所有管理士H12・42・(2)]

解答　×　法では，損害保険契約を締結することは，共用部分の管理に関する事項とみなすと定めているが，専有部分は含まれていない。

●問題 217　共用部分等について損害保険契約を締結することは，共用部分等の毀損又は滅失した場合に，区分所有者の損害を回復することにある。

[区分所有管理士H12・42・(3)]

解答　○

●問題 218　損害保険契約の付保は，マンション管理組合の運営を継続的に維持するための措置であるため，管理組合の財政とリスクカバー等を勘案して検討する必要がある。

[区分所有管理士H12・42・(4)]

【解答】 ○

●問題 *219* 区分所有者の共有に属する共用部分・附属施設に損害保険を付保することは，規約に別段の定めがない限り，区分所有者および議決権の各過半数による集会決議で決めることができる。　　　　　[区分所有管理士H12・43・(1)]

【解答】 ○　建物の共用部分，建物の敷地または共用部分以外の附属施設について損害保険契約をすることは共用部分の管理に関する事項とみなされる（18条4項）。そして，管理に関する事項は，規約に別段の定めがない限り，集会の決議（普通決議）で決する（18条1項，2項）。

●問題 *220* 管理者は，集会決議に基づき，区分所有者全員の代理人として，つまり，管理組合の名において，損害保険会社との間で，損害保険契約を締結することができる。　　　　　[区分所有管理士H12・43・(2)]

【解答】 ○

●問題 *221* 区分所有者のマンションの建物についての損害保険の付保方法として，各区分所有者が専有部分とともに共用部分についても，自己の持分に相応する金額を含めて付保する方法が一般的である。　　　　　[区分所有管理士H13・34・(2)]

【解答】 ×　各区分所有者が専有部分とともに共用部分についても，自己の持分に相応する金額を含めて付保する方法のことを「個別付保方式」という。しかし，この方法では，共有持分に保険を掛けていない人がいたりして問題があったので，現在は，専有部分はそれぞれの所有者がその責任において独自に付保するが，共用部分は管理組合が一括して付保する方法（共用部分一括付保方式）が，実務では広く行われている。

●問題 *222* 共用部分の保存行為を行うためには，規約で別段の定めのない場合は，区分所有者及び議決権の各過半数による集会の決議が必要である。

[宅建H7・14・(3)]

【解答】 ×　共用部分の保存行為は，各共有者が単独ですることができる（18条1項但書）。この点については，規約で別段の定めをすることはできるが（18条2項），あくまでも単独でできるのが原則であって，区分所有者および議決権の各過半数による集会の決議は不要である。

●問題 *223* 共用部分の保存行為については，各区分所有者は，いかなる場合でも自ら単独で行うことができる。　　　　　[宅建H9・13・(1)]

【解答】 ×　規約によって別段の定めをすることができるので，いかなる場合

でも自ら単独で行うことができるわけではない。

> （共用部分の負担及び利益収取）
> 第19条　各共有者は，規約に別段の定めがない限りその持分に応じて，共用部分の負担に任じ，共用部分から生ずる利益を収取する。

解説　（1）　本条は，共用部分の各共有者が，その持分に応じて，共用部分上の負担を負い，共用部分から生ずる利益を収取する，という権利義務を有する旨を規定する。

（2）　共用部分の負担とは，通常，共用部分の管理費として観念され，徴収されているものであり，共用部分の維持管理に必要な費用および区分所有者のおのおのが支払うこととされている諸費用である。

共用部分の利益収取とは，たとえば，特定の共用部分を賃貸した場合の借賃や専用使用権を設定した場合の使用料の収取をいう。なお，共用部分から生じた利益について，区分所有者に分配せずに，規約や集会の決議に基づいて管理費用に充当したり次年度へ繰越処理することは認められる（東京地判平成3．5．29）。

●問題 224　区分所有者が自己の所有する専有部分を他の者に賃貸している場合には，その賃借人が管理費等を負担する義務を負う。

［管理業務主任者H12・12・(4)］

解答　×　賃借人（占有者）は，建物またはその敷地もしくは附属施設の「使用方法」につき，区分所有者が規約または集会の決議に基づいて負う義務と同一の義務を負う。しかし，管理費等の負担義務は，区分所有者のみに課せられた義務であり，賃借人に管理費等の負担義務はない（実務では，賃借人が管理費等を支払っている例もある。しかし，これは区分所有者［賃貸人］と賃借人間の契約で賃借人の管理費等支払義務を取り決めたというだけのことであり，債権者である管理組合は関係ない。もし，その後賃借人からの管理費等支払いが滞った場合の管理組合の請求先は，賃借人ではなく，区分所有者［賃貸人］である）。

●問題 225　管理費等の額については区分所有法の定めにより持分割合によって負担することとなっているため，規約で別段の定めをすることができない。

［管理業務主任者H12・22・(2)］

解答　×　共用部分の持分割合が原則であるが，これは任意規定であり，規

約で別段の定め（例えば，全戸一律にする等）ができる。

●**問題 226** 各共有者は，規約に別段の定めがない限り，各自平等に，共用部分の負担に任じ，共用部分から生ずる利益を収取する。
[マンション管理士 H13・10・(2)]

（解答） × 19条では，各共有者が平等ではなく，その持分に応じて共用部分の負担に任じ，利益を収取すると規定している。

●**問題 227** 共用部分を共有すべき区分所有者は，共用部分をその用法に従って使用する権利を有し，規約で別段の定めがない限り，単独で保存行為をなす権利を有するとともに，その持分に応じて，共用部分の管理に要する費用を負担する義務を負う。
[区分所有管理士 H11・7・(4)]

（解答） ○ 「共用部分の共有」では，各共有者は，持分に関係なく，共用部分全体を用法に従って使用することができる（13条）。一方，「民法上の共有」では，各共有者は，共有物の全部について持分に応じた使用ができる（民法249条）。

●**問題 228** 区分所有者が専有部分を賃貸して，そのマンションに居住しなくなったとしても管理費を負担し，集会に出席し，議決権を行使し，規約や集会決議の効力を受ける。
[区分所有管理士 H12・27・(2)]

（解答） ○ 区分所有者が専有部分を賃貸に出し，当該住戸に住んでいないとしても区分所有者であることに変りはなく，当然に区分所有者としての権利を有し義務を負う。

●**問題 229** 損害保険会社に払い込む保険料は，規約に別段の定めがない限り，各戸均等で負担する。
[区分所有管理士 H12・43・(4)]

（解答） × 共用部分につき損害保険契約をすることは，共用部分の管理に関する事項とみなされる（18条4項）。そして，保険契約を締結した場合は，保険料の支払い費用が必要となるが，それは共用部分の管理に要する費用として，規約に段の別段の定めがない限り，共用部分の持分割合で負担することになる（19条）。

（管理所有者の権限）
第20条　第11条第2項［管理所有］の規定により規約で共用部分の所有者と定められた区分所有者は，区分所有者全員（一部共用部分については，こ

> れを共用すべき区分所有者）のためにその共用部分を管理する義務を負う。この場合には，それらの区分所有者に対し，相当な管理費用を請求することができる。
> 2　前項の共用部分の所有者は，第17条第1項［重大変更］に規定する共用部分の変更をすることができない。

解説　（1）　本条は，管理所有者につき，この者は共用部分を管理する義務を負い，相当管理費用を区分所有者に請求する権利を有するが，（形の上では共用部分の所有者であるにかかわらず）その共用部分の変更をなしえない旨，規定する。

（2）　管理所有者は，「第17条第1項に規定する共用部分の変更」をすることができないことから，管理所有者が共用部分についてすることができる行為は，①狭義の管理行為（18条1項本文），②保存行為（18条1項但書），③軽微変更（17条1項括弧書）である。

●**問題 230**　区分所有法第11条第2項の定めにより管理規約で共用部分及び敷地の所有者と定められた区分所有者又は占有者は，区分所有者全員のためにその共用部分及び敷地を管理する義務を負う。　　　　［管理業務主任者H11・12・(2)］

解答　×　管理所有は，「共用部分」に対してだけ認められた制度である。したがって，「敷地」はまちがい。また，「区分所有者」または「管理者」（区分所有者以外の者が管理者の場合もある）以外の者を管理所有者と定めることはできない。したがって，「占有者」はまちがい。

●**問題 231**　区分所有法第11条第2項の定めにより管理規約で共用部分の所有者と定められた区分所有者は，区分所有者全員のためにその共用部分を管理する義務を負う。　　　　［管理業務主任者H11・12・(3)］

解答　○

●**問題 232**　区分所有法第20条第1項の共用部分の所有者は，区分所有法第17条第1項に定める共用部分の変更をすることができない。

［管理業務主任者H11・12・(4)］

解答　○　管理所有者は，「第17条第1項に規定する共用部分の変更」（重大変更）をすることができないことから，管理所有者が共用部分についてすることができる行為は，①狭義の管理行為（18条1項本文），②保存行為（18条1項但書），③軽微変更（17条1項括弧書）である。

(共用部分に関する規定の準用)
第21条 建物の敷地又は共用部分以外の附属施設（これらに関する権利を含む。）が区分所有者の共有に属する場合には，第17条から第19条までの規定［共用部分の変更，共用部分の管理，共用部分の負担及び利益収取］は，その敷地又は附属施設に準用する。

解説　　本条は，建物の敷地または共用部分以外の附属施設が区分所有者の共有に属する場合に，共用部分の管理（広義）に関する17条から19条までの規定が準用されることを定めた規定である。

　本条の適用は，建物の敷地または共用部分以外の附属施設が区分所有者の共有に属する場合に限定されるので，共有ではなく分有である場合に本条の適用をみないのは，いうまでもない。

第3節　敷地利用権

(分離処分の禁止)
第22条 敷地利用権が数人で有する所有権その他の権利である場合には，区分所有者は，その有する専有部分とその専有部分に係る敷地利用権とを分離して処分することができない。ただし，規約に別段の定めがあるときは，この限りでない。
2　前項本文の場合において，区分所有者が数個の専有部分を所有するときは，各専有部分に係る敷地利用権の割合は，第14条第1項から第3項までに定める割合［共用部分の持分の割合］による。ただし，規約でこの割合と異なる割合が定められているときは，その割合による。
3　前2項の規定は，建物の専有部分の全部を所有する者の敷地利用権が単独で有する所有権その他の権利である場合に準用する。

解説　　(1)　本条は，専有部分と敷地利用権の一体性の原則を定める規定である。不動産登記法上の問題（区分所有建物の敷地の登記簿の混乱）および実体法上の問題（専有部分と敷地利用権を分離して処分することができることに伴う不都合）を解消し，併せて，区分所有者と敷地に関する権利者とが合致しない

ことによってもたらされる管理上の不便を解消することを目的として，専有部分と敷地利用権の一体性の原則の制度を創設した。本条によって一体性の制度が確立されたことによって，その処分に関する公示も，建物（専有部分）の登記簿のみにおいて行うものとすることが可能となり，従来の敷地の登記簿の混乱が解消されることになった。

（2）　敷地利用権とは，区分所有者が専有部分を所有するための建物の敷地（法定敷地と規約敷地の双方を含む）に関する権利をいう。敷地利用権は，一般的には所有権，地上権または賃借権であるが，使用貸借契約等に基づく権利（使用借権）も含まれる。なお，敷地利用権のうち登記された権利で専有部分と一体化されたものは，不動産登記法上，「敷地権」と呼ばれる（不登法91条2項4号）。敷地権は，登記することのできる権利でなければならない。使用貸借権等は登記できない（不登法1条参照）ので敷地権とはならない。結局のところ，敷地権たりうるものは，所有権，地上権，賃借権ということになる。また，現実に登記されていることが必要であるから，所有権，地上権，賃借権であっても未登記のものは敷地権たりえない。

（3）　敷地権の登記に関連して，2つの新しい登記が設けられた。その一つは，「敷地権の表示の登記」であり，これは，建物と一体化している敷地利用権がある場合に，そのことを公示するために建物の表題部にする登記である。もう一つは，「敷地権たる旨の登記」であり，土地の所有権，地上権または賃借権が専有部分と一体化している場合に，そのことを公示するために土地の登記簿にする登記である。

①　「敷地権の表示の登記」について

敷地権の表示は建物の表示の登記事項であるから，建物の新築に伴う表示の登記をする際に敷地権があれば，建物の表題部にその表示の登記をすることになるし（不登法91条2項4号），さらに，建物の表示の登記をした後に敷地権が生じた場合には，建物の表示の変更の登記により，その敷地権の表示の登記がされ（不登法93条の5第1項），また，非区分建物が区分によって区分建物となり，それに伴って敷地権が生じた場合には，区分の登記の手続において敷地権の表示の登記がされることになる（不登法93条の8第8項）

敷地権の表示を記載するには，まず，一棟の建物の表題部の敷地権の目的たる土地の表示欄に敷地権の目的たる土地の表示を記載し，その際に土地の符号を付し，次に専有部分の表題部の敷地権の表示欄に敷地権の目的たる土地の表示欄に記載された土地の符号を引用したうえで，敷地利用権の種類，割合等を記載することになる。

②　「敷地権たる旨の登記」について

専有部分の表題部に敷地権の表示の登記をしたときは，以降の専有部分と敷地

権について一体的に生ずる権利変動は、すべて建物の登記簿により公示されることになるので、その旨を公示するため、登記官は職権で、敷地権の登記のある土地の登記簿に敷地権たる旨の登記をしなければならない（不登法93条の4）。敷地権たる旨の登記は、土地の登記用紙の甲区事項欄（敷地権が所有権であるとき）または乙区事項欄（敷地権が地上権または賃借権であるとき）に記載されるものであるから、権利に関する登記の一種である。

（4）一体性の原則の適用は、規約で排除することができる（本条1項但書）。この規約は、区分所有者が設定する場合（31条）のほか、最初に専有部分の全部を所有する者が公正証書によって設定する場合がある（32条）。

●問題 *233* 専有部分とその専有部分に係る敷地利用権（所有権等）とを分離して処分（譲渡等）することはできないが、規約に別段の定めがあるときは、この限りでない。　　　　　　　　　　　　　　[管理業務主任者H12・5・(4), H13・31・(4)]

（解答）　○　専有部分と敷地利用権の一体性の原則により、原則として分離処分が禁止されているが、「規約に別段の定め」があるときは分離処分が可能である。

●問題 *234* Aマンションの敷地は、市道をはさんで甲地と乙地からなっており、甲地にはAマンションと集会所があり、乙地はAマンションの駐車場として使用されている。Aマンションの1階には、全専有部分共通の玄関及びロビーがあり、また、各階には各専有部分に通ずる廊下がある。なお、甲地及び乙地は、いずれもAマンションの敷地権たる旨の登記がされている。この場合、区分所有者は、Aマンションの各専有部分の所有権並びに甲地及び乙地の共有持分を、それぞれ分離して処分することができる。　　　　　　[マンション管理士H13・17・(4)]

（解答）　×　敷地権たる旨の登記がされているので、これによって専有部分と敷地利用権は分離して処分することができない（22条1項）。

●問題 *235* 敷地利用権とは、専有部分を所有するための建物の敷地に関する権利を言う。　　　　　　　　　　　　　　　　　　　[区分所有管理士H10・13・(1)]

（解答）　○　敷地利用権とは、区分所有者が専有部分を所有するための建物の敷地（法定敷地と規約敷地の双方を含む）に関する権利をいう。敷地利用権は、一般的には所有権、地上権または賃借権であるが、使用貸借契約等に基づく権利（使用借権）も含まれる。

●問題 *236* 敷地利用権が数人で有する所有権の場合、区分所有者は、規約に別段の定めがない限り、その有する専有部分とその専有部分に係る敷地利用権と

を分離して，処分することができる。

[宅建H4・16・(2)，H6・14・(2)，区分所有管理士H10・8・(1)]

解答 ×　敷地利用権は，規約で別段の定めをしないかぎり，専有部分と分離して処分することができない（22条1項）。本肢は，原則と例外が逆である。

●**問題 237**　区分建物について敷地権の表示が登記されたときは，敷地権の目的たる土地の登記用紙の表題部に敷地権である旨の登記がされる。

[宅建H13・14・(4)]

解答 ×　区分建物の表示の登記をした場合において敷地権の表示の登記をしたときは，敷地権の目的である土地の登記用紙中「相当区事項欄」に敷地権である旨の登記がされる。つまり，敷地利用権が所有権であれば，「甲区」に登記され，賃借権等所有権以外であれば，「乙区」に登記される。したがって，「表題部」に敷地権である旨が登記されるわけではない。

●**問題 238**　A区分建物の規約敷地の一部にB区分建物の所有者を権利者とする通行地役権を設定するには，その部分を規約敷地から分離しなければならない。

[調査士S63・3・ア]

解答 ×　敷地利用権は，専有部分と分離して処分することができないとされている（22条1項）。ここでいう「処分」とは，専有部分と敷地利用権とを一体としてすることができる処分をいう（所有権等の譲渡，抵当権等の設定）。これに対して，本来両者を一体としてすることができない性質の処分（専有部分についての賃借権の設定，敷地についての区分地上権，賃借権，地役権の設定等）は，ここでいう処分には含まれない。したがって，規約敷地から分離することなく，通行地役権を設定することができる。

●**問題 239**　専有部分とその専有部分に係る敷地利用権との分離処分は，その建物の区分所有者の有する敷地利用権が，その敷地の所有権又は共有持分権である場合に限り，禁止される。

[司法書士H6・14・(1)]

解答 ×　敷地利用権が数人で有する所有権その他の権利である場合には，区分所有者は，その有する専有部分とその専有部分に係る敷地利用権とを分離して処分することはできない（22条1項）。本条の敷地利用権は，専有部分の所有のための権利であれば，所有権，共有持分権に限らず，地上権，賃借権，使用借権でもよい。いずれの権利であっても，法律関係の複雑化を防止する必要があるからである。

> （分離処分の無効の主張の制限）
> **第23条** 前条第1項本文（同条第3項において準用する場合を含む。）の規定に違反する専有部分又は敷地利用権の処分については，その無効を善意の相手方に主張することができない。ただし，不動産登記法（明治32年法律第24号）の定めるところにより分離して処分することができない専有部分及び敷地利用権であることを登記した後に，その処分がされたときは，この限りでない。

解説　分離処分禁止の規定（22条1項，3項）に違反してされた専有部分または敷地利用権の処分は無効である。しかし，取引の安全を図る趣旨から，処分の相手方が善意（分離処分禁止に違反する処分であることを知らない）であり，かつ，分離して処分できないことが登記簿上からわからないときは，その処分の無効を相手方に主張することができない。ただし，分離処分ができないことが登記簿上公示された後にその処分がされたときは，相手方が善意であっても，もはや保護されない。すなわち，その処分は絶対的に無効である。

●**問題 240**　専有部分とその専有部分に係る敷地利用権との分離処分の禁止に違反する専有部分又はその敷地利用権の処分は無効であるが，分離処分ができない旨の登記がなされた後の処分の場合を除き，その無効は善意・無過失の相手方に主張することができない。　　　　　　　　　　　　　　　　　　　　[区分所有管理士H10・13・(4)]

　解答　○　分離処分ができない旨の登記がなされた後の処分は，たとえ相手方が善意・無過失でもその無効を主張できるが，分離処分ができない旨の登記がなされる前の処分は，その無効を善意・無過失の相手方に主張することができない。

●**問題 241**　専有部分とその専有部分に係る敷地利用権との分離処分が禁止される場合には，これに反する処分は無効であるが，その旨の登記がなされていないときは，善意の相手方に対してその無効を主張することができない。
[司法書士H6・14・(5)]

　解答　○　分離処分の禁止の規定（22条1項，3項）に違反する専有部分または敷地利用権の処分は原則として無効である。しかし，その無効を善意の相手方に主張することはできない（23条本文）。分離処分の禁止は，例外として，規約によってこれを排除することができるため（22条1項但書），特に敷地権の登記がなされていないときは，分離処分が禁止されているか否か

ということを相手方が判断することができないからである。ただし，不動産登記法の定めにより，分離して処分することができない専有部分および敷地利用権であることが登記された後は，善意の第三者にも無効を主張することができる（23条但書）。

（民法第255条の適用除外）
第24条　第22条第１項本文［専有部分と敷地利用権の分離処分の禁止］の場合には，民法第255条［持分の放棄等］（同法第264条［準共有］において準用する場合を含む。）の規定は，敷地利用権には適用しない。

解説　本条は，専有部分の敷地利用権が区分所有者の共有または準共有の関係にある場合（22条１項本文の場合）において，民法255条の規定（「共有者の一人が其持分を拋棄したるとき又は相続人なくして死亡したるときは其持分は他の共有者に帰属す。」）を適用しない旨を定める。民法225条を適用すると，専有部分と敷地利用権とが各別の者に帰属するという好ましくない事態が生じるためである。

●**問題 242**　専有部分とその専有部分に係る敷地利用権との分離処分が禁止される場合において，敷地利用権がその土地の共有持分であるときに，共有者の一人が敷地の共有持分を放棄したときには，その持分は，他の共有者に帰属する。

［司法書士Ｈ６・14・(３)］

解答　×　民法上は，共有者の１人がその持分を放棄したときは，その持分は他の共有者に帰属する（民法255条）。しかし，区分所有建物において，専有部分とその専有部分に係る敷地利用権との分離処分が禁止される場合は，民法255条の規定は敷地利用権には適用されない（24条）。したがって，敷地の共有持分が放棄された場合であっても，専有部分の所有者（国庫）に帰属するのであって，その持分が他の共有者に帰属することはない。

第４節　管 理 者

（選任及び解任）
第25条　区分所有者は，規約に別段の定めがない限り集会の決議によって，

管理者を選任し，又は解任することができる。
2　管理者に不正な行為その他その職務を行うに適しない事情があるときは，各区分所有者は，その解任を裁判所に請求することができる。

解説　（1）本条は，区分所有者に，管理者を置くことを義務づけているわけではない。管理者を置くかどうかは任意である。管理者の選任および解任は，規約に別段の定めがない限り，集会の決議によって行う。そして，集会の決議は，区分所有者および議決権の各過半数で成立する（39条1項）。

（2）管理者として選任される者は，区分所有者である必要はなく，法人でも個人でもよい。一般的には，管理組合の理事長が管理者となる場合が多いと思われるが，営利会社を管理者とすることも差し支えない。

（3）区分所有者は，規約に別段の定めがない限り，集会の決議（普通決議）によって，管理者を解任することができる。また，管理者に不正な行為その他その職務を行うに適さない事情があるときは，集会の決議によらなくとも，また規約に別段の定めがある場合であっても，各区分所有者は管理者の解任を裁判所に請求することができる。

●問題 243　区分所有者は，管理規約で別段の定めをしている場合を除いて，集会で，区分所有者の中から管理者を選任しなければならない。
[管理業務主任者H11・15・(1)，H12・9・(1)]
解答　×　管理者の選任は任意（置いてもいいし，置かなくてもよい）である。

●問題 244　各区分所有者は，管理者に不正な行為その他その職務を行うに適さない事情があるときは，区分所有者及び議決権の各4分の3以上の集会決議に基づき，その解任を裁判所に請求することができる。
[管理業務主任者H11・15・(2)]
解答　×　管理者の解任請求は，各区分所有者が単独で裁判所に請求できる。

●問題 245　管理者の資格，定数，任期は，管理規約で別段の定めをすることができる。
[管理業務主任者H11・15・(3)]
解答　○　例えば，標準管理規約では，「現にマンションに居住する組合員（区分所有者）」と規定している。

●問題 246　株式会社等の法人は自然人ではないため，管理者となることがで

きない。　　　　　　　　　　　　　　　[管理業務主任者H12・9・(12)]
　解答　×　法では管理者の資格は限定されていないので、管理者として選任される者は、区分所有者である必要はなく、法人でも個人でもよい。一般的には、管理組合の理事長が管理者となる場合が多いと思われるが、営利会社を管理者とすることも差し支えない。

●**問題 247**　管理者の任期は、規約で別段の定めをしている場合を除いて、2年以上となる。　　　　　　　　　　　　　[管理業務主任者H12・9・(4)]
　解答　×　法では管理者の任期について規定していない。したがって、任期は自由に定めることができる。

●**問題 248**　区分所有法では、法人格を有しない管理組合では監事を1名以上置くことが規定されており、監事が選任されていない場合、管理組合理事長に対して10万円以下の過料が課せられる。　　　　　[管理業務主任者H12・21・(4)]
　解答　×　管理組合法人では、監事の選任義務があるが（50条）、法人格を有しない管理組合では監事の選任が義務づけられているわけではない。

●**問題 249**　管理者は、必ず集会の決議によって選任されなければならない。
　　　　　　　　　　　　　　　　　　　　　　　　　[管理業務主任者H13・32・(4)]
　解答　×　規約の定めにより、あらかじめ管理規約の中に管理者を規定する方法で選任してもよい。

●**問題 250**　区分所有法の規定及び判例によれば、管理者に不正な行為があったときは、各区分所有者は、その解任を求める訴訟を提起することができる。
　　　　　　　　　　　　　　　　　　　　　　　　　[マンション管理士H13・32・(2)]
　解答　○　管理者に不正な行為があったときは、各区分所有者は、単独で、その解任を求める訴訟を提起することができる（25条2項）。

●**問題 251**　甲マンション管理組合（管理者Aが置かれている。）に関して、任期途中のAを集会の決議によって解任するためには、規約に特段の定めがない限り、正当な事由が存することが必要である。
　　　　　　　　　　　　　　　　　　　　　　　　　[マンション管理士H13・8・(1)]
　解答　×　解任は、正当の事由の有無にかかわらず、集会の決議によりいつでも行うことができる。

●**問題 252**　甲マンション管理組合（管理者Aが置かれている。）に関して、A

の解任の議案が集会で否決されても，B（区分所有者の一人である。）は，Aの解任の訴えを提起することができる。　　　　　　　　[マンション管理士H13・8・(2)]

解答 ○　管理者の解任は集会の普通決議による（25条1項）。ただし，管理者に不正行為があった場合には，区分所有者は1人でも，解任の訴えを提起できる（25条2項）。

●問題 253　甲マンション管理組合（管理者Aが置かれている。）に関して，Aの選任は，規約に定めを置けば，集会の決議によらずに理事会で行うことができる。　　　　　　　　　　　　　　　　　　　　　　　　[マンション管理士H13・8・(3)]

解答 ○　管理者の選任方法は，集会の決議によるほか規約で定めることができるので，理事会での選任も可能である（25条1項）。

●問題 254　甲マンション管理組合（管理者Aが置かれている。）に関して，集会において，AのほかBを管理者に選任することができる。
　　　　　　　　　　　　　　　　　　　　　　　　　　　　　[マンション管理士H13・8・(4)]

解答 ○　法では，管理者について1人に限定するとの規定はない。したがって，規約または集会の決議により複数の管理者を選任することもできる。

●問題 255　管理者は共用部分並びに当該建物の敷地および付属施設を保存し，集会の決議を実行し，並びに規約に定めた行為をする権利を有し，義務を負う。
　　　　　　　　　　　　　　　　　　　　　　　　　　　　　[区分所有管理士H11・4・(2)]

解答 ○

●問題 256　管理者を置くかどうかは区分所有者の意思によるもので任意規定となっているが，一般的には区分所有者のうちから選任された代表者（理事長）が区分所有者を代理して義務を執行する形態のマンションが大多数である。
　　　　　　　　　　　　　　　　　　　　　　　　　　　　　[区分所有管理士H11・4・(4)]

解答 ○　管理者の選任は任意である。しかし，一般的には，管理組合の理事長が管理者として選任され運営されている場合が多い。

●問題 257　区分所有者1人ひとりは，管理者に不正な行為その他その職務を行うに適さない事情があるときは，管理者の解任を裁判所に訴えの形式をもって請求することができる。　　　　　　　　　　　　　　[区分所有管理士H11・9・(1)]

解答 ○　裁判所への管理者の解任請求は単独で行える。

●問題 258　管理者は，規約に別段の定めがない限り，集会の特別決議で解任

することができる。集会の解任決議は，当該管理者に対する告知によりその効力が生じ，任期の途中の解任でも損害賠償の責任は生じない。

[区分所有管理士H11・9・(2)]

解答 × 管理者の解任は，規約に別段の定めがない限り，集会の「普通決議」で行うことができる。なお，解任は，正当の事由の有無にかかわらず，集会の決議によりいつでも行うことができるが，管理者に不利な時期に解任するときは，やむを得ない事由がある場合を除き，管理者が被る損害を賠償しなければならない（民法651条2項）。

●**問題 259** 管理者は，規約に別段の定めがない限り集会の普通決議で選任する。普通決議の多数決要件は規約に別段の定めがない限り，区分所有者および議決権の各過半数である。管理者への就任については被選任者の承諾は必要でない。

[区分所有管理士H11・9・(3)]

解答 × 管理者への就任は，委任契約であるから，被選任者の承諾は必要である。

●**問題 260** 管理者は，任期の満了をもって退任し，また，いつでも辞任することができ，任期の途中の辞任でも損害賠償の責めに任ずることはない。

[区分所有管理士H11・9・(4)]

解答 × 管理者の任期が規約や集会の決議により定められているときは，その任期満了により退任する。また，管理者はいつでも辞任することができるが，区分所有者に不利な時期に辞任するときは，やむを得ない事由がある場合を除き，区分所有者が被る損害を賠償しなければならない。

●**問題 261** 区分所有者は，規約に別段の定めがない限り，集会の決議によって，管理者を選任することができるが，この管理者は，区分所有者以外の者から選任することができる。

[宅建H11・15・(4)]

解答 ○ 法では，管理者の資格について特に制限を設けていないので，区分所有者以外の者からも選任することができる。

●**問題 262** 区分所有者が管理者を選任する場合は，集会の決議の方法で決することが必要で，規約によっても，それ以外の方法による旨定めることはできない。

[宅建H12・13・(1)]

解答 ×

（権限）
第26条 管理者は，共用部分並びに第21条［共用部分に関する規定の準用］に規定する場合における当該建物の敷地及び附属施設を保存し，集会の決議を実行し，並びに規約で定めた行為をする権利を有し，義務を負う。
2　管理者は，その職務に関し，区分所有者を代理する。第18条第4項（第21条において準用する場合を含む。）の規定による損害保険契約に基づく保険金額の請求及び受領についても，同様とする。
3　管理者の代理権に加えた制限は，善意の第三者に対抗することができない。
4　管理者は，規約又は集会の決議により，その職務（第2項後段に規定する事項を含む。）に関し，区分所有者のために，原告又は被告となることができる。
5　管理者は，前項の規約により原告又は被告となったときは，遅滞なく，区分所有者にその旨を通知しなければならない。この場合には，第35条第2項から第4項までの規定［招集の通知］を準用する。

解説　（1）　管理者は，区分所有建物等を管理する区分所有者全員で構成する団体の執行機関としての地位を有するが，本条は，管理者の職務権限と代理権について明確化したものである。

まず，職務権限としては，一般的権限として，①共用部分等の保存，②集会の決議の実行，の権限を有し，特別権限としては，③規約で定めた行為の実行，④規約または集会の決議により，その職務に関し，区分所有者のために原告または被告となることができる，とされた。

次に，代理権については，管理者が対外的関係において法律行為をするときは，区分所有者の代理人としてこれを行い，その法律効果は区分所有者に帰属するものとされている。また，管理者は，共用部分について一括付保した損害保険契約に基づく保険金額の請求および受領について，区分所有者を代理する権限を有することとされた。なお，集会の決議等により管理者の代理権に制限を加えた場合でも，それをもって善意の第三者に対抗することはできない。

（2）　本条4項により訴訟追行権を有する場合の要件は，①規約または集会の決議により授権されること，②訴訟が管理者の職務に関すること，③区分所有者のために行うことの3点である。

規約では，管理者の職務全般につき包括的に訴訟追行権を与えることも，事項を限定して与えることもできる。これに対して集会の決議による授権は，個々の

事案ごとに個別的にすることを要する。集会の決議は，普通決議で足りる。

「原告又は被告となる」とは，管理者が自己の名において訴訟の当事者となることである。区分所有者の訴訟代理人となるのではない。「原告又は被告となる」とあるが，民事訴訟に限定されず，民事調停，起訴前の和解，支払督促，民事保全，民事執行等の各当事者となることもできる。

（3）　本条5項に規定する通知は，提起された訴訟に関する管理者の訴訟追行権につき区分所有者に監督の機会を与えるためのものであり，区分所有者は管理者の訴訟追行に不満があれば，25条2項により解任し，あるいは民訴法64条によりその訴訟に補助参加することができる。

（4）　本条により管理者に訴訟追行権の授権の途が開かれたが，このことは民訴法29条（「法人でない社団又は財団で代表者又は管理人の定めがあるものは，その名において訴え，又は訴えられることができる。」）の適用について何らの影響を及ぼすものではない。すなわち，本条に拘らず，管理組合が権利能力なき社団としての実態を有しているときには，管理組合はその団体の名において訴え，または訴えられることができる。管理者がその団体の代表者となっているときには，民訴法29条により団体の名においても，また本条により管理者の名においても，その選択に従いいずれの方法でも訴えまたは訴えられることができる（しかし，全てのケースで民訴法29条が使えるわけではなく，場合によっては区分所有法25条の「管理者」として訴訟提起しなければならないこともある。「管理者」として訴訟提起しなければならないケースとして，損害保険金請求，不法占拠者に対する妨害排除請求等があげられる。これらは，権利能力なき社団としての「管理組合」に帰属するというよりも，個々の区分所有者の固有の権利と解されているため，これを「管理者」に任意的訴訟担当させることになるからである）。

（5）　区分所有者の団体が管理組合法人になったときは，管理者に関する規定の適用が排除される（47条8項）から，管理者の訴訟担当の制度の適用もないことになる。

●**問題 263**　管理者の代理権に加えた制限は，善意の第三者に対抗することができる。　　　　　　［管理業務主任者H11・15・(4)，区分所有管理士H10・9・(3)］

(解答)　×　管理者の代理権に加えた制限は，善意の第三者に対抗することができない（26条3項）。

●**問題 264**　管理者は集会の決議を実行し，並びに規約で定めた行為をする権利があり，また義務を負う。　　　　　　［管理業務主任者H12・9・(3)］

(解答)　○　管理者は，共用部分並びに当該建物の敷地および附属施設を保存し，集会の決議を実行し，ならびに規約で定めた行為をする権利を有し，義

務を負う（26条1項）。

●問題 **265** 区分所有法で管理者の職務と定められていないものは，次のうちどれか。
（1．規約原本の作成，2．共用部分及び区分所有者全員の共有に属する敷地，附属施設の保存，3．集会の招集，4．集会議事録の保管）

［管理業務主任者 H12・10］

解答 1．規約原本の作成は，区分所有法で管理者の職務と定められていない。共用部分および区分所有者全員の共有に属する敷地，附属施設の保存（26条1項），集会の招集（34条1項），集会議事録の保管（33条，42条）。

●問題 **266** 管理者は，共用部分についての損害保険契約に基づく保険金額の請求及び受領について，区分所有者を代理する。

［管理業務主任者 H13・32・(1)，区分所有管理士 H11・41・(3)］

解答 ○ 管理者は，共用部分についての損害保険契約に基づく保険金額の請求および受領について，区分所有者を代理する（26条2項）。

●問題 **267** 管理者は，集会の決議がないと共用部分の保存行為をすることができない。

［管理業務主任者 H13・32・(3)］

解答 × 保存行為は集会の決議がなくとも，管理者が単独で行える。

●問題 **268** 甲マンション管理組合（管理組合法人でないものとする。）に係るマンションの管理に関する訴訟について，区分所有法の規定によれば，管理組合の理事会は当事者適格を持つことがない。　［マンション管理士 H13・33・(1)］

解答 ○ 当事者適格とは，当事者が当該請求について訴訟追行できる資格を言う。最近のマンション紛争は，ペットの飼育，上下階の生活騒音等の個々の区分所有者が迷惑を受けるような紛争を当事者間で自発的に解決するのではなく，管理組合，特に理事会による解決に期待しがちである。しかし，法的にみた場合，理事会が紛争解決を仲介することはできても，法的には理事会は権利・義務の主体ではないから，当事者適格はない。

●問題 **269** 甲マンション管理組合（管理組合法人でないものとする。）に係るマンションの管理に関する訴訟について，区分所有法の規定によれば，個々の区分所有者は当事者適格を持つことがない。　［マンション管理士 H13・33・(2)］

解答 × 管理者に不正な行為その他その職務を行うに適さない事情があるときは，各区分所有者は，その解任を裁判所に請求することができる（25条

2項)。また，不法行為に基づく損害賠償請求では，個々の区分所有者に当事者適格があるとする判例もある。

●**問題 270** 甲マンション管理組合（管理組合法人でないものとする。）に係るマンションの管理に関する訴訟について，区分所有法の規定によれば，集会で指定された区分所有者は当事者適格を持つことがない。
[マンション管理士H13・33・(3)]

解答 ×　集会において指定された区分所有者は，集会の決議により，他の区分所有者の全員のために訴訟を提起することができる（57条3項）。

●**問題 271** 甲マンション管理組合（管理組合法人でないものとする。）に係るマンションの管理に関する訴訟について，区分所有法の規定によれば，管理者であるマンション管理業者は当事者適格を持つことがない。
[マンション管理士H13・33・(4)]

解答 ×　管理者は，規約または集会の決議により，その職務に関し区分所有者のために原告または被告となることができる（26条4項）。本肢ではマンション管理業者とあるので，誤りだと勘違いした人もいるかもしれない。しかし，法は管理者の資格について特に制限していないので，管理者として選任できる者は，区分所有者である必要はなく，法人でも個人でもよい。一般的には，管理組合の理事長が管理者となる場合が多いと思われるが，営利会社であるマンション管理業者を管理者とすることも差し支えない。

●**問題 272** 区分所有法の規定及び判例によれば，管理組合は，管理組合法人であるか否かにかかわらず，民事訴訟において，原告又は被告となることができる。
[マンション管理士H13・32・(1)]

解答 ○　管理組合法人場合は，当然に民事訴訟法の原告または被告になることができる。法人格を有しない管理組合も，通常は管理規約に基づき理事長が選任され総会も定期的に開催されているのが一般的であるから，この場合の管理組合は権利能力なき社団といえる。この場合は，民事訴訟法29条の権利能力なき社団として訴訟の原告または被告となることができる。

●**問題 273** 管理者が自己の名義で銀行に預金していた管理費を自己の用途に使った場合，各区分所有者は，区分所有者全員又は管理組合のために，その額について損害賠償を請求することができる。　[マンション管理士H13・7・(1)]

解答 ×　管理者が区分所有者または管理組合に損害を与えたときは，損害賠償の責任を負う（民法647条）。ただし，各区分所有者が個々に管理組合に

対して損害賠償の請求をすることはできない。

●問題 274　管理者は，規約に基づき原告又は被告となったときは，区分所有者のその旨を通知することを要しない。　　　　[マンション管理士H13・7・(4)]

(解答)　×　管理者が原告または被告となったときは，区分所有者にその旨を通知しなければならない（26条5項）。

●問題 275　管理者は，その職務に関し，区分所有者のために裁判上の原告又は被告となって訴訟を追行する権限があるが，この訴訟追行権は規約の定め又は区分所有者及び議決権の各4分の3以上の多数による集会の決議で授権される。
[区分所有管理士H10・9・(1)]

(解答)　×　訴訟追行権の授与のための総会は普通決議でよい。

●問題 276　管理組合法人は法律上の権利義務の帰属主体となるので，民事訴訟法上の当事者能力が認められるが，管理規約が定められ，理事長等の代表者が選出され，その運営方法等が明確になっている法人化していない管理組合では一般的に，民事訴訟法上の当事者能力はないとみなされる。
[区分所有管理士H10・30・(1)]

(解答)　×　管理規約が定められ，理事長等の代表者が選出され，その運営方法等が明確になっている法人化していない管理組合は，権利能力なき社団に該当する。この場合は，民事訴訟法29条の権利能力なき社団として訴訟の原告または被告となることができるので，当事者能力はある。

●問題 277　管理組合が提起する訴訟には区分所有法に基づくほか，民法や建築基準法などの法規に基づくものがあり，管理に携わる者にとって幅広い知識が必要とされるとともに弁護士への依頼も事前に考慮する必要がある。
[区分所有管理士H10・30・(2)]

(解答)　○

●問題 278　管理者が，区分所有法第26条4項の規定に基づき，その職務権限に属する事項について，規約により裁判の原告又は被告になったときは，遅滞なく，区分所有者にその旨を通知しなければならない。[区分所有管理士H10・30・(3)]

(解答)　○　26条5項。

●問題 279　管理者が原告又は被告になった裁判の判決の効力は，区分所有者全員に及ぶものであり，管理者が敗訴した場合において，区分所有者が再度同一

の訴えを起こすことはできない。　　　　［区分所有管理士H10・30・（4）］

解答　○　管理者が判決を受けたときは，それが勝訴判決の場合だけでなく，敗訴判決の場合でも，その効力は区分所有者の全員に及び（民事訴訟法115条1項），管理者だけでなく区分所有者も再度訴訟を起こすことができなくなる。

●問題 **280**　管理者の代理権は，共用部分の復旧を目的として定められているもので，区分所有者がそれぞれ勝手に請求し，保険金請求権を譲渡し，あるいはその他の処理をしてはならない趣旨である。　　　［区分所有管理士H11・41・（4）］

解答　○　共用部分について損害保険契約をすることは，管理行為とみなされるため（18条4項），集会の決議がなされたときは，管理者は区分所有者全員を代理して保険契約を締結することができるが，その効果は，区分所有者に帰属するため，各区分所有者が保険金請求権を有することになる。しかし，各区分所有者が各自で保険金を受領したのでは保険金が散逸してしまうおそれがある。そこで，むしろ管理者が一括して保険金を受領し，それを共用部分の補修費にあてることが望ましいため，とくに保険金請求および受領をなす権限が管理者の代理権とされたものである。

●問題 **281**　管理者は，その職務に関し区分所有者全員のために訴訟追行をするものであるから，訴訟に関する費用は，弁護士費用も含め区分所有者に対し前払い又は償還を請求することができる。　　　［区分所有管理士H12・9・（1）］

解答　○　管理者の権利義務は，委任に関する規定に従うから（28条），委任契約に関する費用前払請求権がある。

●問題 **282**　訴訟追行権の管理者への授権は，規約又は集会の決議により行なわれ，規約においては管理者の職務につき包括的に訴訟追行権を授権することも事項を限定して授権することも可能であるが，集会の決議の場合においては事案ごとに個別的に授権されることを要する。　　　［区分所有管理士H12・9・（2）］

解答　○　規約では，管理者の職務全般につき包括的に訴訟追行権を与えることも，事項を限定して与えることもできる。これに対して集会の決議による授権は，個々の事案ごとに個別的にすることを要する。集会の決議は，普通決議で足りる。

●問題 **283**　管理者の訴訟追行権は，その職務に関し必要な範囲内であり，区分所有者全員のためであることを要する。区分所有者のうちの一部の区分所有者のためにのみ訴訟追行をすることは認められない。［区分所有管理士H12・9・（3）］

(解答) ○　管理者は,「区分所有者のために」原告または被告となることができる（26条4項）。この「区分所有者のために」は,原告または被告となりうる「区分所有者全員のために」訴訟を追行すべきことを意味する。区分所有者以外の第三者との間の訴訟では,区分所有者全員のためにすることになるが,例えば未払いの管理費の請求訴訟等,区分所有者の一部に対して訴訟を提起するときは,被告となる区分所有者を除く他の区分所有者全員のために訴訟を提起することになるところから,「区分所有者全員のために」という表現が用いられていないのである。したがって,一部の区分所有者のために管理者が訴訟追行をなすことはできない。

●**問題 284**　管理者の訴訟追行権は,管理者がその資格を喪失したとき又は訴訟追行権を授権した規約の変更若しくは集会の決議の取消しにより消滅する。資格の喪失と同時に他の者が管理者に選任されたときは,当該管理者はその授権を口頭で裁判所に報告し,相手方に対し前任の管理者の訴訟追行権が消滅したことを通知する必要がある。　　　　　　　　　　　　　　　　　　　［区分所有管理士H12・9・(4)］
(解答) ×

●**問題 285**　保険事故が発生した場合における損害保険の請求及び受領については,管理者に代理権がある。　　　　　　　　　　　［区分所有管理士H12・43・(3)］
(解答) ○

●**問題 286**　管理組合法人又は権利能力なき社団とされる管理組合は,民事訴訟法上の当事者能力があるので,管理組合法人又は管理組合自体が原告になり被告になることができる。　　　　　　　　　　　　　　　　　　　［区分所有管理士H13・12・(1)］
(解答) ○

●**問題 287**　管理者はその職務に属する事項について,規約又は集会の決議により訴訟追行権が与えられている時は,管理者は裁判の原告又は被告となることができる。　　　　　　　　　　　　　　　　　　　　　　　　　　　　　　　　　　　　　［区分所有管理士H13・12・(2)］
(解答) ○　管理者が訴訟追行権を有するための要件は,①規約または集会の決議により授権されること,②訴訟が管理者の職務に関すること,③区分所有者のために行うことの3点である。

●**問題 288**　規約により訴訟追行権を与えられている管理者が自己を被告とする訴えが提起されたときは,その旨を区分所有者に通知しなければならないが,原告となって訴えを提起するときは,その必要はない。

[区分所有管理士H13・12・(3)]

解答 ×　原告または被告となったときは，遅滞なく区分所有者にその旨を通知しなければならない（26条5項）。

●**問題 289**　管理者が原告又は被告となった裁判の判決の効力は，区分所有者全員に及ぶもので，管理者が敗訴した場合において，区分所有者が再度訴えを起こすことはできない。　　　　　　　　　　[区分所有管理士H13・12・(4)]

解答　○

●**問題 290**　管理者が独自の裁量で行った懸案事項を審議するための，臨時総会を招集する行為は，区分所有法に違反する。　　[区分所有管理士H13・27・(1)]

解答　×　集会は，管理者が招集できる（34条1項）。

●**問題 291**　管理者が独自の裁量で行ったマンションの玄関入口のガラスドアが欠損したので業者に連絡し，取替えてもらった行為は，区分所有法に違反する。
[区分所有管理士H13・27・(2)]

解答　×　マンションの玄関入口のガラスドア取替え工事は，保存行為であり，管理者が単独で行える。

●**問題 292**　管理者が独自の裁量で行った外壁が落下し通行人が負傷したので，保険契約に基づく保険金の請求と受領を行った行為は，区分所有法に違反する。
[区分所有管理士H13・27・(3)]

解答　×　損害保険契約に基づく保険金の請求および受領について，管理者は代理権がある。

●**問題 293**　管理者が独自の裁量で行ったマンション内の機械式駐車場につき損害保険契約を締結した行為は，区分所有法に違反する。
[区分所有管理士H13・27・(4)]

解答　○　共用部分について損害保険契約をすることは，管理行為とみなされ，集会の普通決議が必要である。

●**問題 294**　保険事故が発生した場合，管理組合が法人である場合に限って，損害保険金の支払請求や受領することができる。　　[区分所有管理士H13・34・(4)]

解答　×　法人格を持たない管理組合の場合も，管理者が損害保険金の支払請求や受領に関して，区分所有者を代理する。

●問題 **295** 管理者をその職務に関し区分所有者のために原告又は被告とする場合は，集会の決議の方法で決することが必要で，規約によっても，それ以外の方法による旨定めることはできない。　　　　　　　　　　[宅建H12・13・(4)]

(解答)　×　管理者は，規約または集会の決議により，その職務に関し，区分所有者のために，原告または被告となることができる（26条4項）。

●問題 **296** 管理者は，規約の定め又は集会の決議があっても，その職務に関し区分所有者のために，原告又は被告となることができない。[宅建H13・15・(3)]

(解答)　×　問題295参照。

（管理所有）
第27条　管理者は，規約に特別の定めがあるときは，共用部分を所有することができる。
2　第6条第2項［区分所有者による共用部分の使用請求］及び第20条［管理所有者の権限］の規定は，前項の場合に準用する。

(解説)　（1）　共用部分は，区分所有者全員の共有に属するのが原則であるが，一部の区分所有者のみの共用に供されるべきことが明らかな共用部分（一部共用部分）は，これを共用すべき区分所有者の共有に属する（11条1項）。これらの共用部分の所有関係については，規約で別段の定めをすることができる（11条2項本文）。規約により別段の定めをする場合としては，①一部共用部分を区分所有者全員の共有とする場合，②区分所有者のうち特定の者を共用部分の所有者とする場合（20条参照），③管理者を共用部分の所有者とする場合がある（11条2項但書）。本条は，③の場合について規定した。
（2）　管理所有成立の要件は次のとおりである。①規約により定められていること（区分所有者の集会でいかに多数の賛同の下に議決されても，また区分所有者の全員の書面による合意がなされても，それが規約の設定，変更の趣旨の下でなされたものでない限り，その決議をもって管理所有権が設定されたとみなすことはできない），②目的物が共用部分であること（建物の敷地または共用部分以外の附属施設については，管理所有の目的とすることはできない），③所有者は区分所有者または管理者であること(区分所有者または管理者に限定されている)。
（3）　管理所有者は，その共用部分の管理をする権限を有するが，その内容は，保存行為および改良を目的とし，かつ，著しく多額の費用を要しない軽微の管理行為に限られ，共用部分の重大変更は，規約によっても管理者に委ねることはで

きず，集会の特別多数決によらなければならない。

●問題 297　管理者は，管理規約に特別の定めがあるときは，共用部分及び敷地を所有することができる。　　　　　　　　　［管理業務主任者H11・12・(1)］
　(解答)　×　管理所有の対象となるのは，「共用部分」だけである。

●問題 298　管理者は，規約に別段の定めがあるときは，共用部分を所有することができるが，保存行為をすることができない。［区分所有管理士H10・9・(4)］
　(解答)　×　管理所有者は，重大変更（17条1項）をすることはできないが，それ以外の①狭義の管理行為（18条1項本文），②保存行為（18条1項但書），③軽微変更（17条1項括弧書）はすることができる。

（委任の規定の準用）
第28条　この法律及び規約に定めるもののほか，管理者の権利義務は，委任に関する規定に従う。

(解説)　（1）　管理者は，共用部分等の管理など区分所有者全員の共同の利益に関する事項を処理するために選任された者であるから，管理者と区分所有者との法律関係は，実質的には委任ないし準委任の関係にあると考えられる。そこで，本条により，管理者と区分所有者との権利義務関係については，この法律および規約に定めてあるもの以外は，民法の委任に関する規定に従うこととされた。
　（2）　管理者の権利・義務について適用される民法の委任に関する規定の主なものは，次のとおりである。
　①　善管注意義務（民法644条）
　受任者は，委任の本旨に従って，善良な管理者の注意（善管注意）をもって委任事務を処理する義務を負う。この注意義務の程度は委任が有償であるか無償であるかによって区別されていない。たとえば，無償寄託において注意義務が「自己の財産におけると同一の注意」に軽減されている（民法659条）のとは異なり，無償の受任者にも重い義務が課せられているわけである。それは，委任が当事者間の信頼関係を基礎としているからである。
　②　報告義務（民法645条）
　受任者は善管注意義務に附随する義務として，委任者の請求があるときは何時でも委任事務の処理状況を報告し，委任終了後は遅滞なくその顛末を報告しなければならない。

③ 受取物引渡し等の義務（民法646条）

委任事務を処理するにあたって委任者または第三者から受け取った物は，直ちに委任者に引き渡さなければならない。果実も同じく引き渡す義務がある。

④ 金銭消費の責任（民法647条）

本条は，受任者がもともと善管注意義務を負担しているところから，民法419条（金銭債務の特則）の例外を規定したものである。すなわち，受任者が委任者に引き渡すべき金銭を自己のために消費することは，一種の背任行為であり，（債務不履行または不法行為に基づく）損害賠償義務を生ずるはずであるが，本条は特に，受任者の故意・過失の有無，損害の証明の有無を問わず，当然に法定利息を請求しうることとし，また，損害の立証さえあれば法定利息以上の損害賠償をも請求しうることとした。一般の損害賠償の原則に対する例外規定たる民法419条に対して，さらに例外を設けたものである。

⑤ 報酬請求権（民法648条）

民法は，委任事務の処理については無償を原則としており，特約がなければ受任者には報酬請求権は認められない。しかし，特約は明示のものである必要はなく黙示の合意があればよく，委任事務の内容，各当事者の職業等から黙示の合意の存在が事実上推定されることもある。

⑥ 費用の前払請求権（民法649条）

委任事務を処理するにつき費用を要するときは，委任者は受任者の請求により前払いをしなければならない。無償を原則とするにもかかわらず，善管注意義務を負わされる受任者に損害を生ぜしめないためである。

⑦ 費用償還請求権等（民法650条）

事務を処理するのに必要な費用を支出したときは，その費用および支出の日以後の利息も併せて請求することができる。

⑧ 両当事者の解除権（民法651条）

委任は当事者の人的信頼関係を基礎とする契約であるから，相手が信頼できなくなったにもかかわらず，委任を継続させるには，双方にとって堪え難く，無意味でもあるので，特別の事由を示さなくとも，委任者・受任者双方から自由に解約できることとした。これによって，損害賠償義務も生じないがただ，相手方に「不利なる時期」に解除した場合は，損害賠償義務を生ずる。この場合といえども，解除につき，やむをえない事由がある場合には賠償しなくともよい。

⑨ 解除の非遡及効（民法652条）

委任の継続的契約たる性質から，委任の解除は将来に向かってのみ効力を生じ，遡及しない。

⑩ 委任の終了事由（民法653条）

委任は，委任者または受任者の死亡または破産によって終了するほか，受任者

が後見開始の審判を受けたとき（成年被後見人）にも終了する。これらは，委任が当事者間の個人的信頼関係を基礎とすることによる。その他，契約一般に共通の終了原因，例えば，委任事務の終了，委任事務の履行不能，終期の到来，解除条件の成就等によって終了する。

| 委任者 | 死亡 | 破産 | ― |
| 受任者 | 死亡 | 破産 | 後見開始の審判（成年被後見人） |

⑪ 委任終了後の善処事務（民法654条）

委任終了の場合において急迫な事情があるときには，受任者は委任者が委任事務を処理することができるまで必要な処分を為すことを要する。

⑫ 委任終了の対抗要件（民法655条）

委任の終了は，これを相手方に通知するかまたは相手方がこれを知っている場合でなければ，相手方に対抗することができない。委任終了を知らない者の保護規定である。

●受任者の権利・義務

受任者の権利	受任者の義務
①報酬請求権（民法648条） ②費用の前払請求権（民法649条） ③費用償還請求権等（民法650条） ④解除権［委任者にもある］（民法651条）	①善管注意義務（民法644条） ②報告義務（民法645条） ③受取物引渡し等の義務（民法646条） ④金銭消費の責任（民法647条） ⑤委任終了後の善処事務（民法654条）

●労務供給型契約（委任・請負・雇傭）の比較表

	委任（民法643～656条）	請負（民法632～642条）	雇傭（民法623～631条）
定義	委任契約とは，当事者の一方（委任者）が法律行為をなすことを相手方（受任者）に委託し，相手方がこれを承諾することを内容とする契約をいう（643条）。	請負とは，当事者の一方（請負人）がある仕事を完成することを約し，相手方（注文者）がその仕事の結果に対して報酬を与えることを約する契約をいう（632条）。	雇傭とは，当事者の一方（労務者）が相手方（使用者）に対して労務に服することを約し，相手方がこれに報酬を与えることを内容とする契約をいう（623条）。
給付内容は？	一定の事務処理 仕事の完成を目的とする契約ではなく，委託された事務を処理すること自体を目的とする。	仕事の完成 労務そのものが契約の目的ではなく，労務の結果としての仕事の完成が目的である。仕事が未完成	労務の供給 労務それ自体の供給を目的とする。

		に終われば報酬を請求できない。	
労務供給者の主体性はあるか？	主体性あり	主体性あり	主体性なし
双務・片務契約の区分	片務契約（双務契約もある）	双務契約	双務契約
有償・無償契約の区分	無償契約（有償契約でもよい）	有償契約	有償契約
解除はできるか？	いつでも解除できる（651条）。	請負人が仕事を完成するまでの間は，注文者はいつでも，損害を賠償して解除できる。	期間満了による終了の他に，期間中の解除もやむを得ない事由がある場合は，認められる。但し，労働法による制限がある（626～628条）。
解除の遡及効	無	有	有

■委任契約は，各当事者においていつでも解除できるとは，どういう意味か。
　(1)　民法651条では，次のように規定されている。
　「①委任は各当事者に於て何時にても之を解除することを得。
　②当事者の一方が相手方の為に不利なる時期に於て委任を解除したるときは其損害を賠償することを要す。但已むことを得ざる事由ありたるときは此限に在らず。」
　本条により，各当事者に無理由解除権を認めた趣旨であるが，次のように説明される。委任は当事者間の人的信頼関係を基礎とする契約であるから，相手が信頼できなくなったにもかかわらず，委任を継続させるのは，双方にとって堪え難く，無意味でもあるので，特別の事由を示さなくとも，委任者・受任者双方から自由に解約できることとした（民法651条1項）。これによって，損害賠償義務も生じないがただ，相手方に「不利なる時期」に解除した場合は，損害賠償義務を生ずる（民法651条2項）。この場合といえども，解除につき，やむを得ない事由がある場合には賠償しなくともよい（民法651条2項但書）。

　(2)　受任者の利益のためにも締結された委任契約の場合も，委任者は民法651条1項に基づく解除をなしうるか。

　委任者の意思に反して事務処理を継続されることは，委任者の利益を阻害し，自己の事務を他人に信頼しつつ委託するという委任契約の本旨に反するから，受任者の利益のためにも締結された委任契約の場合でも，委任者は民法651条1項に基づいて自由に解除権を行使でき，これによって生ずる受任者の不利益は損害賠償によって補塡すれば足りる。

　(3)　相手方の債務不履行を理由とする委任契約の解除が無効であるとき，民法651条による解除としての効力はあるか。

　委任契約の当事者は相手方の債務不履行を理由として，一般的な解除権（民法541

条）を行使しうるが，その場合，債務不履行の事実がなかったとしても，無理由解除としての本条による解除の効力は認められる（大判大正3.6.4）。
　(4) 無理由解除をなしうる時期につき，制限はあるか。
　制限はない。但し，相手方に不利な時期に解除する場合は，損害を賠償する必要がある。しかし，これもやむを得ない事由のある場合は不要である。なお，損害の賠償は解除の条件でもなければ，また，予め損害を賠償しなければ解除ができないものでもない。

● 不完全履行

態　様	要　件	効　果
履行遅滞	①債務者に責任があること ②履行が可能なのに履行が遅れていること ③遅滞が違法なこと	①損害賠償（遅延損害金・塡補賠償） ②契約解除権
不完全履行	①債務者に責任があること ②履行が不完全であること	①履行の請求（追完可能なとき） ②損害賠償（遅延損害金・塡補賠償） ③契約解除権
履行不能	①債務者に責任があること ②債権発生後に履行ができなくなったこと	①損害賠償（塡補賠償） ②契約解除権 ③代償請求権

● **問題 299**　履行遅滞とは，受託業務を処理することが可能であるにもかかわらず，その時期を過ぎても処理しないことをいう。
［管理業務主任者H12・29・(1)，H13・2・(1)］

解答　○

● **問題 300**　不完全履行とは，受託業務を一応処理したが，処理の内容が契約の本旨に従った完全なものでないことをいう。
［管理業務主任者H12・29・(2)，H13・2・(2)］

解答　○

● **問題 301**　使用者責任とは，管理会社の職員が第三者に損害を与えた場合，管理会社が職員の使用者としてその損害について責任を免れないことをいう。
［管理業務主任者H12・29・(3)］

解答　○　管理会社の職員は，履行補助者としての地位にあり，履行補助者の不法行為によって第三者に損害を与えた場合は，管理会社は使用者としてその損害について責任を免れることはできず，これを使用者責任という。

●**問題 302** 善管注意義務とは,委任契約における委任者の義務の一つであり,委任者の職業,地位,能力等において一般的に要求される平均人としての注意義務のことをいう。　　　　　　　　　　　　　　　　　[管理業務主任者H12・29・(4)]

（解答）　×　善管注意義務とは,委任を受けた人の職業,地位,能力等において一般的に要求される平均人としての注意義務のことをいう。これは,委任者から委託を受けて受託業務を処理する「受任者」の義務である。本肢では,委任者の義務となっているので,誤り。

●**問題 303** 委任契約とは,一定の事務を処理することを委託する契約で,原則として報酬のある有償,双務契約であるが,特約があれば報酬のない無償,片務契約とすることもできる。　　　　　　　　　　　　　[管理業務主任者H13・1・(1)]

（解答）　×　委任契約は,原則無償である。特約により受任者は委任者に対して報酬の請求ができる（民法648条2項）。

●**問題 304** 請負契約とは,一定の仕事を完成することを約し,相手方が仕事の結果に対して報酬を支払うことを約することによって成立する契約である。
　　　　　　　　　　　　　　　　　　　　　　　　　[管理業務主任者H13・1・(2)]

（解答）　○　請負契約は,請負人が仕事の完成を約し,注文者がその仕事の完成により報酬を支払うことを約することによって成立する（民法632条）。

●**問題 305** 諾成契約とは,当事者の意思表示が合致するだけで成立する契約である。　　　　　　　　　　　　　　　　　　　　[管理業務主任者H13・1・(3)]

（解答）　○　諾成契約とは,売買・賃貸借のように契約当事者の合意（意思表示）のみで成立する契約をいう（民法555条）。これに対して消費貸借や使用貸借は当事者の合意のほか,物の引渡しなどの給付を必要とする契約であり,要物契約という。

●**問題 306** 片務契約とは,一方だけが義務を負い,相手方がこれに対応する義務を負わない契約である。　　　　　　　　　　　　[管理業務主任者H13・1・(4)]

（解答）　○　片務契約とは,例えば贈与のように当事者の一方のみが義務を負う契約をいう。これに対して売買や賃貸借は当事者双方が互いに対価的な債務を負担する契約であり,これを双務契約という。

●**問題 307** 履行遅滞があった場合に,債権者は,債務者に対して損害賠償請求をすることはできるが,契約の解除をすることはできない。

[管理業務主任者H13・2・(2)]

解答 ✕ 履行遅滞があった場合，債権者は損害賠償請求ができる（民法415条）ことに加えて，相当の期間を定めて催告し，期間内に履行されない場合には，契約の解除ができる（民法541条）。

●問題 *308* 履行不能があった場合に，債権者は，債務者に対して損害賠償請求をすることも，契約の解除をすることもできる。[管理業務主任者H13・2・(4)]
解答 ◯ 履行不能があった場合，債権者は損害賠償請求ができる（民法415条）ことに加えて，直ちに，契約の解除ができる（民法543条）。

●問題 *309* 委任契約は，相手方の不利な時期には解除することができない。
[管理業務主任者H13・3・(3)]
解答 ✕ 委任は高度の信頼関係を基礎とするので，いつでも，どちらからでも契約の解除ができる。ただし，相手方に不利な時期に解約した場合にはやむを得ない理由がない限り，損害賠償責任を負う（民法651条）。

●問題 *310* 委任者は受任者が，委任契約を解除した場合は，必ず相手方に生じた損害を賠償しなければならない。[管理業務主任者H13・3・(4)]
解答 ✕ 委任契約の解除については，やむを得ない理由があれば，損害賠償責任を負わない（民法651条2項）。

●問題 *311* 管理業者は，管理委託契約に特約をした場合にのみ善管注意義務を負う。[管理業務主任者H13・4・(1)]
解答 ✕ 受任者である管理業者は，特約の有無にかかわらず善管注意義務を負う（民法644条）。

●問題 *312* 管理業者は，受託業務に対する報酬の有無にかかわらず善管注意義務を負う。[管理業務主任者H13・4・(3)]
解答 ◯ 善管注意義務は，有償・無償を問わず，受任者に課せられる注意義務である（民法644条）。

●問題 *313* 管理業者は，臨時に雇用した者がその職務について善管注意義務に違反した場合には債務不履行責任を負う。[管理業務主任者H13・4・(4)]
解答 ◯ 管理業者が臨時に雇用した者は，管理業者の履行補助者としての地位にあり，その者が善管注意義務に違反した場合は，管理業者が債務不履行の責任を問われる（民法715条）。

●問題 *314* 管理者は，善良なる管理者の注意義務をもってその職務を処理することが必要であり，これに違反した場合には，自己がその事務をその本旨に従って履行したことを証明しない限り，法的な責任を負う。

[マンション管理士H13・7・(3)]

解答 ○ 管理者と区分所有者との関係は委任関係にある。受任者である管理者は，善良な管理者としての注意義務（善管注意義務）をもって委任事務を処理しなければならない（民法644条）。そうでないと，債務不履行となって損害賠償責任を負うことになる（民法415条）。

●問題 *315* 管理者が内部の区分所有者であっても，組合外部の管理会社等を選任した場合であっても，管理者の権利・義務は区分所有法および規約に定めるもののほか民法の委任に関する規定に従うことになる。

[区分所有管理士H11・4・(3)]

解答 ○ 管理者の権利義務は，委任に関する規定に従う（28条）。

●問題 *316* 管理者と区分所有者との権利義務関係が，個々の区分所有者からの報告の請求に対して，管理者は直接報告をする義務を負うものではないとされている。

[区分所有管理士H11・13・(1)]

解答 ○ マンションの管理者は，個々の区分所有者に対して事務処理状況を報告する義務を負わない（東京地判平成4．5．22）。

●問題 *317* 「善良な管理者の注意」とは，受任者の職業またはその社会的・経済的な地位等において通常要求される程度の注意であり，自分の能力に応じた注意に対する観念である。[区分所有管理士H11・13・(2)，管理業務主任者H13・4・(2)]

解答 ○ 「善良な管理者の注意義務」（善管注意義務）とは，委任を受けた人の職業，地位，能力等において一般的に要求される平均人としての注意義務をいう。

●問題 *318* 受任者が委任事務の処理に必要な費用を支出したときは，委任者に対してその費用の償還を請求できるが，利息は含まれない。

[区分所有管理士H11・13・(3)]

解答 × 受任者が事務を処理するのに必要な費用を支出したときは，その費用および支出の日以後の利息も合わせて請求することができる（民法650条）。

●問題 *319* 受任者は委任者の請求があるときはいつでも事務処理を報告する

義務があり，事務処理につき委任者の意見を求めることが委任の本旨に従うものであるときは，委任者の請求がなくとも報告すべき義務がある。
　　　　　　　　　　　[区分所有管理士H11・13・(4)，H13・6・(3)，管理業務主任者H13・3・(1)]
解答　○　受任者は善管注意義務に附随する義務として，委任者の請求があるときは何時でも委任事務の処理状況を報告し，委任終了後は遅滞なくその顛末を報告しなければならない（民法645条）。

●**問題 320**　委任契約は，無償であることが原則で，特約がない限り報酬を請求することができない。　　　　　　　　　[区分所有管理士H13・6・(1)]
解答　○　特約がある場合に限り，報酬支払義務を負う（原則は無報酬）（民法648条1項）。

●**問題 321**　委任契約は，原則として他人に任せることができ，必ずしも自ら委任事務を処理する必要はない。　　　　　[区分所有管理士H13・6・(2)]
解答　×　委任の場合，受任者個人に対する責任者の信頼が契約の基礎となっているので，受任者は事務を処理するに際しては，単純な補助者として他人を使う場合は別として，自ら履行しなければならない。

●**問題 322**　委任事務を処理するのに必要な費用については，委任者は，受任者の請求があれば，前払いをする義務がある。
　　　　　　　　　　　[区分所有管理士H13・6・(4)，管理業務主任者H13・3・(2)]
解答　○　受任者の請求により，事務処理に必要な費用を前払いしなければならない（民法649条）。

（区分所有者の責任等）
第29条　管理者がその職務の範囲内において第三者との間にした行為につき区分所有者がその責めに任ずべき割合は，第14条［共用部分の持分の割合］に定める割合と同一の割合とする。ただし，規約で建物並びにその敷地及び附属施設の管理に要する経費につき負担の割合が定められているときは，その割合による。
　2　前項の行為により第三者が区分所有者に対して有する債権は，その特定承継人に対しても行うことができる。

解説　　(1)　管理者と区分所有者は代理関係に立っているから（26条2項

本文），管理者のなした行為の効果は，直接本人たる区分所有者全員に帰属することになる。この場合に，各区分所有者の債務は分割責任となるのか，無限責任となるのか，連帯責任となるのかが問題となる。また，区分所有者の団体（管理組合）をいかなる団体として位置づけるか（組合か，権利能力なき社団か）という，団体理論の面からも問題となる。なお，区分所有者の団体が管理組合法人となっているときは，本条の適用はない（47条8項）。管理組合法人の債務については，別に53条において定められている。

①団体が民法上の組合の性質を有する場合には，組合財産がその引当てとなると同時に，その構成員たる区分所有者は，損失負担の割合に応じて，また債権者が損失負担の割合を知らないときには平等の割合で責任を負担することになる（民法674条，675条）。②それに対し，その団体が権利能力なき社団に該当するときには，その社団の財産のみがその社団の債務に対する引当てになり，構成員たる区分所有者は責任を負わないと解することもできる（有限責任説，最判昭和48.10.9）。

（2） この点について本条は，立法的に解決を図った。管理者がその職務の範囲内において第三者との間でした行為について，区分所有者がその責任に任ずる債務について，区分所有者に無限責任や連帯責任を認めるのは重きに失するために，持分の割合による「分割責任」にした。そして，この責任の割合は，原則として共用部分の持分割合（専有部分の床面積割合）とした（但し，規約による別段の定めができる）。また，管理者のそのような行為によって第三者が区分所有者に対して有する債権は，区分所有者だけではなく，その特定承継人に対しても行うことができると定めた。

●問題 **323** 管理者がその職務の範囲内において第三者との間にした行為につき，区分所有者がその責めに任ずべき割合は，共用部分の共有持分と同一の割合に限られる。　　　　　　　　　　　　　　　　　　　　[区分所有管理士H11・7・（2）]

（**解答**）　× 管理者がその職務の範囲内において第三者との間にした行為につき区分所有者がその責めに任ずべき割合は，共用部分の持分の割合が原則であるが，これは規約で別段の定めができる。

●問題 **324** 管理者がその職務の範囲内において第三者との間にした行為により第三者が区分所有者に対して有する債権は，その包括承継人に対してのみならず，特定承継人に対しても行うことができる。　　　　　　　　　　[宅建S61・12・（2）]

（**解答**）　○ 管理者の職務上の行為は区分所有者を代理して行われるので，その効果は本人である区分所有者に帰属し，要した費用は区分所有者が負担する（29条1項）。そして，これは区分所有者の包括承継人のみならず特定承

継人にも引き継がれる（29条2項）。

●問題 325　管理者がその職務の範囲内において第三者との間にした行為につき区分所有者がその責めに任ずべき割合は，規約の定めのいかんにかかわらず，各区分所有者の共用部分の持分割合によることとされている。[宅建H4・16・(3)]
　解答　×　各区分所有者の共用部分の持分割合によることが原則であるが，規約で別段の定めができる。

第5節　規約及び集会

（規約事項）
第30条　建物又はその敷地若しくは附属施設の管理又は使用に関する区分所有者相互間の事項は，この法律に定めるもののほか，規約で定めることができる。
2　一部共用部分に関する事項で区分所有者全員の利害に関係しないものは，区分所有者全員の規約に定めがある場合を除いて，これを共用すべき区分所有者の規約で定めることができる。
3　前2項の場合には，区分所有者以外の者の権利を害することができない。

解説　（1）　区分所有建物にあっては，構造上必然的に，建物，その敷地および附属施設を共同で管理しなければならず，また，その使用をめぐって区分所有者間で様々な利害の調整を図らなければならない。そのため，建物等の管理および使用について区分所有者が相互に従うべき規範（ルール）が必要となるが，区分所有法は，それを「規約」として定めた。
（2）　本法は，区分所有者相互間の事項について広く規約で定めることを認め，区分所有者の団体の私的自治を認めた（規約自治の原則）。すなわち，区分所有者は，その相互間の事項について，①本法で原則を定める場合に規約で細則を定めることができ，②本法に定めがあっても本法が許容する場合には規約によって別段の定めをすることができ，さらに，③本法に何らの個別の規定のない場合であっても，規約で定めることができる。
（3）　規約事項には，次の3つがある。
①本法で直接に定め，規約の設定を許さないもの（強行規定たる定め），②規約という形式によらなければその点に関する定めをすることができない事項（絶

対的規約事項），③規約以外の方法（たとえば通常の集会の決議）でも区分所有者が自由に定めることができる事項（相対的規約事項）。

なお，①の強行規定たる定めとしては，本法中，1条，2条，3条，6条〜10条，12条，13条，15条，21条，23条，24条，30条〜33条，36条，40条，42条〜48条，51条，54条，55条，57条〜60条，62条〜70条などがある。これらによって定められた事項については，規約や集会の決議をもってしてもそれらと異なる定めをすることは許されない。また，この強行規定は，普通法としての民法の規定を排除するという意味でも強行性を有する。

（4） 絶対的規約事項としては，次のものがある。
① 規約共用部分の定め（4条2項）
② 規約敷地の定め（5条1項，2項）
③ 共用部分の共有関係（11条2項）
④ 共用部分の共有持分の割合（14条4項）
⑤ 共用部分の変更決議における区分所有者の定数の削減（17条1項）
⑥ 共用部分の管理に関する決定方法（18条2項）
⑦ 共用部分の負担および利益収取の割合（19条）
⑧ 専有部分と敷地利用権の分離処分の許容（22条1項）
⑨ 管理者の選任および解任方法（25条1項）
⑩ 管理者の権利・義務（26条1項，28条）
⑪ 管理所有（27条1項）
⑫ 建物，その敷地および附属施設の管理に要する経費についての負担の割合（29条1項）
⑬ 集会招集請求権の定数の削減（34条3項）
⑭ 集会の招集通知の期間の伸縮および集会招集の建物内掲示による通知（35条1項，4項）
⑮ 通知事項以外の事項についての集会の決議（37条2項）
⑯ 集会での議決割合と議決定数の変更（38条，39条1項）
⑰ 管理組合法人の理事の任期および事務執行方法（49条5項，52条1項）
⑱ 建物の価格の2分の1以下の滅失の場合の復旧方法（61条4項）

（5） 相対的規約事項としては，次のものがある。
① 先取特権の目的となる債権の範囲（7条1項）
② 管理者が区分所有者のために訴訟の当事者となること（26条4項）
③ 管理者がいない場合の規約・議事録等の保管者（33条1項，42条3項，45条2項）
④ 管理組合法人の代表理事または共同代表の定め（49条4項）

（6） 規約事項の限界について

特に本法に強行規定がないものであっても，その点に関する規約事項の有効性に疑問を生じさせる事項や場合もある。
① 分譲契約において当初定められていた基礎的な権利関係等の一部を変更するには各区分所有者の同意を要し，それを規約で決定することはできない。
② 専有部分の譲渡・処分や賃貸を制限する条項は，その点に関する明示の規定が本法にない以上，そのままでは，単なる債権契約としての効力をこえる物権的効果をもつことはできないと考えられる。
③ 共有敷地上の駐車場などについての専用使用権の設定や変更は，それが当該区分所有建物における共有物の必要かつ合理的な管理・利用方法に関するものである限り，規約で有効な定めをすることができると解される。
④ 専有部分の使用方法の制限は，建物全体の維持管理または共同生活上の秩序維持の要請に基づくものである限り，原則として有効であり，一般居住用のマンションで動物の飼育を具体的な被害発生の有無を問わず一律に禁止する規約の規定を設けることも，区分所有法6条1項の趣旨に照らし当然に可能である。

（7）一部共用部分（3条後段）は，規約で別段の定めがない限り，これを共用すべき区分所有者の共有に属する（11条1項但書）が，その管理または使用をどのように行うかは，別個の問題である。一部共用部分の管理または使用に関する定めとして，次の3つがある。
① 区分所有者全員の利害に関係する事項は，区分所有者全員の規約によって定める。
② 区分所有者全員の利害に関係しない事項でも，区分所有者全員の規約で定めることができる。
③ 区分所有者全員の利害に関係しない事項で，かつ，②により区分所有者全員の規約によって定められていない事項は，一部の区分所有者の規約で定めることができる。

本法では，直接には③のみが規定されているが，①および②が当然の前提とされている。なお，上記の①②③の区分の対象となるのは，規約の対象物である一部共用部分そのものではなく，一部共用部分（の管理または使用）に関する事項であるから，「区分所有者全員の利害に関係しないもの」か否か，また，「区分所有者全員の規約に定めがある場合」か否かについては，管理または使用に関する事項ごとに考えるべきである。

●問題 326　専有部分の用途について規約で別段の定めをしている場合は，その定められた用途以外の用途に供することはできない。

［管理業務主任者H12・5・(1)］

解答 ○　例えば，標準管理規約では専有部分の用途について「区分所有者は，その専有部分を専ら住宅として使用するものとし，他の用途に供してはならない。」と規定している。したがって，この規約のマンションでは，専有部分を事務所用または店舗用として使用することはできない。

●問題 **327**　管理費等の使途は，規約で定めることができる。
[管理業務主任者H12・12・(1)]

解答 ○　標準管理規約では具体的な管理費等の使途について規定している。標準管理規約26条（管理費），27条（修繕積立金），28条（使用料）等。

●問題 **328**　管理費等の請求方法（預金口座振替，振込み等）は，規約で定めることができる。
[管理業務主任者H12・12・(3)]

解答 ○　標準管理規約では，管理費等の徴収を自動振替の方法によると規定している。

●問題 **329**　専有部分の使用方法は区分所有法に規定されているため，規約で異なる使用方法を定めることはできない。
[管理業務主任者H12・22・(3)]

解答 ×　建物またはその敷地もしくは附属施設の管理または使用に関する区分所有者相互間の事項は，この法律に定めるもののほか，規約で定めることができる。建物等の「使用」に関する事項とは，専有部分の使用方法や，共用部分・敷地等の使用方法・使用の対価等に関する事項をいう。例えば，専有部分の居住目的以外の使用禁止や，敷地内での駐車方法・駐車場使用料の定めなどがこれに該当し，規約で定めることができる。

●問題 **330**　区分所有者は，共用部分の保存行為を，管理者を通じて行うとすることは，規約として定めることができる事項である。
[マンション管理士H13・9・(1)]

解答 ○　共用部分の保存行為は，原則として区分所有者が個別にすることができるが，18条2項により，規約で別の定めをすることができる。したがって，管理者を通じて行うという規定は有効である。

●問題 **331**　区分所有者以外には，集会の議事録の閲覧を拒むことができるとすることは，規約として定めることができる事項である。
[マンション管理士H13・9・(2)]

解答 ×　集会の議事録は，原則として管理者が保管し，利害関係人の請求があったときは，正当な理由がある場合を除いて閲覧を拒否することはでき

ないとされており，規約での拒否の定めは無効である（33条，42条）。

●問題 332　専有部分と敷地利用権を分離して処分することができるとすることは，規約として定めることができる事項である。[マンション管理士H13・9・(3)]
（解答）　○　分離処分可能規約の定めは有効である（22条1項）。

●問題 333　共用部分を，管理者又は区分所有者である特定の者の所有とすることは，規約として定めることができる事項である。
[マンション管理士H13・9・(4)]
（解答）　○　共用部分を特定の区分所有者または管理者の所有とすることができる（27条1項）。

●問題 334　専有部分は，その用法だけでなく用途も規約で制限することができる。[マンション管理士H13・1・(3)]
（解答）　○　区分所有建物全体の維持管理および共同生活の秩序を確保するために，専有部分の使用方法だけでなく，用途の制限も規約で定めることができる（30条1項）。例えば，専有部分を居住以外の目的に使用しないこと等である。

●問題 335　管理費等の滞納防止を図るための規約の定めに関して，管理費等の徴収方法として，各区分所有者が開設する預金口座から，自動振替により管理組合口座へ引き落とすこととする，ことは適切である。
[マンション管理士H13・36・(1)]
（解答）　○　標準管理規約57条1項でも管理費等の徴収を自動振替によるとしており，適切である。

●問題 336　管理費等の滞納防止を図るための規約の定めに関して，区分所有者が規約に定められた期日までに納付すべき管理費等を納付しない場合，その未払金額について遅延損害金を加算して請求することができることとする，ことは適切である。[マンション管理士H13・36・(2)]
（解答）　○　標準管理規約57条2項でも，期日までに納付すべき金額を納付しない場合には，管理組合は，その未払金額について遅延損害金を加算してその組合員に対して請求できるとされている。

●問題 337　管理費等の滞納防止を図るための規約の定めに関して，多額の管理費等を滞納した場合には，滞納者に係る駐車場使用契約を解除することができ

ることとする，ことは適切である。　　　　　［マンション管理士H13・36・(3)］

> **解答**　○　滞納防止のために本肢の方法は有効であり，実務上もこのような規定をしている規約もある。ただし，敷地および共用部分等の利用制限をする場合は注意が必要であり，階段・エレベーター等の使用を禁止することはできない。

●問題 **338**　管理費等の滞納防止を図るための規約の定めに関して，専有部分が賃貸されている場合，当該専有部分に係る区分所有者が管理費等を長期間納付しないときは，賃借人が管理費等を負担することとする，ことは適切である。

［マンション管理士H13・36・(4)］

> **解答**　×　賃借人は建物またはその敷地若しくは附属施設の使用方法につき，区分所有者が規約または集会の決議に基づいて負う義務と同一の義務を負う。ただし，これは使用方法についての義務に限られているので，区分所有者のように管理費等の支払義務はない。実務上は本肢のような規定をしている規約もあるが，管理費等の負担者は区分所有者であり，賃借人には管理費等の負担義務はない。

●問題 **339**　区分所有関係において管理規約により専用使用権を設定しようとする場合には，単に契約事項として個々の売買契約書に全面的に委ねてしまうのではなく，専用使用権の対象となる部位，存続期間，対価，譲渡・転貸の可否などの重要な事項について，規約に規定しておくべきである。

［区分所有管理士H10・32・(2)］

> **解答**　○　特に専用使用権については，トラブルが多いので，紛争予防の点からもできるだけ具体的に規約に規定しておいた方がよい。

（規約の設定・変更及び廃止）
第31条　規約の設定，変更又は廃止は，区分所有者及び議決権の各4分の3以上の多数による集会の決議によってする。この場合において，規約の設定，変更又は廃止が一部の区分所有者の権利に特別の影響を及ぼすべきときは，その承諾を得なければならない。
2　前条第2項に規定する事項についての区分所有者全員の規約の設定，変更又は廃止は，当該一部共用部分を共用すべき区分所有者の4分の1を超える者又はその議決権の4分の1を超える議決権を有する者が反対したときは，することができない。

解説 （1） 規約の設定，変更および廃止には，①区分所有者および議決権の各4分の3以上による集会の決議，および，②それが一部の区分所有者の権利に特別の影響を及ぼすべき場合にはその承諾，を必要とする（本条1項）。また，一部共用部分に関する事項についての区分所有者全員の規約の設定等については，①および②の要件に加えて，③当該一部共用部分を共用すべき区分所有者の4分の1を超える者またはその議決権の4分の1を超える議決権を有する者の反対がないことが必要である（本条2項）。

この原則に対して，本法では，①公正証書による規約の設定（32条）および②全員合意の書面決議（45条）による規約の設定という例外を設けている。

（2） 本条1項にいう「区分所有者及び議決権の各4分の3以上の多数」とは，17条1項などに定める場合と同様に，区分所有者の「頭数」と，原則としては各区分所有者が有する専有部分の床面積の割合に応じて定められる「議決権」（38条，14条参照）との双方において，それぞれ4分の3以上の多数の賛成があることを意味する。

このように二重の議決要件が必要とされたのは，区分所有関係が，一面では，各区分所有者の持分（専有部分）の大きさに比例した財産法的・経済的利害関係である（たとえば，共用部分の負担割合に関する19条や，第三者に対する区分所有者の責任の負担割合に関する29条1項・53条1項参照）と同時に，他面では，一種の共同生活体ないし地域社会的性格を伴った団体法的要素をもあわせもつことを考慮したものである。もっとも，議決権の割合については，規約で別段の定めをすることが認められているので（38条），たとえば，専有部分の大小を問わず1住戸1議決権とすることは可能である。

（3） 規約の設定・変更・廃止は，必ず「集会の決議」によって行わなければならない。集会を開催せずに，単に書面による持回り決議のような形で区分所有者および議決権の各4分の3以上の多数の賛成を集めても，本条1項の決議となることはない。

ただし，本法では，公正証書による規約の設定の場合（32条）のほか，全員の書面決議の場合（45条）に関して例外規定を設けている。すなわち，区分所有者全員の書面による合意をもって集会の決議に代えることを認めており，規約の設定・変更・廃止についてもこの方式で行うことが可能である。したがって，マンションの分譲において，分譲業者が分譲契約時に併せて規約（案）についての合意を各区分所有者から個別に書面で取り付け，全員の合意書面が調ったところで規約が成立するものとする方式は認められる。

（4） 以上で述べた多数決の要件が満たされた場合でも，規約の設定または改廃が一部の区分所有者の権利に特別の影響をおよぼすときは，その承諾を得なけ

ればならない。多数決による規約の設定・改廃を認めると，多数者の意思によって少数者の権利が害されるおそれも生じうるので，その弊害を除去し，区分所有者間の利害を調整するためである。

本規定によって承諾を得ることを要するには，一部の区分所有者の権利に「特別の影響」を及ぼすときである。「特別の影響」とは，規約の設定・変更・廃止の必要性および合理性と，これによって受ける一部の区分所有者の不利益とを比較して，一部の区分所有者が受任すべき程度を越える不利益を受けると認められる場合であると解されている。承諾を得ることが必要な場合に承諾を得られなかったときは，規約の設定・変更・廃止は効力を生じない。承諾は，集会の決議の事前でも事後でもよく，また，集会において当該一部区分所有者が決議に賛成することをもって承諾があったものと見てよい。

●問題 **340** 管理規約を設定又は変更したときは，管理者は，区分所有者全員が署名，押印した管理規約を原本として作成し，保管しなければならない。

[管理業務主任者H11・16・(1)]

解答 ×　分譲当初は，全員の「管理承認書」への署名押印をもって45条の書面決議が成立したとの扱いが一般的であり，標準管理規約でも「この規約を証するため，区分所有者全員が記名押印した規約を1通作成し，これを規約原本とする。」（標準管理規約67条）と定めている。しかし，変更についても区分所有者全員の署名押印した管理規約が要求されているわけではない。この場合は，集会議事録（議長および区分所有者2名の署名押印）を編綴する方法でもよい。

●問題 **341** 管理規約の設定，変更又は廃止は，区分所有者及び議決権の各4分の3以上の集会決議で決することができる。　　[管理業務主任者H11・16・(2)]

解答 ○　管理規約の設定，変更または廃止は特別決議（区分所有者および議決権の各4分の3以上）が必要である。

●問題 **342** 管理規約の設定，変更又は廃止が一部の区分所有者の権利に特別の影響を及ぼすべきときは，影響を受けるべき区分所有者全員の承諾を得なければならない。

[管理業務主任者H11・16・(3)，H13・37・(3)，区分所有管理士H12・32・(4)]

解答 ○　承諾は，集会の決議の事前でも事後でもよく，また，集会において当該一部区分所有者が決議に賛成することをもって承諾があったものと見てよい。

●問題 343　規約の設定，変更又は廃止について，区分所有法に定められている集会決議要件（区分所有者及び議決権の各4分の3以上）を規約により別段の定めとすることができる。　　　　　　　　　　　[管理業務主任者H12・22・(4)]

（解答）　×　これは特別決議事項であり，規約で別段の定めをすることはできない。特別決議事項の中で規約で別段の定めをすることができるのは，共用部分の重大変更（17条1項）の場合だけであり，規約により区分所有者の定数（頭数）を過半数まで減ずることができる。しかし，この場合でも，議決権は変更できない。

●問題 344　区分所有者全員の利害に関係しない一部共用部分に関する事項についての区分所有者全員の規約の改正は，当該一部共用部分を共用すべき区分所有者の5分の1を超える者又はその議決権の5分の1を超える議決権を有する者が反対したときは，することができない。　　　　　　　　　　　[管理業務主任者H13・37・(4)]

（解答）　×　当該一部共用部分を共用すべき区分所有者の4分の1を超える者又はその議決権の4分の1を超える議決権を有する者が反対したときは，することができない（31条2項）。

●問題 345　規約の改正は，区分所有者及び議決権の各4分の3以上の多数による集会の決議によるが，規約に別段の定めをすれば，区分所有者の定数は，過半数まで減ずることができる。　　　　　　　　　　　[管理業務主任者H13・37・(1)]

（解答）　×　共用部分の重大変更（17条1項）の場合は，規約に別段の定めをすれば，区分所有者の定数は，過半数まで減ずることができるが，規約の改正の場合の決議要件は別段の定めができない。

●問題 346　一部共用部分に関する事項で区分所有者全員の利害に関係しないものは区分所有者全員の規約で定めることができるが，当該規約の設定，変更又は廃止は当該一部共用部分を共用すべき区分所有者の4分の1を超える者又はその議決権の4分の1を超える議決権を有する者が反対したときは，これをなすことができない。　　　　　　　　　　　[区分所有管理士H10・10・(4)]

（解答）　○

●問題 347　分譲業者が公正証書による規約設定を行った場合において，区分所有権発生後に規約変更又は廃止が必要となった場合には，集会の特別決議又は区分所有者全員の書面による合意がなければならない。
　　　　　　　　　　　[区分所有管理士H10・29・(1)，H12・12・(4)]

（解答）　○　公正証書により設定された規約を変更または廃止する場合には，

公正証書による必要はなく，通常の手続き（集会の特別決議または区分所有者全員の書面による合意）による。

●**問題 348** 一部共用部分に関する事項で，区分所有者全員の利害に関係しないものの区分所有者全員の規約の設定又は廃止は，当該一部共用部分を共用すべき区分所有者の4分の3を超える者は又はその議決権の4分の3を超える議決権を有する者が反対したときは，これをなすことができない。
[区分所有管理士H10・10・(4)]

（**解答**） × 当該一部共用部分を共用すべき区分所有者の4分の1を超える者またはその議決権の4分の1を超える議決権を有する者が反対したときは，することができない（31条2項）。

●**問題 349** 一部共用部分の管理で，当該一部共用部分を共用すべき区分所有者のみで行う場合の一部共用部分に関する規約は，その区分所有者で構成される集会の決議により設定され，変更され，又は廃止される。
[区分所有管理士H12・7・(4)]

（**解答**） ○ 一部共用部分管理組合の集会で決議される。

●**問題 350** 犬を飼育している組合員がいる場合において，管理規約でペット飼育禁止の定めをするときは，一部の区分所有者の権利に特別の影響を及ぼすべき場合に該当する。
[区分所有管理士H13・25・(1)]

（**解答**） × 規約改正により新たにペット飼育を禁止する際に既に当該ペットを飼育している区分所有者の承諾は特段の事情がない限り不要と解されている。

●**問題 351** 住宅と7階建て相当の立体駐車場の専有部分があるマンションで，専有部分の床面積割合によるという管理費の負担割合の定めを，立体駐車場については，専有部分の1.3倍の負担割合に改めるときは，一部の区分所有者の権利に特別の影響を及ぼすべき場合に該当する。
[区分所有管理士H13・25・(2)]

（**解答**） × 管理費の負担割合の定めを，立体駐車場については，専有部分の1.3倍の負担割合程度に改める内容なので，一部の区分所有者の権利に特別の影響を及ぼすべき場合とまではいえない。

●**問題 352** 特定の区分所有者の無償の駐車場専用使用権を管理規約で消滅させる定めをするときは，一部の区分所有者の権利に特別の影響を及ぼすべき場合に該当する。
[区分所有管理士H13・25・(3)]

【解答】 ○

●問題 **353** バルコニーに物置を設置している組合員がいる場合において，管理規約でバルコニーでの物置設置禁止の定めをするときは，一部の区分所有者の権利に特別の影響を及ぼすべき場合に該当する。　［区分所有管理士H13・25・(4)］
【解答】 ×　共用部分であるバルコニーでの物置設置禁止の定めをすることは，一部の区分所有者に特別の影響を及ぼすべき場合に該当しない。

●問題 **354** 建物の管理に要する経費の負担については，規約で定めることができ，規約の設定は，区分所有者及び議決権の各３／４以上の多数による集会の決議によってなされる。　［宅建H６・14・(3)］
【解答】 ○

●問題 **355** 規約の変更が一部の区分所有者の権利に特別の影響を及ぼす場合で，その区分所有者の承諾を得られないときは，区分所有者及び議決権の各３／４以上の多数による決議を行うことにより，規約の変更ができる。
　［宅建H７・14・(4)］
【解答】 ×　規約の設定，変更，廃止は，区分所有者および議決権の各４分の３以上の多数による集会の決議によってする。そして，この規約の変更等が一部の区分所有者の権利に特別の影響を及ぼすときは，その承諾を得なければならない。したがって，特別の影響を受ける区分所有者の承諾を得られないときは，４分の３以上の多数による決議を行ったとしても，規約の変更をすることができない。

●問題 **356** 一部共用部分に関する事項で区分所有者全員の利害に関係しないものについての区分所有者全員の規約の設定，変更，又は廃止は，当該一部共用部分を共用すべき区分所有者全員の承諾を得なければならない。
　［宅建H13・15・(2)］
【解答】 ×　一部共用部分に関する事項で区分所有者全員の利害に関係しないものについての区分所有者全員の規約の設定，変更，または廃止は，当該一部共用部分を共用すべき区分所有者の４分の１を超える者またはその議決権の４分の１を超える議決権を有する者が反対したときは，することができない（31条２項）。

●問題 **357** 区分建物の表示に関する登記の申請書に添付する規約廃止証明書に関して，区分所有者及び議決権の各過半数により，共用部分を廃止することが

決議された場合には，その集会の議事録を共用部分たる旨の登記の抹消の申請書に添付する規約廃止証明書とすることができる。　　　　　　　［調査士H10・14・エ］

解答　×　規約の廃止は，区分所有者および議決権の各4分の3以上の多数による集会の決議によってするものとされている（31条1項）。区分所有者および議決権の各過半数により，共用部分を定めた規約を廃止することを決議することはできない。

●**問題 358**　規約は，区分所有者の4分の3以上の多数による集会の決議により設定することができる。　　　　　　　　　　　　　　　　　［調査士H12・4・ウ］

解答　×　規約は，区分所有者および議決権の各4分の3以上の多数による集会の決議によって設定することができる（31条1項）。区分所有者の4分の3以上の多数による集会の決議だけでは足らない。

（公正証書による規約の設定）
第32条　最初に建物の専有部分の全部を有する者は，公正証書により，第4条第2項［規約共用部分］，第5条第1項［規約敷地］並びに第22条第1項ただし書［専有部分と敷地利用権の分離処分可能規約］及び第2項ただし書［規約による敷地利用権の割合の設定］（これらの規定を同条第3項において準用する場合を含む。）の規約を設定することができる。

解説　（1）　規約とは，本来，区分所有者相互間の規律を定めるものである（30条1項）。これに対し本条は，その特則として，一定の事項に限り，最初に建物の全部を所有する1人の者が公正証書により単独で規約を設定することを認めたものである。分譲時における敷地や共用部分の基礎的編成を明確化させると同時に，その登記手続をも簡便化する意義をもっている。本条の規約を公正証書によらないで設定した場合には，その規約は無効である。
（2）　公正証書とは，公証人（法務大臣によって任命され，その指定した法務局または地方法務局に所属する公務員で，通常は公証役場において執務する）が当該事項についての利害関係人の嘱託により一定の権利・義務に関する事実について作成した証書をいう。
（3）　この手続により設定することができる規約は，次の4つに限られる。
①　規約共用部分を定める規約（4条2項の規約）
②　規約敷地を定める規約（5条1項の規約）
③　専有部分と敷地利用権を分離して処分することができる旨を定める規約

（22条1項但書［同条3項において準用する場合を含む］の規約）
④　各専有部分に係る敷地利用権の割合を定める規約（22条2項［同条3項において準用する場合を含む］の規約）
（4） 本条による規約の効力は，公正証書の作成の時に生じる（ただし，建物完成前に公正証書が作成されたときは，建物完成時［区分所有権成立時］に効力が生じる）。本条による規約の効力は，集会の決議等によって成立した規約と異なるところがない。区分所有関係が生じた後には，本規約は，集会の決議等の一般の手続に従って変更または廃止をすることができる。

●**問題 359**　規約の設定，変更又は廃止は，集会を開催し，その集会において区分所有者及び議決権の各4分の3以上の多数の決議が必要であるので，規約の設定等は集会においてのみ行うことができる。　　　　［区分所有管理士H10・10・(3)］
[解答]　×　最初に建物の専有部分の全部を所有する者は，単独で公正証書規約を設定することができる（32条）。また，区分所有者全員の書面による合意があれば集会を開催しないでも管理規約を設定できる（45条）。

●**問題 360**　公正証書による規約を設定した場合にも，その他の規約等と同様に，区分所有者の合意が必要となるので，規約承認書の取得や集会等の手続きを実施しなければならない。　　　　　　　　　　　［区分所有管理士H10・29・(3)］
[解答]　×　公正証書規約の効力は，公正証書の作成の時に生じる（ただし，建物完成前に公正証書が作成されたときは，建物完成時［区分所有権成立時］に効力が生じる）。本条による規約の効力は，集会の決議等によって成立した規約と何ら異なるところはない。したがって，さらに，規約承認書の取得や集会等の手続きを実施しなければならないわけではない。

●**問題 361**　分譲業者等が単独で公正証書による規約を定めることができるのは，規約共用部分の定め，規約敷地の定め，専有部分と敷地利用権の分離処分を可能にする定め，区分所有者が数個の専有部分を所有する場合の各専有部分の敷地利用権の割合を，専有部分の床面積と異なる割合とする定めの4つの事項のみである。　　　　　　　　　　　　　　　　［区分所有管理士H10・29・(4)，H12・33・(1)］
[解答]　○　この4つの事項に限って公正証書規約を設定できる。

●**問題 362**　最初に建物の専有部分の全部を所有する者は，公正証書により，単独で規約を設定することができるが，規約で定めることができる事項は規約共用部分の定めに限定される。　　　　　　　　　　　［区分所有管理士H12・10・(2)］
[解答]　×　問題361参照。

（公正証書による規約の設定）第32条

●**問題 363** 公正証書による規約の設定は，規約共用部分の定め並びに敷地利用権及び専有部分と敷地利用権の一体性の原則に関する定めは区分所有者の最初の譲渡の前の時点で確定しておくことが，譲受人にとり，また，登記の簡易化という観点から望ましいと判断されたからである。　［区分所有管理士H12・12・(3)］

解答　○

●**問題 364** 最初に建物の専有部分の全部を所有する者が，単独で，附属の建物を共用部分とする規約を定める場合は，公正証書により行わなければならない。
[区分所有管理士H12・14・(1)，宅建S61・12・(1)]

解答　○　分譲マンション等を新築した業者は分譲開始前に規約共用部分と敷地の関係に関する4つの事項に限って，公正証書により，単独で規約を設定することができる（4条2項，32条）。単独で定めることから，その内容をはっきりさせるため，公正証書によらなければならないとした。

●**問題 365** 規約は，区分所有者及び議決権の各3／4以上の多数による集会の決議でのみ設定することができ，最初に建物の専有部分の全部を所有する分譲業者は，規約を設定することはできない。　［宅建H2・14・(2)］

解答　×　規約は，原則として区分所有者および議決権の各4分の3以上の多数による集会の決議によって設定することになっているが（31条1項），最初に建物の専有部分の全部を有する者は，公正証書により一定の内容の規約を設定することができる（32条）。

●**問題 366** 最初に建物の専有部分の全部を所有する者は，公正証書により，共用部分の全部について持分割合を定める規約を設定することができる。
[宅建H13・15・(1)]

解答　×　共用部分の持分割合は，公正証書規約で設定できない。

●**問題 367** 最初に建物の専有部分を共有する甲及び乙が，登記してある敷地利用権を共有する場合において，敷地権がない区分建物の表示の登記を申請するには，申請書に分離処分可能規約を証する書面を添付することを要するが，この書面は，甲及び乙の合意により規約を設定した合意書であれば足り，規約を設定した公正証書であることを要しない。　［調査士H4・7・(3)］

解答　×　最初に専有部分の全部を所有する者は，単独で公正証書による規約を設定することができるとされている（32条）。最初に専有部分の全部を甲および乙が共有する場合においても，1棟の建物の属する専有部分の全部が同一の所有関係にあり，合意により規約を設定する複数の区分所有関係に

ないので，公正証書により規約を設定することになる。

●問題 368　区分建物の表示に関する登記の申請書に添付する規約証明書に関して，最初に建物の専有部分の全部を所有する者が設定した規約は，公正証書により作成されたものでなくてはならない。　　　　　　　　　　［調査士H10・14・ア］

（解答）　○　最初に建物の専有部分の全部を所有する者が設定した規約は，公正証書により作成されたものでなければならない（32条）。

> （規約の保管及び閲覧）
> 第33条　規約は，管理者が保管しなければならない。ただし，管理者がないときは，建物を使用している区分所有者又はその代理人で規約又は集会の決議で定めるものが保管しなければならない。
> 2　前項の規定により規約を保管する者は，利害関係人の請求があったときは，正当な理由がある場合を除いて，規約の閲覧を拒んではならない。
> 3　規約の保管場所は，建物内の見やすい場所に掲示しなければならない。

（解説）　（1）　管理者がいるときは，常に管理者が規約の保管義務を負う。規約が区分所有者間の最も基本的な法律関係を定め，かつ，現在の区分所有者以外の者（たとえば専有部分の譲受人や賃借人など）との関係でも効力を生じることにかんがみれば，利害関係のある第三者が容易にその内容を知りうることが必要であり，そのためには，規約の保管者はできるだけ明確なことが望ましいからである。規約の保管義務違反に対して罰則が科される（10万円以下の過料）のも，このような規約の公示機能を確保するためである。

（2）　規約の閲覧を請求し得る「利害関係人」には，区分所有者，専有部分の賃借人，管理組合の債権者，専有部分の抵当権者など，現に直接の利害関係をもつ者だけでなく，これからそのような地位を取得しようとする者も利害関係人に含まれる。これらの者の請求があったときは，規約の保管者は，たとえばその請求が閲覧請求権の濫用と認められるなどの「正当な理由」がない限り，規約の閲覧を拒むことができない。不当に拒否した場合には，10万円以下の過料に処せられる。

（3）　本条の規定は，集会の議事録および全員合意による書面決議についても，そのまま準用される（42条3項，45条2項）。

●問題 369　管理者は，規約に別段の定めがない限り，規約，集会の議事録，

書面決議の書面及びその事務に関する報告書を保管し，利害関係人の閲覧に供する義務を負う。　　　　　　　　　　　　　　　　[マンション管理士H13・7・(2)]

解答　×　管理者の義務規定である規約の保管・閲覧（33条1項，2項）が準用されているのは，集会の議事録（42条）および書面決議の書面（45条）のみであり，事務に関する報告書（43条）には準用されていない。

●**問題 370**　管理者は，区分所有者のために規約，集会議事録，集会決議に代わる全員合意書面を保管する義務があり，その保管場所について建物の見やすい場所に掲示しなければならない。また，管理者は，区分所有者以外の者からの閲覧請求はこれを拒むことができる。　　　　　　　　　[区分所有管理士H10・9・(2)]

解答　×　規約の閲覧を請求し得る「利害関係人」には，区分所有者，専有部分の賃借人，管理組合の債権者，専有部分の抵当権者など，現に直接の利害関係をもつ者だけでなく，これからそのような地位を取得しようとする者も利害関係人に含まれる。

●**問題 371**　管理者が置かれていないときは，建物を使用している区分所有者またはその代理人で，規約または集会の決議により定められた者が管理規約を保管する。　　　　　　　　　　　　　　　　　　　　　　　[区分所有管理士H11・10・(1)]

解答　○

●**問題 372**　管理規約を保管する者は，利害関係人の請求があったときは正当な理由がある場合を除いて管理規約の閲覧を拒むことはできない。

[区分所有管理士H11・10・(2)]

解答　○　利害関係人の請求があったときは，規約の保管者は，たとえばその請求が閲覧請求権の濫用と認められるなどの「正当な理由」がない限り，規約の閲覧を拒むことができない。不当に拒否した場合には，10万円以下の過料に処せられる。

●**問題 373**　利害関係人が管理規約を容易に閲覧することができるようにするために，管理規約の保管場所を建物の見やすい場所に掲示しなければならない。

[区分所有管理士H11・10・(3)]

解答　○

●**問題 374**　管理規約原本は，利害関係人の閲覧請求があった場合，管理組合はこれに必ず応じなければならない。　　　　　　　　[区分所有管理士H12・33・(3)]

解答　×　利害関係人の閲覧請求があった場合でも，正当な理由がある場合

は，規約の閲覧を拒むことができる。

（集会の招集）
第34条 集会は，管理者が招集する。
2 管理者は，少なくとも毎年1回集会を招集しなければならない。
3 区分所有者の5分の1以上で議決権の5分の1以上を有するものは，管理者に対し，会議の目的たる事項を示して，集会の招集を請求することができる。ただし，この定数は，規約で減ずることができる。
4 前項の規定による請求がされた場合において，2週間以内にその請求の日から4週間以内の日を会日とする集会の招集の通知が発せられなかったときは，その請求をした区分所有者は，集会を招集することができる。
5 管理者がないときは，区分所有者の5分の1以上で議決権の5分の1以上を有するものは，集会を招集することができる。ただし，この定数は，規約で減ずることができる。

解説 　区分所有者及び議決権の各5分の1以上を有する者は，管理者に対し会議の目的たる事項を示して，集会の招集を請求することができる（本条3項）。これは，少数区分所有者に集会の招集請求権を認めたものである。この定数は，規約で減ずることができる。「この定数」とは，「区分所有者の5分の1」および「議決権の5分の1」を指す（ちなみに，17条1項但書の「この区分所有者の定数」とは，「区分所有者」（頭数）のみを指す）。したがって，規約によって両者の「5分の1」という割合を減ずることもできるし，また，区分所有者の人数の5分の1のみで足りるとすることもできる。しかし，「減ずることができる」と規定していることから，この定数を引き上げることはできない。なお，管理者が選任されていない場合には，少数区分所有者は直接に集会を招集することができる（本条5項）。ここでの「5分の1」という定数も，規約で引き下げることができる。

●**問題 375** 管理者は，少なくとも毎年1回集会を招集しなければならない。

［管理業務主任者H12・13・(1)］

解答 　〇　管理者は，少なくとも毎年1回集会を招集しなければならない（34条2項）。逆に，管理者が選任されていなければ，集会を招集する義務はない。

（集会の招集）第34条

●**問題 376** 区分所有者の5分の1以上で議決権の5分の1以上を有するものは，管理者に対し，会議の目的たる事項を示して，集会の招集を請求することができる，というマンションの管理規約の定めは区分所有法の規定に違反しない。

[管理業務主任者H13・40・(4)，区分所有管理士H12・14・(3)]

解答 ○

●**問題 377** 区分所有者の1／5以上で議決権の1／5以上を有するものは，管理者に対し，会議の目的たる事項を示して，集会の招集を請求することができるが，この定数は，規約によって減ずることができる。 [宅建H10・13・(1)]

解答 ○ この定数は，規約によって減ずることができるので，正しい。なお，定数（頭数および議決権）は，規約によって「減ずる」ことはできるが，「増やす」ことはできないので注意のこと。

●**問題 378** 管理者は，少なくとも毎年1回集会を招集しなければならないが，集会は，区分所有者全員の同意があるときは，招集の手続きを経ないで開くことができる。 [宅建H13・15・(4)]

解答 ○ 集会は，区分所有者全員の同意があるときは，招集の手続きを経ないで開くことができる（36条）。

●**問題 379** 区分所有法においては，管理者がいない場合は区分所有者総数及び議決権総数の5分の1以上の招集を要望する区分所有者があれば，これら少数区分所有者が集会を招集することができる。 [区分所有管理士H12・31・(1)]

解答 ○

（招集の通知）

第35条 集会の招集の通知は，会日より少なくとも1週間前に，会議の目的たる事項を示して，各区分所有者に発しなければならない。ただし，この期間は，規約で伸縮することができる。

2　専有部分が数人の共有に属するときは，前項の通知は，第40条の規定により定められた議決権を行使すべき者（その者がないときは，共有者の1人）にすれば足りる。

3　第1項の通知は，区分所有者が管理者に対して通知を受けるべき場所を通知したときはその場所に，これを通知しなかったときは区分所有者の所有する専有部分が所在する場所にあててすれば足りる。この場合には，同項の通知は，通常それが到達すべき時に到達したものとみなす。

> 4　建物内に住所を有する区分所有者又は前項の通知を受けるべき場所を通知しない区分所有者に対する第1項の通知は，規約に特別の定めがあるときは，建物内の見やすい場所に掲示してすることができる。この場合には，同項の通知は，その掲示をした時に到達したものとみなす。
> 5　第1項の通知をする場合において，会議の目的たる事項が第17条第1項［共用部分の重大変更］，第31条第1項［規約の設定，変更及び廃止］，第61条第5項［大規模滅失の場合の共用部分復旧決議］，第62条第1項［建替え決議］又は第68条第1項［団地規約の設定の特例］に規定する決議事項であるときは，その議案の要領をも通知しなければならない。

解説　（1）「会議の目的たる事項」とは，集会の議題である。たとえば，「管理費の額の改定」，「敷地の使用方法について」というように，集会で討議ないし決議する項目を示せばよい。本条5項に規定する場合（特別決議事項）以外は，議案（決議内容についての原案）まで示す必要はない。このほか集会の日時および場所をも示すべきは，その性質上当然のことである。

（2）　集会の招集通知は，会日より少なくとも1週間前に，各区分所有者に発しなければならない（発信主義）。ただし，「1週間」という期間は，規約によって伸長し，または短縮することができる。なお，「会日より少なくとも1週間前に」とは，招集通知を発する日と会議の開催日との間に中1週間を置くことである（例えば，4月20日の日曜日に会議を開く場合は，4月12日の土曜日中には遅くとも発信しなければならない）。

（3）　集会招集の通知は，「各区分所有者に対して」行う。賃借人など専有部分の占有者に対して通知する必要はない。ただし，区分所有者の承諾を得て専有部分を占有する者が，会議の目的たる事項について利害関係を有する場合には，集会に出席して意見を述べる権利があることから（占有者の意見陳述権），集会の招集者は，本条の規定に基づいて招集の通知を発した後遅滞なく，集会の日時，場所および会議の目的たる事項を建物の見やすい場所に掲示しなければならない（44条）。

（4）　専有部分が数人の共有に属するときは，共有者は，議決権を行使すべき者1人を定めなければならない（40条）。本条1項の集会招集の通知は，この議決権を行使すべき者のみに対してすれば足り，他の共有者に対してすることを要しない。また，共有者間で議決権を行使すべき者が定められていない場合には，共有者のいずれか1人（招集権者が任意に選択できる）にすれば足りる。

（5）　招集の通知は，招集者が区分所有者の住所をいちいち調査して通知しなりればならないとするのでは，著しく不便であり不合理である。そこで本条3項

では，区分所有者が自ら通知場所（自己の住所）を届け出ている場合にはその場所，その届出がないときは，区分所有者の住所として最も蓋然性の高い当該専有部分にあてて発送すれば足りるとした。

（6）　招集通知は，各区分所有者に対して個別にするのが原則であるが，本条4項は，規約で建物内の見やすい場所（掲示場・建物の出入口等）に掲示してするもの，と定めることができるとした。この方法による通知は，規約でその旨を定めなければ，することができない。また，この方法による通知は，建物内に住所を有する区分所有者および通知を受けるべき場所を管理者に通知しない区分所有者に対してのみ，通知としての効力を生ずる。

（7）　一定の重要な事項を会議の目的とする場合には，招集の通知をするにあたり，「会議の目的たる事項」を示すだけでなく，その「議案の要領」をも通知することが必要とされる。議案の要領の通知を要する議題は，①共用部分の変更（軽微変更を除く。17条1項），②規約の設定，変更または廃止（31条1項），③建物の価格の2分の1を超える部分が滅失したときの復旧の決議（61条5項），④建物の建替え決議（62条1項），⑤団地規約の設定（68条1項）であり，いずれも特別決議事項である。

「会議の目的たる事項」とは，例えば「規約の変更」というように抽象的な議題を指すのに対し，「議案」とは，例えば「規約中第〇〇条第〇項を「…」と改める。」というような決議内容についての原案であり，「要領」とは，その内容が複雑であるときにこれを要約したものである。

●問題 **380**　集会の招集の通知は，管理規約で別段の定めをしている場合を除いて，会日より少なくとも2週間前に，会議の目的たる事項を示して，各区分所有者に発しなければならない。

［管理業務主任者H11・18・（3），区分所有管理士H12・31・（3）］

解答　×　2週間前ではなく「1週間前」である。

●問題 **381**　集会の招集通知は，会日より少なくとも1週間前に，会議の目的たる事項を示して，各区分所有者に発しなければならないが，規約でこの期間を伸縮することはできない。

［管理業務主任者H12・13・（3），区分所有管理士H10・8・（2）］

解答　×　規約でこの期間を伸縮（伸長または短縮）することができる。

●問題 **382**　規約の改正を目的として集会を開催するときは，会議の目的たる事項を通知すれば足り，その議案の要領は通知しなくてもよい。

［管理業務主任者H13・37・（2）］

【解答】　✕　規約の改正は，議案の要領（決議案の要約）も通知しなければならない。

●問題 383　集会の招集通知に，集会の日時，場所及び会議の目的たる事項を記載して規約の定めるところにより，会日の1週間前に各組合員に通知した。
[管理業務主任者H13・36・(1)]

【解答】　○

●問題 384　集会を招集するに当たり，区分所有者が管理者に対して招集通知を受けるべき場所を通知しなかったので，区分所有者の所有する専有部分が所在する場所にあてて通知した。　[管理業務主任者H13・36・(2)]

【解答】　○

●問題 385　集会の招集通知を，専有部分が数人の共有に属していたので，議決権を行使すべき者として定められた一人に通知した。
[管理業務主任者H13・36・(3)]

【解答】　○

●問題 386　集会の招集通知は，専有部分が数人の共有に属する場合で共有者が議決権を行使すべき者を定めていないときは，招集者が任意に選択する共有者の1名に対してなせばよい。　[区分所有管理士H10・15・(4)]

【解答】　○

●問題 387　通知については，通知を受ける場所が管理者に届け出てあるときはその場所に，届け出ていない場合はその区分所有者の所有する専有部分あてにすることとされている。　[区分所有管理士H12・31・(4)]

【解答】　○

●問題 388　規約等を新たに設定，変更，廃止する場合には招集通知のみではなく，その目的も併せて通知しなければならない。[区分所有管理士H12・32・(3)]

【解答】　○

●問題 389　建物内に住所を有する区分所有者又は通知を受ける場所を通知しない区分所有者に対する集会の招集の通知は，規約に特別の定めがある場合は，建物内の見やすい場所に掲示してすることができる。　[宅建H8・14・(1)]

【解答】　○

(招集手続の省略)
第36条 集会は，区分所有者全員の同意があるときは，招集の手続を経ないで開くことができる。

解説 本条は，主として小規模の区分所有建物につき，簡易に集会を開くことを認めた規定である。

(決議事項の制限)
第37条 集会においては，第35条［招集の通知］の規定によりあらかじめ通知した事項についてのみ，決議することができる。
2 前項の規定は，この法律に集会の決議につき特別の定数が定められている事項を除いて，規約で別段の定めをすることを妨げない。
3 前2項の規定は，前条の規定による集会には適用しない。

解説 （1） 本条は，集会の決議事項を，原則として招集の際に通知した事項に限定することを定めたものである。区分所有者が集会に出席するかどうかは，その議題の重要性や自分との利害関係の有無を判断して決するのが普通であるから，区分所有者にとって不意打ちとならないように配慮して定められたものである。「第35条の規定によりあらかじめ通知した事項」とは，35条1項でいう「会議の目的たる事項」および同条5項でいう「議案の要領」である。これらがあらかじめ通知されていれば，集会においてその内容を修正しても，それが実質的同一性の範囲内である限り，決議をすることができると解すべきである。
（2） 本条2項は，この法律に集会の決議につき特別の定数が定められている事項を除いて，規約で別段の定めができる，と規定する。「特別の定数が定められている事項」とは，本法において区分所有者および議決権の各4分の3または各5分の4以上の多数による集会の決議で決するものと定められている事項（特別決議事項）である。したがって，特別決議事項については，規約によっても，招集通知に記載しない事項を集会で決議をすることができるものとすることはできず，招集通知に記載がない限り集会で決議することはできない。規約の「別段の定め」とは，「集会においては，あらかじめ通知した事項でなくても，決議をすることができる」というような定めである。

●問題 390 集会においては、規約で別段の定めをしている場合を除いて、あらかじめ通知をした事項以外の事項について、決議をすることはできない。

[管理業務主任者H12・13・(4)]

解答　○　集会においては、あらかじめ通知した事項についてのみ、決議することができる（37条1項）。

（議決権）
第38条　各区分所有者の議決権は、規約に別段の定めがない限り、第14条〔共用部分の持分の割合〕に定める割合による。

解説　区分所有法は、①共用部分の共有持分割合（14条）、②議決権割合（38条）、③費用負担割合（19条）、を一応分離して定めている。そして、それぞれの基礎に、共用部分の共有持分割合をおいているが、規約において別段の定めをすることを認めている。そして、議決権も規約に別段の定めがない限り、第14条に定める共用部分の共有持分割合によるものとされている。

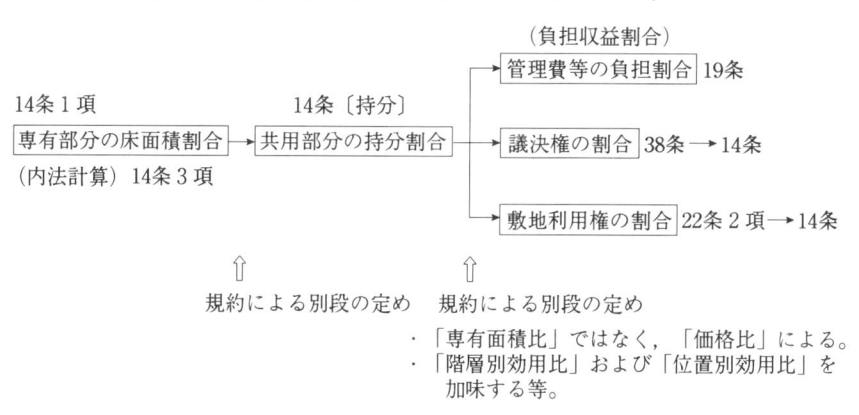

```
                                    （負担収益割合）
                                ┌→ 管理費等の負担割合  19条
14条1項              14条〔持分〕  │
専有部分の床面積割合 → 共用部分の持分割合 ├→ 議決権の割合  38条 → 14条
（内法計算）14条3項              │
                                └→ 敷地利用権の割合  22条2項 → 14条
          ⇧                ⇧
    規約による別段の定め  規約による別段の定め
                          ・「専有面積比」ではなく、「価格比」による。
                          ・「階層別効用比」および「位置別効用比」を
                            加味する等。
```

●問題 391 各区分所有者の議決権は、管理規約で別段の定めをしている場合を除いて、その有する専有部分1戸につき1個とする。

[管理業務主任者H11・18・(4)]

解答　×　各区分所有者の議決権は、管理規約で別段の定めをしている場合を除いて、専有部分の床面積割合による。

●問題 392 占有者は区分所有権を有しないため、管理組合の集会に出席する

ことはできない。　　　　　　　　　　　　[管理業務主任者H12・14・(1)]

解答　○　ただし，区分所有者の承諾を得て専有部分を占有する者は，会議の目的たる事項につき利害関係を有する場合には，集会に出席して意見を述べることができる（44条1項）。

●**問題393**　集会における議決権の割合については，規約により，区分所有法で定めるのと異なる割合とすることができる。　　[管理業務主任者H12・22・(1)]

解答　○　区分所有法は，原則として専有部分の床面積割合としているが，これは任意規定なので規約で別段の定めができる（例えば，全戸一律に1住戸1議決権とする等）。

（議事）
第39条　集会の議事は，この法律又は規約に別段の定めがない限り，区分所有者及び議決権の各過半数で決する。
2　議決権は，書面で，又は代理人によって行使することができる。

解説　（1）本法では，集会における決議の多数決要件として，特別の定めをしているもの（特別決議事項）と，単に集会の決議で決する旨の定めをしているにすぎないもの（普通決議事項）とがある。普通決議事項については，本条で，原則として，区分所有者および議決権の各過半数で決することとした。

（2）区分所有法は，集会の決議の要件を普通決議事項，特別多数を要する特別決議事項を問わずに常に「区分所有者」（の人数）と「議決権」（の割合）の二つを要件としている。その理由は，区分所有者の利害が各区分所有者の有する区分所有権の大きさ，すなわち持分の大きさ（これは議決権の大きさに反映する）に比例する面があると同時に，区分所有関係が区分所有者の共同関係（構成員の数）である面をも考慮したためである。

（3）この場合の「区分所有者」の人数の計算は，1人で多数の専有部分を所有している場合であっても1人と計算し，逆に多数人で1個の専有部分を共有している場合は，その多数人を合わせて1人として計算することになる。本法は，そのことを明規しているわけではないが，性質上当然のことであると考えられている。

（4）本条では「各過半数」とあるので，区分所有者の数と議決権の割合のそれぞれについて，過半数の賛成を必要とする。この場合に，集会に出席した区分所有者と議決権を基準とするのではなく，全区分所有者（議長が区分所有者であ

るときは議長も含む）のそれを基準とする。

　ただし，この普通決議事項の多数決要件については，規約により別段の定めをすることができる。たとえば，区分所有者の人数または議決権の一方のみの過半数で決するとか，出席した区分所有者および議決権の各過半数で決するもの，と定めることができる。つまり，決議事項によりその要件を加重し，または軽減することが可能である。

（5）　集会の「特別決議事項」としては，次のものがある。
① 　共用部分の変更（17条1項）
② 　区分所有者の共有に属する敷地または附属施設の変更（21条，17条1項）
③ 　規約の設定・変更・廃止（31条1項）
④ 　管理組合法人の成立（47条1項）
⑤ 　管理組合法人の解散（55条1項3号，2項）
⑥ 　共同利益背反行為をした区分所有者に対する専有部分の使用禁止の請求（58条1項，2項）
⑦ 　共同利益背反行為をした区分所有者に対する区分所有権の競売請求（59条1項，2項）
⑧ 　共同利益背反行為をした占有者に対する引渡し請求（60条1項，2項）
⑨ 　大規模一部滅失の場合の復旧（61条5項）
⑩ 　建替え決議（62条1項）
⑪ 　団地内の区分所有建物につき団地規約を定めることについての各棟の承認（68条1項2号）

　このうち，⑩建替え決議（62条1項）のみが区分所有者および議決権の各5分の4以上の多数を要し，他はすべて，区分所有者および議決権の各4分の3以上の多数を要する。ただし，①共用部分の変更（17条1項）については，区分所有者の定数（人数）は，規約でその過半数まで減ずることができる（しかし，この場合でも議決権は減ずることはできない）。

　なお，特別決議事項は，すべて「集会の決議」によって決することが必要であり，規約によっても，これを集会の決議以外の方法で決するものとすることはできない。

（6）　集会の「普通決議事項」としては，次のものがある。
① 　共用部分の管理に関する事項（変更および保存行為を除く）（18条1項本文）
② 　区分所有者の共有に属する敷地または附属施設の管理に関する事項（変更および保存行為を除く）（21条，18条1項本文）
③ 　管理者の選任・解任（25条1項）
④ 　管理者に対する訴訟追行権の授権（26条4項）

⑤　管理者がいない場合の規約，集会の議事録，書面決議の書面の保管者の選任（33条1項但書，42条3項，45条2項）
⑥　議長の選任（41条）
⑦　管理組合法人の理事および監事の選任・解任ならびに任期（49条5項，7項，50条3項，25条1項）
⑧　理事が数人ある場合の代表理事の選任または共同代表の定め（49条4項）
⑨　管理組合法人の事務（52条1項本文）
⑩　共同利益背反行為の停止等の訴訟の提起（57条2項，4項）
⑪　57条から60条までの訴訟追行についての管理者等に対する訴訟追行権の授権（57条3項，4項，58条4項，59条2項，60条2項）
⑫　小規模一部滅失の場合の復旧（61条3項）

このうち，①②③⑥⑦⑫および⑨のうち特別決議事項および57条2項に規定する事項以外の事項については，規約で別段の定めをすることができる。すなわち，集会の決議以外の方法（たとえば，理事会）で決するものと定めることができる。④⑤⑧については，規約自体で，管理者に対する訴訟追行権の授権，規約等の保管者，または代表理事，共同代表を定めることができる。⑩⑪については，必ず集会の決議によらなければならない。

（7）　議決権は，区分所有者本人が集会に出席して自ら行使するのが原則であるが，本条2項は，書面で行使すること（書面決議），または代理人によって行使することを認めている。書面投票というのは，集会に出席せず，集会の会日前に，議案についての賛否を記載した書面を集会の招集者に提出することにより議決権を行使することをいう。代理人による議決権の行使とは，区分所有者本人から授権を受けた代理人が集会に出席して議決権を行使することをいう。

なお，書面または代理人による議決権行使は，区分所有者の法律上の権利として認められているのであるから，規約をもってしても，この書面または代理人による議決権行使を全く否定したり，それらに著しい制限を加えたりすることは許されない。

●問題 394　区分所有者が専有部分を次のように所有している場合において，決議が成立する区分所有者の定数及び議決権数を次の中から一つ選べ。

①専有部分の総数は64戸。議決権は専有部分1戸につき1個とする。②区分所有者A，B，Cは親子関係にある。③専有部分64戸のうちAが13戸を，Bが4戸をそれぞれ単独で所有し，5戸をA・B・Cの3名で共有している。その他の専有部分はA，B，C以外の区分所有者がそれぞれ1戸ずつ所有している。④集会の議題は区分所有者及び議決権の各過半数で決することができるものである。

（1．区分所有者の定数22人，議決権数32個，2．区分所有者の定数32人，議

決権数32個，3．区分所有者の定数23人，議決権数33個，4．区分所有者の定数33人，議決権数33個）
[管理業務主任者H11・19]

解答 正解3．本問では，1人で複数戸持っている区分所有者がいるので，まず全区分所有者数と全議決権数を確認する。

① 全区分所有者数（頭数）
A・13戸（1人）＋B・4戸（1人）＋5戸（ABCの3人の共有）＋42人
＝45人

② 全議決権数
（A・13個）＋（B・4個）＋5個（ABCの3人の共有）＋42個＝64個

本問の全区分所有者数（頭数）は45人，と全議決権数は64個になる。集会の議題は区分所有者および議決権の各過半数で決することができるものであることから，それぞれの過半数の数を確認すると，①区分所有者数（頭数）は23人，②議決権数は33個になる。したがって，3．が正解となる。

●問題 **395** 次の条件の区分所有建物で，集会決議が成立するために必要となる最小限の区分所有者の定数と議決権数の組み合わせで，正しいものはどれか。
①専有部分が80戸あり，規約で議決権は専有部分1戸につき1と定められている。②専有部分80戸のうち，区分所有者Aが15戸，区分所有者Bが5戸，区分所有者Cが3戸所有している。その他は各区分所有者がそれぞれ各1戸を所有している。③今回の集会の議案は普通決議（区分所有者及び議決権の各過半数）で決議できる事項である。

（1．区分所有者数29人，議決権数40個，2．区分所有者数31人，議決権数41個，3．区分所有者数30人，議決権数40個，4．区分所有者数41人，議決権数41個）

[管理業務主任者H12・8]

解答 正解2．本問では，1人で複数戸持っている区分所有者がいるので，まず全区分所有者数と全議決権数を確認する。

① 全区分所有者数（頭数）
A・15戸（1人）＋B・5戸（1人）＋C・3戸（1人）＋57人＝60人

② 全議決権数
（A・15個）＋（B・5個）＋（C・3個）＋57個＝80個

本問の全区分所有者数（頭数）は60人，と全議決権数は80個になる。集会の議題は区分所有者および議決権の各過半数で決することができるものであることから，それぞれの過半数の数を確認すると，①区分所有者数（頭数）は31人，②議決権数は41個になる。したがって，2．が正解となる。

●問題 **396** 集会は，管理規約で別段の定めをしている場合を除いて，議決権

総数の半数以上を有する区分所有者が出席しなければ成立しない。

[管理業務主任者H11・18・(1), H12・11・(2)]

(解答) ×　区分所有法は集会成立要件を定めていない。しかし，標準管理規約では，総会の会議は議決権総数の半数以上を有する組合員が出席しなければならない，と規定している（標準管理規約45条1項）。

●**問題 397**　集会の議事については，区分所有法又は規約に別段の定めをしている場合を除き，区分所有者及び議決権の各過半数で決する。

[管理業務主任者H12・11・(1)]

(解答) ○

●**問題 398**　集会における議決権は，書面で，又は代理人によって行使することができる。　[管理業務主任者H12・13・(2)]

(解答) ○　議決権は，書面で，または代理人によって行使することができる（39条2項）。

●**問題 399**　区分所有者及び議決権の各過半数の決議とは，区分所有者及び議決権のそれぞれ2分の1以上で決議できるという意味である。

[区分所有管理士H10・14・(1)]

(解答) ×　「過半数」と「以上」は違うので注意のこと。例えば，50の過半数は26であり（25ではない），2分の1以上は25である。

●**問題 400**　議決権の書面による行使とは，委任状による代理人の議決権行使のことをいう。　[区分所有管理士H10・14・(2)]

(解答) ×　議決権の書面による行使とは，書面投票のことである。書面投票というのは，集会に出席せず，集会の会日前に，議案についての賛否を記載した書面を集会の招集者に提出することにより議決権を行使することをいう。代理人による議決権の行使とは，区分所有者本人から授権を受けた代理人が集会に出席して議決権を行使することをいう。

●**問題 401**　集会における代理人による議決権の行使の場合，規約に別段の定めがない限り，代理人の資格は限定されない。　[区分所有管理士H10・14・(3)]

(解答) ○　区分所有法では代理人の資格について制限を加えていない。

●**問題 402**　集会における書面による議決権の行使の場合は，書面決議と同様の取り扱いとなり，全員の書面による合意がない限り有効とみなされない。

[区分所有管理士H10・14・(4)]

解答 ×　議決権は，区分所有者本人が集会に出席して自ら行使するのが原則であるが，書面で行使すること（書面投票）または代理人によって行使することが認められている（39条2項）。このように，書面投票というのは，集会には出席しないで，その会日前に議案についての賛否を記載した書面を集会の招集者に提出することにより議決権を行使することをいう（「議決権行使書」の提出がこれにあたる）。一方，区分所有法または規約により集会において決議すべきものとされた事項については，区分所有者全員の書面による合意があったときは，集会の決議があったものとみなされる（45条1項）。いわゆる書面決議とか持ち回り決議と呼ばれている。したがって，書面投票も書面決議と同様に全員の書面による合意がない限り有効とみなされない，とする本肢はまちがい。

（議決権行使者の指定）
第40条　専有部分が数人の共有に属するときは，共有者は，議決権を行使すべき者1人を定めなければならない。

解説　（1）　区分所有者は，本法上当然に管理のための団体（管理組合）構成員となるが（3条），専有部分を数人で共有するときは共有者全員で1構成員となると解すべきは，本法の性質上当然といえる。したがって，本法で区分所有者の「員数」を問題とするときは，共有者全員で1区分所有者と数える。
　集会における「議決権」の行使についても，同様の理由から，全共有者で1個の議決権を行使すべきことになる。本条は，専有部分が共有に属する場合の議決権行使者の指定につき定めたものであるが，株式の共有に関する商法203条2項の規定（「株式が数人の共有に属するときは共有者は株主の権利を行使すべき者1人を定むることを要す。」）と同趣旨である。
　（2）　専有部分が数人の共有に属するときは，集会の招集通知をその全員に対してするのは繁雑であるし，他の区分所有者との均衡からいっても適当ではない。そこで，この場合の招集通知は，議決権行使者が指定されているときはその者に，その指定がないときは，共有者のうち誰でも1人に対してすればよいとされている（35条2項）。

●**問題 403**　一戸の専有部分を，複数の区分所有者で共有することもできる。

[マンション管理士H13・1・(2)]

解答 ○

●**問題 404** 建物の専有部分が数人の共有に属するときは，共有者は，議決権を行使すべき者1人を定めなければならない。　　　　　　　　[宅建H11・15・(3)]

解答 ○　専有部分が数人の共有に属するときは，共有者は，議決権を行使すべき者1人を定めなければならない（40条）。そうしないと議決権行使を円滑にすることができないからである。

（議長）
第41条 集会においては，規約に別段の定めがある場合及び別段の決議をした場合を除いて，管理者又は集会を招集した区分所有者の1人が議長となる。

解説　（1）　管理者（管理組合ができている場合は，管理組合の理事長が管理者となっていることが多い）が決まっていたり，規約で集会の議長が決まっていたり，少数区分所有者が集会を招集し，議長となる者がその中の1人で決定していたとしても，集会において別の者を議長に選任することができるし，また当該集会の決議において選任された者が他のあらかじめ決まっている者に優先して議長になるものと解される。

（2）　議長が区分所有者の1人であるときは，議長はもちろん自己の議決権を行使することができる。規約で議長の議決権を奪うことはできない。また，議長は，委任されれば他の区分所有者の代理人として議決権を行使することもできる。

決議について，規約の別段の定めとして，「可否同数のときは議長の決するところによる」と規約に定められている場合の扱いは，次のようになる。まず，議長が区分所有者でないときはこのような効力を認めることはできない。議長が区分所有者のときにも，そもそも議決権が2つはないのであるから二重の議決権を行使させるべきではないので，このような効力を求める必要はない。

●**問題 405** 集会においては，管理規約に別段の定めがある場合及び別段の決議をした場合を除いて，管理者又は集会を招集した区分所有者の一人が議長となる。　　　　　　　　[管理業務主任者H11・18・(2)，H12・11・(3)]

解答 ○

●**問題 406** 集会における議長は，管理者以外の区分所有者とする，というマ

ンションの管理規約の定めは区分所有法の規定に違反しない。
[管理業務主任者H13・40・(3)]

解答 ○　原則は，管理者または集会を招集した区分所有者の1人が議長となるが，規約による別段の定めまたは別段の決議で，集会における議長は，管理者以外の区分所有者とすると定めることもできる。

●**問題 407**　集会の議長は，規約に定めのない限り，管理者がなることはできない。
[区分所有管理士H10・15・(3)]

解答 ×　集会の議長は，規約に定めのない限り管理者がなるのが原則である。

(議事録)
第42条　集会の議事については，議長は議事録を作成しなければならない。
2　議事録には，議事の経過の要領及びその結果を記載し，議長及び集会に出席した区分所有者の2人がこれに署名押印しなければならない。
3　第33条［規約の保管及び閲覧］の規定は，議事録に準用する。

解説　(1)　議長が議事録を作成せず，または議事録に記載すべき事項を記載せず，もしくは虚偽の記載をしたときは，過料に処せられる（69条3号）。
(2)　議事録には，議長のほか，集会に出席した区分所有者の2人が署名押印すべきこととされた。これは，本法により，集会の決議が重要性を増したことに伴って，議事録に議事の経過および結果が正確に記載される必要性を生じたためである。

出席した区分所有者が2人未満の場合は，出席者限りで署名押印すれば足りる。「署名押印」とは，自署のうえ印を押すことである。
(3)　「議事の経過」とは，開会，議題，議案，討議の内容，表決方法および閉会などを指すが，その要領の記載で足りるから，経過を知りうる程度に要約して記載すればよい。「結果」とは，表決を行って可決されたか否決されたかということである。なお，決議の成否が問題とされる場合もありうるので，その根拠を示すため，区分所有者総数，総議決権数，出席区分所有者数，その議決権数，書面投票のあったときはその区分所有者数，その議決権数等を記載しておく必要がある。
(4)　集会の決議は，区分所有者の特定承継人に対しても効力を有するし（46条1項），区分所有者以外の占有者も一定の限度で集会の決議に基づく義務を負

う（46条2項）など，区分所有者以外の者に対してもその効力を及ぼす。

そこで本条3項は，集会の議事録につき，規約と同様に，これを保管し，利害関係人の閲覧に供しなければならないこととした。保管者，閲覧に供する義務，保管場所の掲示に関し，規約についての規定（33条）をすべて準用している。

●問題 408　集会の議事については，議長は，議事録を作成しなければならない。　　　　　　　　　　　　　　　　　　　　　　　　　［管理業務主任者H12・11・(4)］

解答　〇

●問題 409　集会議事録には，議長のみ署名押印し保管した。
　　　　　　　　　　　　　　　　　　　　　　　　　［管理業務主任者H13・36・(4)］

解答　×　議事録には，議事の経過の要領およびその結果を記載し，議長および集会に出席した区分所有者の2人がこれに署名押印しなければならない。

●問題 410　議事録は，議長及び集会に出席した区分所有者の3名の署名押印がなければ，無効とみなされる。　　　　　　　　　　　［区分所有管理士H10・15・(2)］

解答　×　議長および集会に出席した区分所有者の2人の署名押印でよい。

（事務の報告）
第43条　管理者は，集会において，毎年1回一定の時期に，その事務に関する報告をしなければならない。

解説　（1）本条は，管理者に毎年1回一定の時期に，集会において事務に関する報告をなすべきことを定めたものである。集会の場で報告する必要があり，区分所有者に対して書面による報告を送付するという方法をとることは許されない。集会における報告とすることにより，区分所有者が質問をすることができるから，管理者の事務執行に対する監督をより十分に行うことができるようにしたものである。

本条の規定に違反して管理者が報告事務を怠り，または虚偽の報告をしたときは，10万円以下の過料に処せられる（69条4号）。

●問題 411　管理者は，集会において毎年1回一定の時期にその事務に関する報告をしなければならないが，規約に別段の定めがあれば，理事会においてその事務に関する報告をすることで足りる。　　　　　　　　　［管理業務主任者H13・32・(2)］

解答 ✕ 必ず総会で報告する必要がある。

●**問題 412** 管理者は，少なくとも年1回一定の時期に集会において，事務に関する報告を行わなければならないが，区分所有者全員の合意があるときは，集会において事務に関する報告があったものとみなされる。

[区分所有管理士H11・4・(1)]

解答 ✕ そのような扱いはない。

（占有者の意見陳述権）
第44条 区分所有者の承諾を得て専有部分を占有する者は，会議の目的たる事項につき利害関係を有する場合には，集会に出席して意見を述べることができる。
2 前項に規定する場合には，集会を招集する者は，第35条［招集の通知］の規定により招集の通知を発した後遅滞なく，集会の日時，場所及び会議の目的たる事項を建物内の見やすい場所に掲示しなければならない。

解説 （1） 占有者は，区分所有者が建物，敷地，附属施設の使用方法について規約または集会の決議に基づいて負う義務と同一の義務を負う（46条2項）のであるから，集会の目的たる事項がこれらの使用方法に関するものである場合には集会に出席して意見を述べることができるとした。
（2） この意見陳述権をもちうるのは，区分所有者の承諾を得て専有部分を占有する，いわゆる正当な権原を有する占有者でなければならない。無権原占有者には，本条に定める意見陳述権はない。無権原者は，そもそも占有権原がないため，建物等の使用に関する事項について法律上直接的に利害関係を有することがないからである。家族など区分所有者と同居する者は，本条の「区分所有者の承諾を得て専有部分を占有する者」ではない。同居人は，区分所有者の代理人として議決権を行使するために集会に出席することがあるにとどまる。
（3） 占有者の意見陳述権というが，本来は集会出席権である。占有者は集会に出席して意見陳述はできるが，議決権はもたない。占有者は，「集会に出席して」意見の陳述ができるので，集会の招集者が，占有者の意見陳述について文書の提出のみを認め，占有者の集会への出席を認めないことは許されない。
（4） 「利害関係」とは，法律上の利害関係を指すのであって，単なる事実上の利害関係は含まないと解されている。たとえば，共用部分の修繕とか，管理費の増額等が問題とされる場合には，賃借人等の占有者には賃料の増額という形で

影響が及んでくることが考えられるが、これらの場合は、いわば間接的な利害関係であり、法律上の利害関係とはいえないと考えられている。結局、この利害関係を有する場合とは、46条2項にかかる事項に限定されることになる。

●問題 413　マンションの占有者は、集会に出席して意見を述べることができる場合があるが、議決権は有しない。　　　　　　　　　[管理業務主任者H13・35・(4)]

(解答)　○

●問題 414　Aが、管理組合に管理者Bが置かれているマンション（マンションの管理の適正化に関する法律第2条第1号のマンションをいう。）の1戸を、その区分所有者と賃貸借契約を締結して占有している場合、区分所有法の規定によれば、Bは、Aに対し、その居住場所に集会の通知をしなければならない。
[マンション管理士H13・3・(1)]

(解答)　×　集会の招集の通知を占有者（賃借人）にする必要はなく、利害関係を有する議案のある集会の場合には、建物内の見やすい場所に掲示をすればよい（44条）。

●問題 415　Aが、管理組合に管理者Bが置かれているマンション（マンションの管理の適正化に関する法律第2条第1号のマンションをいう。）の1戸を、その区分所有者と賃貸借契約を締結して占有している場合、区分所有法の規定によれば、Aは、議題に利害関係を有する場合には、自ら集会に出席し、意見を述べ、議決権を行使することができる。　　[マンション管理士H13・3・(3)]

(解答)　×　区分所有法44条1項の規定により、占有者（賃借人）にとって利害関係のある議案が決議される総会には、出席して意見を述べることができるが、議決権は認められていない。

●問題 416　占有者へ意見陳述権又は弁明の機会を与えなければならないのは、建物又はその敷地若しくは附属施設の使用方法について集会の決議をするときである。　　　　　　　　　　　　　　　　　　　　　　　[区分所有管理士H10・16・(1)]

(解答)　○

●問題 417　占有者へ意見陳述権又は弁明の機会を与えなければならないのは、改良を目的とし、かつ、著しく多額の費用を要しない共用部分の工事に関する集会の決議をするときである。　　[区分所有管理士H10・16・(4)、H12・13・(4)]

(解答)　×　改良を目的とし、かつ、著しく多額の費用を要しない共用部分の工事は軽微変更工事であり、占有者へ意見陳述権を与えなければならないよ

うな工事ではない。

●問題 418　区分所有者の承諾を得て専有部分を占有する者は，集会の議題につき利害関係を有する場合には，その集会に出席して，その議題につき意見を述べることができる。　　　　　　　　　　　　　［区分所有管理士H11・11・(4)］
　解答　○

●問題 419　占有者が集会の議題につき利害関係を有する場合には，その集会に出席してその議題について意見を述べることができる。建物又はその敷地若しくは附属施設の使用方法について集会の決議をするときは，利害関係を有する場合に当たる。　　　　　　　　　　　　　　　　［区分所有管理士H12・13・(1)］
　解答　○

●問題 420　占有者が集会の議題につき利害関係を有する場合には，その集会に出席してその議題について意見を述べることができる。占有者が区分所有者の共同の利益に反する行為をした場合に，その行為の結果を除去するため必要な措置をとることを請求する訴えの提起について集会の決議をするときは，利害関係を有する場合に当たる。　　　　　　　　　　［区分所有管理士H12・13・(2)］
　解答　○

●問題 421　占有者が集会の議題につき利害関係を有する場合には，その集会に出席してその議題について意見を述べることができる。占有者が区分所有建物の共同の利益に反する行為をした場合，その占有者が占有する専有部分の使用を目的とする契約の解除を請求する訴えの提起について集会の決議をするときは，利害関係を有する場合に当たる。　　　　　　　　　　　　　［区分所有管理士H12・13・(3)］
　解答　○

●問題 422　会議の目的が建物並びにその敷地及び附属施設の使用方法に関する事項で，賃借人等の占有者にも利害関係があるときは，招集通知を発した後，遅滞なく，集会の日時，場所及び会議の目的たる事項を建物の見やすい場所に掲示しなければならない。　　　　　　　　　　　　［区分所有管理士H12・31・(2)］
　解答　○

●問題 423　区分所有者の承諾を得て専有部分を占有する者は，会議の目的たる事項につき利害関係を有する場合には，集会に出席して意見を述べ，自己の議決権を行使することができる。　　　　　　［宅建H8・14・(2)，H5・14・(2)］

（占有者の意見陳述権）第44条

解答 ×　区分所有者の承諾を得て専有部分を占有する者は，会議の目的たる事項について利害関係を有する場合，集会に出席して意見を述べることができるが，議決権は認められていない（44条1項）。

●**問題 424**　区分所有法は，建物の区分所有者相互間の関係について規定しており，区分所有者から専有部分を賃借している者等の占有者の権利及び義務については，規定していない。　　　　　　　　　　　　　　　［宅建H2・14・(3)］

解答 ×　占有者の権利・義務については，区分所有法44条に占有者の集会における意見陳述権，区分所有法46条に規約や集会の決議に従う義務等の規定がある。

（書面決議）
第45条　この法律又は規約により集会において決議すべきものとされた事項については，区分所有者全員の書面による合意があったときは，集会の決議があったものとみなす。
2　第33条［規約の保管及び閲覧］の規定は，前項の書面に準用する。

解説　（1）　本条は，区分所有者全員の書面による合意に，集会におけると同一の効力を認めたものである。（一般に「書面決議」とか「持回り決議」と呼ばれている）。集会の決議に代用するものであるから，集会を開いたうえで議決権を行使する書面投票（39条2項）とは異なる。
（2）　書面決議には，区分所有者全員の書面による合意が必要であり，合意の成立が書面によって明らかにされていなければならない。書面決議があると，集会の決議があったものとみなされる。規約の設定等についても，区分所有者全員の書面による合意があると集会の決議があったものとみなされる。分譲マンションの原始規約の設定手続においては，分譲業者が規約案を作成し，分譲の際に各購入者にこれを示して書面による合意を得て，全区分所有者の同意書面が得られた時に規約を成立させるという方式が一般に広く用いられているが，そのような規約の設定も本条によって有効と認められる。
（3）　注意すべきは，書面決議が成立すると当該事項については集会の決議があったものとみなされるが，集会自体が開催されたとみなされるわけではない。したがって，書面決議がなされた場合でも，管理者は，毎年1回の集会の招集（34条2項）を免れることにならない。
（4）　書面決議による合意書面は，集会の決議に代わるものであるから，その

保管・閲覧については33条の規定が準用される。管理者または理事が，この書面決議の書面を保管せず，または，利害関係人からの請求があった場合，正当な理由がないのに閲覧を拒んだときは，10万円以下の過料に処せられる（69条2号）。

●**問題 425** 集会において決議すべきものとされた事項については，区分所有者全員の書面による合意があったときは，集会の決議があったものとみなす，というマンションの管理規約の定めは区分所有法の規定に違反しない。

[管理業務主任者H13・40・（1）]

（解答） ○

●**問題 426** 書面決議で集会の決議と同等の効果を発揮するためには，区分所有者全員の合意が必要である。　　　　　　[区分所有管理士H12・32・（1）]

（解答） ○

●**問題 427** 書面決議の効果は，集会の決議があったものとされるが，特別決議事項については書面決議をもって集会の決議に代替することはできない。

[区分所有管理士H12・32・（2）]

（解答） ×　書面決議は，普通決議事項だけではなく，特別決議事項についても行うことができる。

●**問題 428** 規約は，区分所有者全員の書面による合意により設定することができる。　　　　　　　　　　　　　　　　　　　[調査士H12・4・エ]

（解答） ○　集会において決議すべきものとされた事項については，区分所有者全員の書面による合意があったときは，集会の決議があったものとみなされる（45条）。

（規約及び集会の決議の効力）
第46条　規約及び集会の決議は，区分所有者の特定承継人に対しても，その効力を生ずる。
2　占有者は，建物又はその敷地若しくは附属施設の使用方法につき，区分所有者が規約又は集会の決議に基づいて負う義務と同一の義務を負う。

（解説）　（1）　一般に，合意の効力は，当該合意をした当事者およびその包括承継人（相続人等）にのみ及ぶのが原則である。この原則からすれば，規約お

よび集会の決議は，区分所有者相互間の事項について区分所有者のみの意思によって定めたものであるから，区分所有者以外の者にはその効力が及ばないことになる。しかし，区分所有者の特定承継人は，区分所有権を取得すると当然に当該区分所有者の団体の構成員となることから（3条），その団体の規範たる規約および特定承継の時に効力を有する既往の集会決議に拘束される。また，区分所有者以外の専有部分の占有者は，区分所有者の団体（3条）の構成員ではないが，建物等を占有し使用する以上，その使用方法については規約または集会の決議で定める規範に従う必要があり，また，占有者は，区分所有者が建物等の使用方法について受けている制約に自らも服することを前提として占有していると見るべきであるから，この者にも建物等の使用方法についての規約または集会の決議の効力が及ぶと考えるべきである。

（2）　特定承継人とは，区分所有権など権利・義務を売買などに基づいて取得した者である。区分所有権についての買主，受贈者，競売の買受人などがこれに当る。包括承継人（相続，法人の合併等によって区分所有者の権利・義務を一括して承継取得する者）に対して，規約および集会の決議が効力を生ずることはいうまでもない。

区分所有者の特定承継人に対しては，占有者に対する場合（本条2項）とは異なり，規約および集会の決議の効力が全面的に生ずる。すなわち，規約および集会の決議のうち，建物，敷地，附属施設の使用方法についてだけではなく，それらの管理および使用のすべてにわたってその効力を生ずる（たとえば，管理費の額の改定や大規模修繕の計画・実行等についても）。

（3）　本条2項により占有者が義務を負うのは，建物等の「使用方法」に関する義務に限られる。規約や集会の決議の中には，むしろ区分所有者相互間の所有権レベルの事項ないし管理事項にかかわるものも多く，その全部について占有者に効力を及ぼす必要はないからである。したがって，たとえば，賃借人に対して管理費等の支払義務を規約や集会の決議で義務づけても，その効力は生じない。また，占有者が負う義務は，区分所有者が負うのと同一の義務であるから，規約等で占有者のみが遵守すべき義務を定めても，それは占有者を拘束することができない。

●問題 *429*　管理規約は，区分所有者の特定承継人に対しても，その効力を生ずる。

[管理業務主任者 H 12・16・（4）]

解答　○

●問題 *430*　占有者は，区分所有者と同様に規約を守らなければならないが，区分所有者が集会の決議に基づいて負う義務については，占有者がそれと同一の

義務を負うことはない。　　　　　　　　[管理業務主任者H12・14・(3)]
> **解答**　×　占有者は，建物またはその敷地若しくは附属施設の使用方法につき，区分所有者が規約または集会の決議に基づいて負う義務と同一の義務を負う（46条2項）。

●**問題 431**　占有者は，当該区分所有建物に居住している以上，管理組合から請求があれば管理費等を支払わなければならない。[管理業務主任者H12・14・(4)]
> **解答**　×　占有者が負う義務は，建物またはその敷地もしくは附属施設の「使用方法」に関する義務であり，その中に管理費等の支払義務はない。

●**問題 432**　マンションの占有者は，専有部分について専ら住居として使用すべき旨の規約又は集会の決議がある場合，その専有部分を事務所として使用することができない。　　　　　　　　　　　　　　　　[管理業務主任者H13・35・(2)]
> **解答**　○

●**問題 433**　マンションの占有者は，専有部分を使用する以上管理費を支払う義務がある。　　　　　　　　　　　　　　　　　　[管理業務主任者H13・35・(3)]
> **解答**　×　問題431参照。

●**問題 434**　Aが，管理組合に管理者Bが置かれているマンション（マンションの管理の適正化に関する法律第2条第1号のマンションをいう。）の1戸を，その区分所有者と賃貸借契約を締結して占有している場合，区分所有法の規定によれば，Aは，区分所有者ではないが，集会の決議に拘束されることがある。
　　　　　　　　　　　　　　　　　　　　　　　　[マンション管理士H13・3・(2)]
> **解答**　○　占有者は，区分所有者と同様に管理規約または集会決議に基づく義務を負う（46条2項）。

●**問題 435**　Aが，管理組合に管理者Bが置かれているマンション（マンションの管理の適正化に関する法律第2条第1号のマンションをいう。）の1戸を，その区分所有者と賃貸借契約を締結して占有している場合，区分所有法の規定によれば，Aは，居室のバルコニーの使用方法につき，賃貸借契約に特段の定めがない限り，規約に定められた制限に拘束されることはない。
　　　　　　　　　　　　　　　　　　　　　　　　[マンション管理士H13・3・(4)]
> **解答**　×　バルコニーは法定共用部分であり，専用使用権の対象となる。占有者は，区分所有者と同様に管理規約または集会決議に基づく義務を負う（46条2項）。

●問題 **436** 特定承継人は，区分所有権取得以前に設定された規約については，拘束されない。　　　　　　　　　　　　　　　　［区分所有管理士H10・10・(2)］

【解答】　×　区分所有者の特定承継人は規約事項のすべてに拘束される。したがって，区分所有権取得以前に設定された規約にも当然拘束される。

●問題 **437** 規約は，区分所有者の特定承継人に対しても効力が及ぶが，占有者に対しては限定的にしか効力は及ばない。　　　　［区分所有管理士H12・12・(1)］

【解答】　○　占有者が義務を負うのは，建物等の「使用方法」に関する義務に限られる。したがって，たとえば，賃借人に対して管理費等の支払義務を規約や集会の決議で義務づけても，その効力は生じない。

●問題 **438** 賃借人等が法令，規約又は使用細則に違反したときは，理事長は理事会の決議を経てその賃借人等に対し，その是正等のために必要な勧告又は指示若しくは警告を行うことができる。この場合，賃貸人たる区分所有者は特段必要な措置を講じる必要はない。　　　　　　　　［区分所有管理士H12・27・(4)］

【解答】　×　区分所有者は，その専有部分を第三者に貸与する場合には，この規約および使用細則に定める事項をその第三者に遵守させなければならない（標準管理規約19条1項）。したがって，賃貸人たる区分所有者も賃借人に対して必要な措置を講ずべきである。

●問題 **439** 区分所有者から専有部分を賃借しているAは，建物の使用方法について，区分所有者が規約又は集会の決議に基づいて負う義務と同一の義務を負う。　　　　　　　　　　　　　　　　［宅建H5・14・(1)，H10・13・(3)］

【解答】　○

第6節　管理組合法人

(成立等)
第47条　第3条［区分所有者の団体］に規定する団体で区分所有者の数が30人以上であるものは，区分所有者及び議決権の各4分の3以上の多数による集会の決議で法人となる旨並びにその名称及び事務所を定め，かつ，その主たる事務所の所在地において登記をすることによって法人となる。
2　前項の規定による法人は，管理組合法人と称する。
3　この法律に規定するもののほか，管理組合法人の登記に関して必要な事

項は，政令で定める。
4　管理組合法人に関して登記すべき事項は，登記した後でなければ，第三者に対抗することができない。
5　管理組合法人の成立前の集会の決議，規約及び管理者の職務の範囲内の行為は，管理組合法人につき効力を生ずる。
6　管理組合法人は，区分所有者を代理して，第18条第4項［管理行為としての損害保険契約の締結］（第21条において準用する場合を含む。）の規定による損害保険契約に基づく保険金額を請求し，受領することができる。
7　民法第43条［法人の権利能力］，第44条［法人の不法行為能力］，第50条［法人の住所］及び第51条［財産目録・社員名簿］の規定は管理組合法人に，破産法（大正11年法律第71号）第127条第2項［法人の破産原因―債務超過の適用除外］の規定は存立中の管理組合法人に準用する。
8　第4節［管理者］及び第33条第1項ただし書［管理者がないときの規約の保管及び閲覧］（第42条第3項及び第45条第2項において準用する場合を含む。）の規定は，管理組合法人には適用しない。
9　管理組合法人について，第33条第1項本文［規約の保管及び閲覧］（第42条第3項及び第45条第2項において準用する場合を含む。以下この項において同じ。）の規定を適用する場合には第33条第1項本文中「管理者が」とあるのは「理事が管理組合法人の事務所において」と第34条第1項から第3項まで及び第5項，第35条第3項，第41条並びに第43条の規定を適用する場合にはこれらの規定中「管理者」とあるのは「理事」とする。
10　管理組合法人は，法人税法（昭和40年法律第34条）その他法人税に関する法令の規定の適用については，同法第2条第6号に規定する公益法人等［非収益事業所得の非課税］とみなす。この場合において，同法第37条［寄附金の損金不算入］の規定を適用する場合には同条第3項及び第4項中「公益法人等」とあるのは「公益法人等（管理組合法人を除く。）」と，同法第66条［収益事業所得に対する法人税率］の規定を適用する場合には同条第1項及び第2項中「普通法人」とあるのは「普通法人（管理組合法人を含む。）」と，同条第3項中「公益法人等」とあるのは「公益法人等（管理組合法人を除く。）」とする。
11　管理組合法人は，消費税法（昭和63年法律第108号）その他消費税に関する法令の規定の適用については，同法別表第3に掲げる法人とみなす。

解説　　（1）　区分所有法では，一定の要件のもとに管理組合の「法人化」を認める。すなわち，(a)区分所有者の数が30人以上であり，(b)区分所有者および

（成立等）**第47条**　　153

議決権の各4分の3以上で法人となる旨の集会の決議をし，かつ(c)その主たる事務所の所在地で登記をすることにより，法人となることができる。

（30人という人数の計算に際しては，一の専有部分を数名で共有している場合は当然その共有者全員を1人と数え，同一人で数個の専有部分を所有している場合にはこれを1人と数える。なお，法人となるには，区分所有者の数が30人以上でなければならないが，法人になった後にその員数を欠くことになっても，さらには専有部分が1人に帰属することになっても，当然には解散するものとはされない。）

（2） 管理組合の法人化は，かねてより管理組合側から強く要請されていたものであり（もっとも，この要請の裏には，法人格を取得すれば，金融機関からの融資を容易に受けられるようになるとか，税法上も有利な取扱いを受けることができるのではないかといった感覚的で論理必然性のない期待も混じっていた），その「法人成り」のメリットとして，次の点があげられる。

① 区分所有者の団体が法人として権利義務の主体となることによって，当該団体が社団型団体か組合型団体かを問う必要はなく，対外的関係（第三者との取引関係）においても，対内的関係（団体と区分所有者との関係）においても，法律関係が明確になる。

② 法人格を取得することによって，団体財産と個人財産との区分が明確になる。すなわち，団体財産の存在が法的に認められることにより，不動産登記，電話加入権，預金等の行為すべてが管理組合法人名義でできる。

（登記実務では，区分所有者の団体の所有する不動産の公示においては，団体名義，団体の代表者たる肩書付きの代表者名での登記が許されず，区分所有者全員の共同名義あるいは代表者の個人名義での登記しか認めていない。）

③ 法人登記をすることによって当該管理組合法人の存在および代表者等が公示されることになり，第三者としては不安なくその団体と取引することができる。

（3） 「法人となる旨」だけではなく，「法人の名称」および「法人の事務所」を定めることも，特別多数決議による。他方，「理事」および「監事」は必須の機関である（49条1項，50条1項）が，その選任については，特別決議による必要はなく，普通決議で足りる（49条7項，50条3項，25条1項）。

管理組合法人の法人格の取得については，行政庁の許可（民法34条参照）は必要でなく，行政庁の監督（民法67条参照）も予定されていない。

（4） 管理組合法人の代表者は理事である（49条2項）から，理事の氏名および住所ならびにその資格として理事である旨を登記する。理事が数人あるときは，原則として，各自が代表権を有する（同条3項）からその全員について登記するが，法人を代表すべき理事（代表理事）を定めたとき（同条4項）は，代表理事のみについて登記する（単に「理事」として登記するのであり，「理事長」とし

て登記するのではない。また,「監事」は登記事項ではない)。

（5）　管理組合法人には,民法法人と同じ理事が置かれ,理事は対内的に法人の業務を執行し,対外的に法人を代表する（49条）。理事は,法人でない管理組合における管理者に当るものであるが,管理組合法人には理事が置かれるから,管理者は不要である。したがって,管理組合が管理組合法人となったときには,全面的にその適用が排除される（本条8項）。つまり,管理組合法人が成立すれば,区分所有者が団体を構成して行う管理事務（26条1項に規定する行為はその中心的なものである）は,法人の業務として,法人がその機関（理事）の行為によって行うことになるため,区分所有者全員との委任関係に基づいてその行為を行い,区分所有者全員の代理人（26条2項本文）である「管理者」の存在は,これと相容れないことになるからである。

（6）　管理者は,その職務に関し,区分所有者のために訴訟担当をすることができる旨の規定が新設された（26条4項）が,管理組合法人にあっては,このような規定は,原則として必要がない。管理組合法人にあっては,区分所有者が団体を構成して行う管理事務（26条1項に規定する行為）は,法人が行うことになり,その行為に基づいて成立する法律関係は,原則として法人に帰属し,したがってその法律関係に係る訴訟は,特別の規定を待つまでもなく,当然に法人がその名において追行することができるからである。

（7）　管理組合法人には,破産法127条2項の規定が準用され（本条7項）,管理組合法人として存立中は,法人一般と異なり,債務超過は破産原因にならない。管理組合法人の債務について各区分所有者が分割的個人的責任を負うからである（53条）。

（8）　管理組合法人は法人税に関する扱いでは,「非収益事業所得の非課税」,「寄付金の損金算入の不適用」,「収益事業所得普通法人並み課税」等の扱いを受ける。

●問題 440　管理組合で区分所有者の数が30人以上であるものは,区分所有者及び議決権の各4分の3以上の多数による集会の決議で法人となる旨並びにその名称及び事務所を定め,かつ,その主たる事務所の所在地を管轄する都道府県知事に届け出ることによって法人となることができる。

[管理業務主任者H11・8・(1)]

解答　×　主たる事務所の所在地を管轄する法務局において登記をすることにより成立する。

●問題 441　管理組合で区分所有者の数が30人以上であるものは,区分所有者又は議決権の4分の3以上の多数による集会の決議で法人となる旨並びにその名

称及び事務所を定め，かつ，その主たる事務所の所在地において登記をすることによって法人となることができる。　　　　　　　　　［管理業務主任者H11・8・(2)］

解答　×　区分所有者「又は」議決権の4分の3以上ではなく，区分所有者「及び」議決権の各4分の3以上である。

●問題 **442**　管理組合で区分所有者及び占有者の数が30人未満であるものは，管理組合成立後3年が経過しなければ，管理組合法人を設立するための集会決議をすることができない。　　　　　　　　　［管理業務主任者H11・8・(3)］

解答　×　このような規定はない。なお，区分所有者の数が「30人以上」という場合，この中に占有者は含めない。

●問題 **443**　管理組合で区分所有者の数が30人以上であるものは，区分所有者及び議決権の各4分の3以上の多数による集会の決議で法人となる旨並びにその名称及び事務所を定め，かつ，その主たる事務所の所在地において登記をすることによって法人となることができる。
　　　　　　［管理業務主任者H11・8・(4)，H12・15・(3)，区分所有管理士H11・29・(2)］

解答　○

●問題 **444**　管理組合法人を設立するためには，当該区分所有建物における専有部分の数が30戸以上であることを要する。　　［管理業務主任者H12・15・(1)］

解答　×　専有部分の数が30戸以上ではなく，「区分所有者の数」が30人以上である。

●問題 **445**　不動産登記法では，法人格を有しない通常の管理組合も管理組合法人と同様に，土地・建物等の不動産がその社団に帰属することを明らかにする方法で登記をすることができることとなっているので，通常の管理組合と管理組合法人との間には実質的な差はない。　　　［管理業務主任者H12・15・(2)］

解答　×　法人格を有しない通常の管理組合には，登記能力はない。したがって，管理組合法人でない場合は，全員の共有名義で登記をするか，代表者の個人名で登記をする方法しかない。

●問題 **446**　管理組合法人は，区分所有者の数が50人以上でなければ成立しない。　　　　　　　　　　　　　　　　　　　［管理業務主任者H13・33・(1)］

解答　×　区分所有者の数が「30人以上」である。

●問題 **447**　管理組合法人は，裁判の原告又は被告になることができない。

[管理業務主任者H13・33・(2)]

解答 ×　管理組合法人は，当然に裁判の原告または被告になることができる。

●**問題 448**　管理組合法人は，管理組合法人名義で不動産登記をすることができる。　　　　　　　　　　　　　　　　　　　　[管理業務主任者H13・33・(4)]

解答 ○

●**問題 449**　管理組合法人と管理組合の相違点は，管理組合法人に執行機関としての「理事」および監査機関としての「監事」の選任が義務づけられていることと登記能力があること以外，税務，民事訴訟法，契約，金融等において両者に実質的な差はない。　　　　　　　[区分所有管理士H11・29・(3)，H12・33・(2)]

解答 ○

●**問題 450**　管理組合法人の理事が第三者に損害を与えた場合でも，管理組合法人がその損害賠償責任を負うことはない。　　　[区分所有管理士H13・21・(4)]

解答 ×　まず，管理組合法人がその財産をもって損害賠償責任を負い，それでも債務を弁済できないときは各区分所有者が共用部分の持分割合に応じて弁済責任を負う。

●**問題 451**　区分所有法3条に規定する団体（管理組合）は，区分所有者が30人以上であるときは，所定の手続きを経て法人となることができるが，その際監事をおかなければならない。　　　　　　　　　　　　　　　　　[宅建H2・14・(1)]

解答 ○　管理組合法人には，必ず監事を置かなければならない（50条）。

（名称）
第48条　管理組合法人は，その名称中に管理組合法人という文字を用いなければならない。
2　管理組合法人でないものは，その名称中に管理組合法人という文字を用いてはならない。

解説　（1）管理組合法人は，その名称中に「管理組合法人」という文字を用いなければならない。たとえば，「管理組合法人○○○○」，「○○○○管理組合法人」等となろう。「管埋組合法人」という文字は一体的に用いるべきで，

「管理組合○○○○法人」とか「法人○○○○管理組合」というように，分割して用いることは許されない。この名称は，集会の決議で定められ（47条1項），登記事項となる（組合等登記令2条）。名称中に「管理組合法人」の文字を用いていない設立登記の申請は，受理されない。

（2）　法人でないものがその名称中に「管理組合法人」という文字を用いると，第三者が管理組合法人と誤信し損害を蒙る恐れがあるので，管理組合法人でないものが名称中にその文字を用いることは禁じられる。この規定に違反した者は，5万円以下の過料に処せられる（70条）。

（理事）

第49条　管理組合法人には，理事を置かなければならない。

2　理事は，管理組合法人を代表する。

3　理事が数人あるときは，各自管理組合法人を代表する。

4　前項の規定は，規約若しくは集会の決議によって，管理組合法人を代表すべき理事を定め，若しくは数人の理事が共同して管理組合法人を代表すべきことを定め，又は規約の定めに基づき理事の互選によって管理組合法人を代表すべき理事を定めることを妨げない。

5　理事の任期は，2年とする。ただし，規約で3年以内において別段の期間を定めたときは，その期間とする。

6　理事が欠けた場合又は規約で定めた理事の員数が欠けた場合には，任期の満了又は辞任により退任した理事は，新たに選任された理事が就任するまで，なおその職務を行う。

7　第25条［管理者の選任及び解任］，民法第52条第2項［理事の過半数による決定］及び第54条から第56条まで［代表権の制限，代表権の委任，仮理事］並びに非訟事件手続法（明治31年法律第14号）第35条第1項［仮理事・特別代理人の選任の管轄］の規定は，理事に準用する。

解説　　（1）　理事は，管理組合法人において必ず置かなければならない機関である（本条1項）。理事は，内部的には法人の事務執行機関であり，対外的には法人の代表機関である。理事が，法人の代表機関であることについては本条2項で規定するが，法人の事務執行機関であることについては，民法上の法人の場合と同様に，当然のこととして特に規定を設けていない。理事は，管理組合法人の設立登記をする際の登記事項である（組合等登記令2条4号）。

（2）　理事の選任および解任については，管理者の選任または解任に関する25

条の規定が準用され，規約によるか，規約に別段の定めがないときには集会の決議による（本条7項，25条1項）。理事の選任または解任に関する集会の決議は，区分所有者および議決権の各過半数で決する（39条）。

（3） 理事になるものは，自然人に限られ，法人は理事になることはできない（民法52条1項参照）。しかし，当該管理組合法人の構成員たる区分所有者であるという必要はない。

理事の任期は，原則として2年である（本条5項本文）。ただし，規約でこれより長期または短期の期間を定めることができるが，3年以内の期間でなければならない（たとえば，1年とし，または3年とすること）（同項但書）。

（4） 理事の代表権は，単独代表を原則とする。理事が数人あるときは，各自管理組合法人を代表する（本条3項）が，①規約または集会の決議によって，管理組合法人を代表すべき理事（代表理事）を定め，または②数人の理事が共同して管理組合法人を代表すべきこと（共同代表）を定めることを妨げない。また，③規約の定めに基づいて理事の互選により管理組合法人を代表すべき理事（代表理事）を定めることを妨げない。

①または③により代表理事が選任された場合には，代表理事以外の理事は，代表権を有しない。代表理事を定めたときは，その者のみが登記される（組合等登記令2条4号）。また，②により共同代表の定めをした場合は，各理事は，単独では代表権を有しない。共同代表の定めをしたときは，その旨が登記される（組合等登記令2条6号）。

●問題 **452** 管理組合法人には，理事を置かなければならない。
[管理業務主任者H11・9・(1)]
(解答) ○

●問題 **453** 理事は，管理組合法人を代表する。 [管理業務主任者H11・9・(2)]
(解答) ○ 理事は，対内的には法人事務を執行し，対外的には法人を代表する機関である。

●問題 **454** 理事の任期は，管理規約で別段の定めをしている場合を除いて，3年とする。 [管理業務主任者H11・9・(3)]
(解答) × 理事の任期は，原則として2年である。ただし，規約で3年以内において別段の期間を定めたときは，その期間とする（49条5項）。

●問題 **455** 理事が欠けた場合又は管理規約で定めた理事の員数が欠けた場合には，任期の満了又は辞任により退任した理事は，新たに選任された理事が就任

するまで,なおその職務を行う。 [管理業務主任者H11・9・(4)]

解答 ○ 後任の理事が就任するまで職務を行う必要があるのは「任期の満了又は辞任により」退任した理事に限られる。破産その他の理由により退任した理事は,職務続行義務を負わない。

●問題 456 管理組合法人の理事が変更となったときは,変更のあった日から2週間以内に主たる事務所の所在地を管轄する市区町村長に届け出なければならない。 [管理業務主任者H12・15・(4)]

解答 × 主たる事務所の所在地を管轄する法務局において登記をする必要がある。

●問題 457 理事の任期は原則2年であるが,規約で3年を超える別段の期間を定めたときは,その期間を任期とする。 [管理業務主任者H12・16・(3)]

解答 × 規約で別段の定めをする場合は「3年以内」でなければならない。

●問題 458 区分所有法では,理事の人数は最低2名以上とすることが必要とされている。 [管理業務主任者H12・16・(4)]

解答 × 理事の員数については制限がなく,1人でも数人でもよい。

●問題 459 管理組合法人には法人の業務執行及び代表の機関として理事が置かれるので,これとは別に管理者を置く必要はない。
 [区分所有管理士H13・12・(2)]

解答 ○ 管理組合法人には,民法上の法人と同じ理事が置かれ,理事は対内的に法人の業務を執行し,対外的に法人を代表する(49条2項)。理事は,法人でない管理組合における管理者に当るものであるが,管理組合法人には理事が置かれるから,管理者は不要である。したがって,管理組合が管理組合法人となったときには,全面的にその適用が排除される(47条8項)。

(監事)
第50条 管理組合法人には,監事を置かなければならない。
2 監事は,理事又は管理組合法人の使用人と兼ねてはならない。
3 第25条[管理者の選任及び解任]並びに前条第5項及び第6項,民法第56条[仮理事]及び第59条[監事の職務]並びに非訟事件手続法第35条第1項[仮理事・特別代理人の選任の管轄]の規定は,監事に準用する。

> **解説**　（1）　管理組合法人には，監事を置かなければならない。監事は，理事と同様に法人に必須の機関であり，管理組合法人の財産の状況および理事の業務状況を監視する内部機関（本条3項，民法59条）である。民法上の法人については，監事を置くかどうかは任意とされているが（民法58条），管理組合法人において監事を必須の機関としたのは，法人の業務執行が理事によって適正に行われないときは区分所有者の利益が害されること，および管理組合法人については行政上の監督が加えられないことによる。なお，理事と異なり，監事は，登記事項ではない（組合等登記令2条参照）。
>
> （2）　監事の選任および解任についても，理事と同じく，管理者の選任または解任に関する25条の規定が準用され，規約によるか，規約に別段の定めがないときには集会の決議による（本条3項，25条1項）。監事の選任または解任に関する集会の決議は，区分所有者および議決権の各過半数で決する（39条）。
>
> （3）　監事となりうる資格については，別段の定めはないが，理事の場合と同じく自然人に限られ，法人は他の法人の監事となることはできない。なお，監事は，理事を監督する地位にたつから，理事またはその監督下にある管理組合法人の使用人を兼ねることができない（本条2項）。
>
> 　監事の任期については，49条5項の規定が準用される。すなわち，その任期は原則として2年である（49条5項本文）。ただし，規約でこれより長期または短期の期間を定めることができるが，3年以内の期間でなければならない（例えば，1年とし，または3年とすること）（同項但書）。
>
> （4）　監事の職務権限については，民法上の公益法人における監事の職務に関する民法59条が準用されている。それによると，管理組合法人の監事の職務は，①法人の財産状況の監査，②理事の業務執行状況の監査，③財産の状況または業務の執行につき不正の事実を発見したときの集会への報告，④その報告をなすために必要があるときの集会の招集，である。

●**問題 460**　監事は，理事又は管理組合法人の使用人と兼ねてはならない。

[管理業務主任者H11・10・(2)，H12・16・(2)]

解答　○　監事は，理事または管理組合法人の使用人と兼ねてはならない（50条2項）。

●**問題 461**　管理組合法人は理事を置かなければならないが，監事については区分所有法に特に定められていないため，規約でこれを定めることが必要となる。

[管理業務主任者H12・16・(1)，H13・33・(3)]

解答　×　管理組合法人には，監事を置かなければならない（50条1項）。

●問題 *462* 　監事は，管理組合法人の財産の状況及び理事の業務執行について不正の事実があることを発見したときは，これを総会又はその主たる事務所の所在地を管轄する都道府県知事に報告しなければならない。

[管理業務主任者H12・10・(3)]

(解答)　×　管理組合法人の財産の状況および理事の業務執行等について不正の事実を発見したときは集会に報告する義務がある。しかし，その主たる事務所の所在地を管轄する都道府県知事に報告しなければならない，という点はまちがい。

●問題 *463* 　監事の任期は，管理規約で別段の定めをしている場合を除いて，2年とする。

[管理業務主任者H12・10・(4)]

(解答)　○

（監事の代表権）
第51条　管理組合法人と理事との利益が相反する事項については，監事が管理組合法人を代表する。

(解説)　（1）　管理組合法人と理事との利益が相反する事項については，特別代理人を選任する制度（民法57条）や法人の機関等の承認を要するとする制度（商法75条，265条，農業協同組合法34条等）が考えられる。しかし，管理組合法人には理事の業務執行状況を監視する必置機関である監事が存在するので，農業協同組合法の旧規定33条（「組合が理事と契約するときは，監事が，組合を代表する。組合と理事との訴訟についても，また同様とする」）等の例にならって，監事が管理組合法人を代表するものとした。

（2）　管理組合法人と理事との利益が相反する事項であるか否かは，当該行為の外形から判断されるべきである。外形上利益が相反する可能性があれば，実際に管理組合が不利益を蒙るかどうかを問題とすることなく，利益相反事項となる。利益相反事項としては，①理事個人と管理組合法人との間で法律行為をする場合（自己契約。たとえば，理事個人の所有土地を管理組合法人が買い受ける場合），②理事が代表し，または代理する第三者と管理組合法人との間で法律行為をする場合（双方代表・双方代理。たとえば，理事が，マンションの補修工事を自己が経営している会社に請け負わせるような場合），③管理組合法人が理事個人の債務について保証をする場合（たとえば，理事の有する専有部分についての補修工事の代金について管理組合法人が保証人となるような場合）などが考えられる。

（3） これに対して，①②③に該当する場合であっても，外形上利益が相反する可能性がなければ，すなわち外形上管理組合法人に不利益を与える可能性がなければ，本条でいう利益相反事項には当らない。たとえば，理事が管理組合法人に対して負担の伴わない贈与をする場合，理事が経営する会社が無償で補修工事をする場合，理事個人が管理組合法人の債務の保証人となる場合などには，利益相反事項とはならない。

●問題 464　管理組合法人と理事との利益が相反する事項については，監事が管理組合法人を代表する。　　　　　　　　　　　［管理業務主任者H11・10・（1）］

【解答】　○

●問題 465　区分所有法の規定及び判例によれば，管理組合法人とその理事との民事訴訟法については，監事が，当該法人を代表して原告又は被告となる。
　　　　　　　　　　　　　　　　　　　　　　　　　　　　　　［マンション管理士H13・32・（4）］

【解答】　○　管理組合法人と理事との利益が相反する事項については，監事が管理組合法人を代表する（51条）。管理組合法人とその理事との間の民事訴訟法は利益の相反する事項であり，監事が当該法人を代表して原告または被告となる。

●問題 466　管理組合法人の場合，管理組合法人と理事との利益が相反する事項については，監事が管理組合法人を代表するが，管理組合の場合でも同様の規定が準用されているのが一般的である。　　　　　　　　［区分所有管理士H11・29・（4）］

【解答】　○　法人格を有さない管理組合の場合は，管理業務執行機関として「管理者」の規定しか置いていない。しかし，標準管理規約では，理事会を設置し，理事および監事を選任する仕組みになっている。

●問題 467　管理組合法人と理事との利益が相反する場合は，必ず監事が管理組合法人を代表する。　　　　　　　　　　　　　　［区分所有管理士H13・21・（3）］

【解答】　×　管理組合法人と理事との利益相反事項に該当する場合であっても，外形上利益が相反する可能性がなければ，すなわち外形上管理組合法人に不利益を与える可能性がなければ，利益相反事項には当らない。また，複数の理事が選任されている場合は，当該理事以外の他の理事が管理組合法人を代表する。

（事務の執行）
第52条 管理組合法人の事務は，この法律に定めるもののほか，すべて集会の決議によって行う。ただし，この法律に集会の決議についての特別の定数が定められている事項及び第57条第2項［共同利益背反行為者に対し訴訟提起する場合の集会決議］に規定する事項を除いて，規約で，理事その他の役員が決するものとすることができる。
2　前項の規定にかかわらず，保存行為は，理事が決することができる。

解説　　（1）　本法は，集会で決議すべき事項を個別的に規定しているが，管理組合法人においてはそのような個別的な定めのない事項についても，規約に別段の定めを置くまでもなく当然に原則として集会の決議によることとした。ただし，一定の事項を除いて，規約により，理事その他の役員が決するものと定めることができ（本条1項後段），保存行為は，理事が単独で決することができる（本条2項）。

（2）　本法で，規約でのみ定めることを認め，集会で決することができないとされている事項として，次のものがある。これらの事項については，管理組合法人にあっても，集会の決議で決することはできない。
①　規約共用部分（4条2項）
②　規約敷地（5条1項）
③　共用部分の持分の割合（14条4項）
④　共用部分の負担および利益収取の割合（19条）
⑤　集会の招集請求権等の区分所有者の定数の引下げ（34条3項，5項）
⑥　議決権の割合（38条）
⑦　集会の普通決議の要件（39条1項）
⑧　小規模一部滅失の場合の処置（61条4項）
⑨　管理所有（11条2項，27条1項）［本法で，管理組合法人にあっては規約をもってしても定めることができないとされている事項］

（3）　本法で集会の決議についての特別の定数が定められている事項（特別決議事項），および，57条2項に規定する事項（義務違反者に対する差止訴訟の提起）は，必ず集会の決議によることが必要である。この必要的集会決議事項は，規約によっても，理事その他の役員等にその決定を委任することができない。

（4）　集会の「特別決議事項」としては，次のものがある。
①　共用部分の変更（17条1項本文）
②　共有に属する敷地・附属施設の変更（21条，17条1項本文）

③　規約の設定・変更・廃止（31条1項前段）
④　管理組合の法人化（47条1項）
⑤　管理組合法人の解散（55条1項3号，2項）
⑥　義務違反者に対する使用禁止等の請求（58条，59条，60条）
⑦　大規模一部滅失の場合の復旧（61条5項）
⑧　建替え（62条1項）
⑨　団地の規約を定めるについての各棟の承認（68条1項本文）

（5）　規約で理事その他の役員が決するものとした場合でも，当該事項を集会の決議で決することが許されると解されている。規約で理事その他の役員に決定を委ねられた事項について，集会で決定することができ，また，理事その他の役員によって既になされた決定と異なる決議を後に集会で行った場合には，集会での決議によって理事その他の役員による決定が変更されたものと考えるべきである。

●**問題 468**　法人でない管理組合の場合，滞納管理費用の債権は区分所有者全員の債権として構成されるため，その放棄は特別決議事項とされ，区分所有者及び議決権の各4分の3以上の決議をもって行なわれる。

[区分所有管理士H12・38・（1）]

解答　×　①管理組合法人の場合は，滞納管理費用の債権をどのように処理するかは管理組合法人の事務処理に関するものであるので，52条により，集会の決議（普通決議）を経れば法人として放棄することができる。一方，法人でない管理組合の場合には，滞納管理費用の債権は区分所有者全員の債権として構成されるため，その債権の放棄は区分所有者全員の合意が必要となり，多数決の決議をもってなされるものではないと解されている。

●**問題 469**　法人でない管理組合の場合，滞納管理費用の債権をどのように処理するかは事務処理に関するものであるから，管理者の決定により債権放棄ができる。

[区分所有管理士H12・38・（2）]

解答　×　問題468参照。

●**問題 470**　管理組合法人の場合，滞納管理費用の債権をどのように処理するかは管理組合法人の事務処理に関するものであるから，集会の決議を経れば法人として債権放棄ができる。

[区分所有管理士H12・38・（3）]

解答　○

●**問題 471**　管理組合法人の場合，滞納管理費用の債権は区分所有者全員の債

権として構成されるため，その債権の放棄は区分所有者全員の合意が必要となり，多数決の決議をもってされるものではないとされている。

[区分所有管理士H12・38・(4)]

解答　×　問題468参照。

（区分所有者の責任）
第53条　管理組合法人の財産をもってその債務を完済することができないときは，区分所有者は，第14条[共用部分の持分の割合]に定める割合と同一の割合で，その債務の弁済の責めに任ずる。ただし，第29条第1項ただし書[規約による負担の割合]に規定する負担の割合が定められているときは，その割合による。
2　管理組合法人の財産に対する強制執行がその効を奏しなかったときも，前項と同様とする。
3　前項の規定は，区分所有者が管理組合法人に資力があり，かつ，執行が容易であることを証明したときは，適用しない。

解説　（1）29条1項（区分所有者の責任等）は，法人格を取得していない区分所有者の団体（3条）において，管理者がその職務の範囲内において第三者との間でした行為について，各区分所有者が「分割責任」に任じる旨を定めるが，区分所有者の団体が管理組合法人となった場合でも団体としての実体は法人格取得前と異ならず，各区分所有者の責任も基本的に変るところはない。

そこで，本条において，管理組合法人の債務について，各区分所有者は，原則として14条に規定する割合と同一の割合で弁済責任を負い（本条1項本文），29条1項但書に規定する負担の割合（規約で建物ならびにその敷地および附属施設の管理に要する経費につき定めた負担の割合）が定められているときは，その割合により弁済責任を負うものと定めた。その範囲は，29条1項の責任と同じである。

（2）ただし，管理組合法人にあっては，法人が権利義務の帰属主体として第一次的にその債務を負担するのであるから，構成員たる各区分所有者の責任は，補充的，二次的な責任として位置づけられる。本条は，合名会社の債務についての社員の責任に関する商法80条の規定にならって設けられたものである。なお，商法80条と本条との違いは，合名会社の社員の責任が連帯債務であるのに対して，区分所有者の責任が分割責任であるという点である。

（3）「管理組合法人の財産」とは，交換価値を有する管理組合法人の一切の

積極財産をいう。管理組合法人が管理費，修繕積立金，組合費，専用使用料等の名目で区分所有者または第三者から収受した金銭およびその法定果実ならびに法人が有する不動産，動産その他の財産権がこれに該当する。各区分所有者に属する専有部分および共用部分，区分所有者の共有に属する敷地・附属施設は，ここでいう管理組合法人の財産ではない。

（４）「その債務」というのは，管理組合法人の債務をいい，発生原因を問わない。したがって，契約上の債務，その不履行による債務，不法行為・不当利得・事務管理上の法定債務，租税等の公法上の債務，区分所有者に対する債務など管理組合法人のすべての債務を含む。

（５）区分所有者が弁済すべき額は，管理組合法人の当該債務の全額である。計数上，法人の財産から完済を受け得ない不足額ではない。本条１項の「管理組合法人の財産をもってその債務を完済することができないとき」という文言は，区分所有者に対する権利行使の要件に過ぎず，責任額を定めたものではない。各区分所有者は，当該債務の全額について，原則として14条に定める割合と同一の割合で，弁済の責任を負う。

●問題 472 管理組合法人が第三者と取引して債務を負ったときは，法人がその債務の弁済責任を負うので，各区分所有者がその弁済の責任を負うことはない。

[区分所有管理士H13・21・(1)]

解答　×　一次的には，管理組合法人がその財産をもって債務を弁済することになる。しかし，次の場合は，各区分所有者は管理組合法人の債務について弁済の責任を負う。①管理組合法人の財産をもって第三者に対する債務を完済できない場合，②第三者の管理組合法人の財産に対する強制執行がその功を奏しなかった場合（競売代金で全部の弁済を受けられなかった場合）。

（特定承継人の責任）
第54条　区分所有者の特定承継人は，その承継前に生じた管理組合法人の債務についても，その区分所有者が前条の規定により負う責任と同一の責任を負う。

解説　（１）管理組合法人の債務につき，各区分所有者が分割的無限責任を負う結果，区分所有権等の譲渡等による特定承継があった場合，その特定承継人は，その承継前に生じた管理組合法人の債務についても，53条で規定する区分所有者と同一の責任を負う。なお，本条に定める特定承継人の責任は前区分所有

者と不真正連帯の関係に立つ。

（2）このように，特定承継人が責任を負わされる理由として，次の点があげられる。①本法が区分所有関係の団体性を強調した結果，団体構成員として区分所有者が拠出した管理費・組合費等の金銭は団体の積極財産を構成し，これに対する持分が特定承継人にも承継されるのだから，これと表裏の関係にある消極財産たる債務についても，特定承継人によって承継されるとみるのが当然であること，②他方，内部にあって団体構成員たる地位を承継した特定承継人にも規約および集会の決議の効力が及ぶとした（46条）団体的拘束力との対比においても，責任を負うのが当然であること，③債権者が，いったん区分所有関係から離脱した区分所有者の責任を追及するは事実上困難であるから，債権者の利益を保護するためにも，ひいては管理組合の対外的活動を制約しないためにも特定承継人が責任を負うべきであること。

（解散）
第55条 管理組合法人は，次の事由によって解散する。
　一　建物（一部共用部分を共用すべき区分所有者で構成する管理組合法人にあっては，その共用部分）の全部の滅失
　二　建物に専有部分がなくなったこと。
　三　集会の決議
2　前項第3号の決議は，区分所有者及び議決権の各4分の3以上の多数でする。
3　民法第73条から第76条まで［清算法人，清算人，裁判所による清算人の選任，裁判所による清算人の解任］及び第78条から第82条まで［清算人の職務権限，債権申出の公告と催告，期間後の債権申出，清算法人の破産，解散・清算の監督］並びに非訟事件手続法第35条第2項［法人の解散・清算の監督の管轄］及び第36条から第37条ノ2まで［検査人の選任，清算人の地位，清算人・検査人の報酬］の規定は，管理組合法人の解散及び清算に準用する。

解説　（1）解散事由は，①建物の全部の滅失，②専有部分の喪失および③集会の決議による解散，の3つに限られる。①と②は，法人の基礎たる区分所有者の団体そのものが存在しなくなるがゆえに当然の解散事由とされ，③の集会の決議による解散は，団体そのものはなお存在するが，法人格のみを返上するかたちで法人を解散するものである。

（2）　この他に解散事由は規定されておらず，法人で通常挙げられる次のような解散事由（民法68条1項）は管理組合法人では妥当しない。すなわち，①規約で解散事由を定めておくこと（民法68条1項1号）は許されていない。②法人の目的たる事業の成功・成功不能（民法68条1項2号）は，存在する建物の管理をその目的とする管理組合法人では問題とならない。また，③法人の破産（民法68条1項3号）であるが，管理組合法人では破産しても区分所有者が無限責任を負担するし，また，仮に法人格を失わせても区分所有者の団体は存続し破産の手続の終了とともに再び法人格を取得することは阻止しえないから，解散事由としても意味がない。

（3）　専有部分の全部が1人に帰属することになった場合には合名会社の社員が1人となったとき（商法94条4号）と異なって，区分所有建物が存在する限り，複数の区分所有者が生じることが予定されているのであるから，区分所有者の団体は存続し，管理組合法人は解散しないと解すべきである。なお，区分所有者の数が30人以上であることは，管理組合法人の成立要件であって（47条1項），存続要件ではない。

●問題473　管理組合法人および管理組合の解散の事由には，建物の全部の滅失，建物に専有部分がなくなったことおよび集会の決議である。

［区分所有管理士H11・29・（1）］

解答　×　管理組合法人の場合は，集会の特別決議により解散することができるが，管理組合の場合は，集会の特別決議により解散することはできない。

（残余財産の帰属）
第56条　解散した管理組合法人の財産は，規約に別段の定めがある場合を除いて，第14条［共用部分の持分の割合］に定める割合と同一の割合で各区分所有者に帰属する。

解説　管理組合法人が55条1項1号（建物の全部の滅失）または2号（専有部分の喪失）によって解散した場合には，残存財産は，各区分所有者に分割されて帰属するが，同項3号（集会の決議による解散）の事由によって解散した場合には，なお区分所有者の団体が存続するから，規約に別段の定めがない限り，区分所有者に合有的に帰属するものとし，各区分所有者の分割請求を許さないと解すべきである。

* ［参考］財団法人・社団法人・管理組合法人・管理組合の比較

	財団法人	社団法人	管理組合法人	管理組合（権利能力なき社団）
定義	財産の集合に権利主体となる資格を認めたもの	人の団体に権利主体となる資格を認めたもの	区分所有法3条に規定する団体で法人格を取得したもの	区分所有法3条に規定する団体
設立行為	一定の財産を出捐し，財団の根本規則を寄附行為と呼ばれる書面に作成し，財団に法人格を取得させようとする意思を表示すること（この行為自体も寄附行為と呼ばれる）［許可主義］	2人以上の者が社団の根本規則を定款に記載し，社団に法人格を取得させようとする意思表示をすること［許可主義］	(a)区分所有者の数が30人以上であり，(b)区分所有者および議決権の各4分の3以上で法人となる旨の集会の決議をし，かつ(c)その主たる事務所の所在地で登記をすることにより，法人となることができる。［準則主義］（法人格の取得については，行政庁の許可は必要なく，行政庁の監督も予定されていない。）	何らの行為を要しないで当然に成立する。区分所有法3条は，区分所有者が何らの行為をするまでもなく，区分所有法の定めるところにより当然に，他の区分所有者と共同で建物等の管理をする仕組みの中に組み込まれ，様々な団体的な拘束を受ける関係に立つことになることを確認的に宣言したものである（確認的規定）。
法的性質	相手方のない単独行為 ①たまたま数人が共同して財団法人の設立をすることがあっても，それは単独行為が偶然複数競合したものにすぎない ②生前行為による場合～贈与の規定準用 ③遺言による場合～遺贈の規定準用	合同行為 ①民法108条（自己契約・双方代理の禁止）の適用はなし ②設立者の1人に意思の欠缺その他があって，その行為が無効となり，また取り消されても当然には影響を受けない ③判例は，民法94条（虚偽表示）の適用なしとする	民法43条［法人の権利能力］，44条［法人の不法行為能力］，50条［法人の住所］および51条［財産目録・社員名簿］の規定は管理組合法人に，破産法（大正11年法律第71号）127条2項［法人の破産原因—債務超過の適用除外］の規定は存立中の管理組合法人に準用する。	一般的には，法人登記をしていない団体で，区分所有法に定める集会，規約，管理者等に関する規定に従って運営されている団体は，権利能力なき社団に該当すると見てよいであろう。
	財団法人は，その活動を自主的に決定する機関をもたず，もっぱら設立者の客観的意思	社団法人の機関として，民法には次の3つの機関が定められている。 ①社員総会（社員全員	理事および監事は常置必須の機関である。重要なことは，最高意思決定機関である集会で	理事会（任意の理事および監事）が業務執行機関となる。重要なことは，最高意思決定機

170

	財団法人	社団法人	管理組合法人	管理組合（権利能力なき社団）
機関	（寄附行為）によって決まる。	によって構成される最高意思決定機関)、②理事（法人の業務執行機関)、③監事（執行機関の業務を監督する機関［必須ではない］	決める。	関である集会で決める。
記載事項	必要的記載事項…財団の目的・名称・事務所・資産に関する規定・理事の任免に関する規定。但し、目的と資産さえ定めてあれば、利害関係人または検察官の請求により、裁判所が補充する方法が認められている（民法40条）。それ以外の事項を記載することも可能（任意的記載事項）で、記載すると必要的記載事項と同一の効力を有する。	必要的記載事項…社団の目的・名称・事務所・資産に関する規定・理事の任免に関する規定・社員たる資格の得喪に関する規定（一つでも欠ければ、定款は無効）。それ以外の事項を記載することも可能（任意的記載事項）で、記載すると必要的記載事項と同一の効力を有する。	①定款の作成は必要とされない。②集会の決議で、法人となる旨・法人の名称・法人の事務所を定めれば足りる。③設立の登記において登記すべき事項（登記事項）は、目的および業務、名称、事務所、代表権を有する者の氏名・住所および資格、共同代表の定めがあるときはその定めである（組合等登記令2条）。	管理組合が実質的に機能するためには、業務を執行するための機関として管理者（いわゆる理事長）を置くことが必要であり、基本的ルールを定めた管理規約も必要になる。すなわち、この団体の運営のためには、①集会を開き、②規約を定め、および③管理者を置く必要がある（但し、①②および③の設置は任意である）。

●問題 **474** 民法上の社団法人の設立登記の申請書には，主務官庁の許可書又はその認証がある謄本を添付しなければならない。　（司法書士H13・29・ア）

　解答　○　社団法人は，祭祀，宗教，慈善，学術，技芸その他の公益を目的とし，営利を目的とせず，法に定める一定の組織を備えたうえで，主務官庁の許可を得なければならない（民法34条）。したがって，社団法人の設立登記の申請書には，主務官庁の許可書またはその認証がある謄本を添付しなければならない。

●問題 **475** 民法上の社団法人の設立登記の申請書には，公証人の認証を受けた定款を添付しなければならない。　（司法書士H13・29・イ）

　解答　×　社団法人の設立登記申請書には，定款を添付しなければならないが，この定款については，公証人の認証を受けることを要しない。社団法人を設立する場合には，主務官庁の許可を受けなければならず（民法34条），

これにより設立手続きの真正が担保されるからである。

●問題 476　民法上の社団法人の設立登記の申請に関して，定款に理事長を置く旨の定めがある場合には，理事長の氏名及び資格が登記事項である。

(司法書士H13・29・ウ)

【解答】　×　社団法人の理事はすべて法人を代表し（民法53条），定款をもって理事の代表権に制限を加えた場合でもこれをもって善意の第三者に対抗することができず（民法54条），その制限を登記することはできない。したがって，定款に理事長を置く旨の定めがある場合でも，理事長の氏名および資格は登記事項とならない。

●問題 477　民法上の社団法人の設立登記の申請に関して，法人は，主たる事務所の所在地において設立の登記をすることによって成立する。

(司法書士H13・29・エ)

【解答】　×　社団法人は設立に関する主務官庁の許可を得なければならず，その許可を得ることにより成立する（民法34条）。なお，社団法人の設立の登記は成立要件ではなく，第三者に対する対抗要件にすぎない（民法45条2項）。

●問題 478　民法上の社団法人に関して，解散の登記がされた法人が社員総会で継続決議をしたときは，継続の登記を申請しなければならない。

(司法書士H13・29・オ)

【解答】　×　解散した社団法人は，その後に，法人を継続することはできない。したがって，解散の登記がされた法人が社員総会で継続決議をしたときでも，継続の登記を申請することはできない。

第7節　義務違反者に対する措置

（共同の利益に反する行為の停止等の請求）
第57条　区分所有者が第6条第1項に規定する行為［区分所有者による共同利益背反行為］をした場合又はその行為をするおそれがある場合には，他の区分所有者の全員又は管理組合法人は，区分所有者の共同の利益のため，その行為を停止し，その行為の結果を除去し，又はその行為を予防するため必要な措置を執ることを請求することができる。

2　前項の規定に基づき訴訟を提起するには，集会の決議によらなければならない。
　3　管理者又は集会において指定された区分所有者は，集会の決議により，第1項の他の区分所有者の全員のために，前項に規定する訴訟を提起することができる。
　4　前3項の規定は，占有者が第6条第3項において準用する同条第1項に規定する行為［占有者による共同利益背反行為］をした場合及びその行為をするおそれがある場合に準用する。

解説　（1）　本条の請求権が認められるのは，区分所有者が6条1項に規定する行為をした場合またはその行為をする恐れがある場合である。すなわち，区分所有者が「建物の保存に有害な行為その他建物の管理又は使用に関し区分所有者の共同の利益に反する行為」（共同利益背反行為）をした場合またはその行為をする恐れがある場合である。

（2）　共同利益背反行為には，次のものがあげられる。①建物の不当毀損行為（共用部分の毀損行為，専有部分の毀損で建物全体の安定度を弱めるような行為等），②建物の不当使用行為（共用部分をほしいままに使用すること，建物への危険物や極端に重量のある物を持ち込むこと等），③ニューサンス（騒音，振動，悪臭，有毒ガスの発散等）。（このうち，①および②は，建物の物理的な保全または利用を害する行為であり，③は，区分所有建物における共同生活上の利益を害する行為である。）

　もっとも，共同利益背反行為というためには，当該行為が相当範囲の区分所有者の生活利益に及ぶことが必要であり，単なる隣同士のニューサンスやプライバシー侵害は，これに当らない（たとえば，規約で禁止されているペットを飼うことは，エレベーターに乗せること等により近隣住戸だけの問題ではなく広い範囲に影響が及ぶので，共同利益背反行為といえる。しかし，近隣騒音の問題は，当該住戸間の問題であり，共同利益背反行為とはいえない）。

（3）　「差止請求権」は，区分所有者または占有者が共同の利益に反する行為をし，またはその恐れがある場合に，当該区分所有者を除く区分所有者全員または管理組合法人が，区分所有者の共同の利益のために行使することができる。これは，使用禁止の請求（58条），区分所有権の競売の請求（59条），占有者に対する引渡請求（60条）がいずれも「訴えをもって」しなければならないのとは異なり，裁判外，裁判上いずれの形態においてもすることができる。

（4）　①本条1項の規定に基づく共同利益背反行為の停止等を請求する訴訟の提起は，集会の決議によらなければならない。集会の決議は，区分所有者および

議決権の各過半数［普通決議］で決せられる（39条1項）。この要件は，使用禁止請求や競売請求の場合の集会の決議が，区分所有者および議決権の各4分の3以上の多数によっている（58条2項，59条2項）のと比べてゆるやかになっている。これは，本条の請求は本来的に管理に関する事項について行使されるものであって，使用禁止の請求や競売の請求が区分所有権を奪ってしまうのとは異なるからである。

②本条2項の集会の決議は，請求の相手方および共同利益背反行為に該当する行為を特定して，個別の事案ごとにしなければならない。

③法人格を取得していない区分所有者の団体（3条）においては，共同利益背反行為をした者を除く他の区分所有者の全員の名において訴訟を提起することになるが，それは実際上著しく不便であるので，本条3項では，管理者または集会において指定された区分所有者は，集会の決議によって，他の区分所有者の全員のために訴訟を提起できるものとした。この場合の集会の決議は，普通決議で足りる。この訴訟追行権は，26条4項の場合と異なり，規約であらかじめ授権しておくことはできず，個別の事案ごとに集会の決議によって授権しなければならない。

（5） 差止請求の態様には，①違反行為の停止を求めるもの，②違反行為の結果の除去を求めるもの，③違反行為を予防するため必要な措置をとることをも求めるもの，の3つがある。

（6） 本条は6条1項の権利の行使方法を定めたものにすぎず，これらの規定によって，各区分所有者が自己の権利に対する侵害行為についてその差止めを求める権利が否定されるわけではない。個々の区分所有者の差止請求を法的根拠に基づいて区分すると，次のようになる。①6条1項または3項に基づいて行使する差止請求権，②個々の区分所有者の専有部分に基づく物権的請求権を根拠とする差止請求権，③各区分所有者の人格権に基づく差止請求権，④共用部分に基づく共有権を根拠とする差止請求権，⑤民法の不法行為規定に基づく差止請求権。

●問題 479　マンション（管理組合法人が設立されているものとする。）の専有部分内で犬が飼育されている場合に関して，区分所有法の規定及び判例によれば，区分所有者は，集会を開き，犬を飼育している区分所有者の承諾を得ることなく，犬の飼育を禁止する内容に規約を改正することができる。

[マンション管理士H13・34・（1）]

（解答）　○　規約等改正により新たにペット飼育を禁止する際に，既にペットを飼育している区分所有者の承諾は特段の事情がないかぎり不要と解されている（東京高判平成6.8.4）。

●問題 **480** マンション（管理組合法人が設立されているものとする。）の専有部分内で犬が飼育されている場合に関して，区分所有法の規定及び判例によれば，犬の飼育を禁止する規約が設定されている場合，管理組合法人は，犬を飼育する区分所有者に対して犬の飼育を禁止することのほか，必要があれば，犬の引渡し又は売却を請求することができる。　　　　[マンション管理士H13・34・(2)]

(解答) ✕　犬の飼育禁止請求の裁判（57条）では，犬の飼育禁止，損害賠償等の請求ができるのであり，犬の引渡しまたは売却の請求はできない。もし，飼育差止請求を容認する判決に従わない飼育者に対しては，不作為義務の強制執行として，間接強制によることになる。間接強制とは債務（犬を飼わない）の履行を確保するために，債務を履行するまで相当と認める一定の額を支払わなければならない旨の命令を裁判所から発してもらい，これにより債務を早急に実行してもらう方法である。

●問題 **481** マンション（管理組合法人が設立されているものとする。）の専有部分内で犬が飼育されている場合に関して，区分所有法の規定及び判例によれば，犬の飼育に関する規約が定められていない場合であっても，犬の糞尿によるマンションの汚損や臭気が著しいときは，管理組合法人は，必要があれば，犬を飼育する区分所有者に対して飼育の禁止を請求することができる。

[マンション管理士H13・34・(3)]

(解答) ○　犬の飼育禁止の具体的な規約の定めがあれば，より明確であるが，そのような規約が定められていない場合では，共同の利益に反する行為（6条）違反として，管理組合法人は犬を飼育する区分所有者に対して飼育の禁止を請求することができる。

●問題 **482** マンション（管理組合法人が設立されているものとする。）の専有部分内で犬が飼育されている場合に関して，区分所有法の規定及び判例によれば，専有部分の賃借人が規約に反して犬を飼育していた場合，管理組合法人は，当該専有部分の区分所有者に請求することなく，直接，賃借人に対して犬の飼育の禁止を請求することができる。　　　　[マンション管理士H13・34・(4)]

(解答) ○　占有者は，建物またはその敷地もしくは附属施設の使用方法につき，区分所有者が規約または集会の決議に基づいて負う義務と同一の義務を負う（46条2項）。したがって，占有者である賃借人も規約を遵守する義務があり，規約違反の場合は当該専有部分の区分所有者に請求することなく，直接賃借人に対して犬の飼育の禁止を請求することができる。

●問題 **483** 区分所有法の規定及び判例によれば，区分所有者が各区分所有者

の共同の利益に反する行為をした場合には，その利益侵害の程度によって，行為の停止，専有部分の使用禁止，区分所有権の競売を請求する訴訟を提起することができるが，区分所有者及び議決権の各4分の3以上の多数による決議が必要である。
[マンション管理士H13・32・(3)]

解答 ×　共同の利益に反する行為をした者に対して，その利益侵害の程度によって，①行為の停止（差止請求，57条），②専有部分の使用禁止（使用禁止請求　58条），③区分所有権の競売の請求（競売請求，59条）等を請求する訴訟を集会の決議を経て提起することができる。①〜③のすべてが4分の3以上の特別決議が必要なわけではなく，①行為の停止（差止請求，57条）は，過半数の普通決議でよい。差止請求以外の義務違反者に対する措置は特別決議事項であるが，これと間違わないこと。また，差止請求は裁判外でも行使できる。

●**問題 484**　区分所有者又は占有者が共同の利益に反する行為をした場合，又はそのおそれがある場合には，他の区分所有者全員は，差止め請求をすることができる。差止めの訴訟を提起する場合には，集会の決議を要する。
[区分所有管理士H10・11・(1)]

解答 ○　差止請求は，裁判外で請求することもできる。しかし，差止めの訴訟を提起する場合には，集会の普通決議が必要である。

●**問題 485**　占有者へ意見陳述権又は弁明の機会を与えなければならないのは，占有者が区分所有者の共同の利益に反する行為をした場合に，その行為の結果を除去するため必要な措置をとることを請求する訴えの提起について集会の決議をするときである。
[区分所有管理士H10・16・(2)]

解答 ○

●**問題 486**　占有者が一定の義務に反する行為をした場合またはその行為をするおそれがある場合は区分所有者全員または管理組合法人は，その行為を停止し予防するため必要な措置をとるよう請求できる。
[区分所有管理士H11・11・(3)]

解答 ○

●**問題 487**　区分所有者又は占有者が共同の利益に反する行為をした場合，その行為の差し止め請求訴訟を行うには，集会で区分所有者および議決権の各過半数の決議があれば可能である。
[区分所有管理士H11・33・(1)]

解答 ○　差止請求訴訟は，「普通決議」でよい。

●問題 488　バルコニーをサンルームに改造した区分所有者に対し，共同の利益に反する行為であるとして，サンルームの撤去を求める訴訟を提起するには，集会において区分所有者及び議決権の各4分の3以上の特別多数決議が必要である。
[区分所有管理士H13・28・(1)]

解答　×　差止請求訴訟は，「普通決議」でよい。

●問題 489　区分所有法第57条の行為の停止等を請求する訴訟は，区分所有者及び議決権の各3／4以上の多数による集会の決議によらなければ，提起できない。
[宅建H3・14・(3)]

解答　×　差止請求訴訟（57条）は，「普通決議」でよい。

●問題 490　占有者が，建物の保存に有害な行為をするおそれがある場合，管理組合法人は，区分所有者の共同の利益のため，集会の決議により，その行為を予防するため必要な措置を執ることを請求する訴訟を提起することができる。
[宅建H8・14・(4)]

解答　○

（使用禁止の請求）
第58条　前条第1項に規定する場合において，第6条第1項に規定する行為［区分所有者による共同利益背反行為］による区分所有者の共同生活上の障害が著しく，前条第1項に規定する請求［義務違反者に対する差止請求訴訟］によってはその障害を除去して共用部分の利用の確保その他の区分所有者の共同生活の維持を図ることが困難であるときは，他の区分所有者の全員又は管理組合法人は，集会の決議に基づき，訴えをもって，相当の期間の当該行為に係る区分所有者による専有部分の使用の禁止を請求することができる。
2　前項の決議は，区分所有者及び議決権の各4分の3以上の多数である。
3　第1項の決議をするには，あらかじめ，当該区分所有者に対し，弁明する機会を与えなければならない。
4　前条第3項［管理者等による訴訟の提起］の規定は，第1項の訴えの提起に準用する。

解説　（1）　この請求権が認められるための実体法上の要件は，次のとおりである（本条1項）。①区分所有者が6条1項に規定する行為をしたこと，ま

たはその行為をするおそれがあること。②当該行為による区分所有者の共同生活上の障害が著しいこと。③57条1項に規定する請求（差止請求）によっては，その障害を除去して共用部分の利用の確保その他の区分所有者の共同生活の維持を図ることが困難であること。

6条1項に規定する行為またはそのおそれがある場合に限られ，単に規約で定める義務に違反する行為またはそのおそれがあるだけでは足りない。

（2）　共同利益背反行為者を除く他の区分所有者の全員または管理組合法人が共同利益背反行為者に対して専有部分の使用禁止を請求する訴えの提起は，「集会の決議」に基づかなければならない。その決議は，当該区分所有者の区分所有権の本来的機能である自己使用権を一時的にであれ奪うものであるから，その重大性の故に特別多数決議すなわち区分所有者および議決権の各4分の3以上の多数でしなければならない。この決議においては，当該共同利益背反行為者も議決権を行使することができる。したがって，当該共同利益背反行為者たる区分所有者が4分の1を超える議決権を有するときは，この訴えの提起は，事実上不可能である。

なお，集会で決議をするには，あらかじめ，共同利益背反行為者に対して弁明の機会を与えなければならない（本条3項）。この弁明は，集会の前にあらかじめ聴取して区分所有者全員に伝達する方法と，集会の席上で決議前にさせる方法のいずれによっても差支えない。もとより弁明の機会を与えれば足り，弁明をするかどうかは，当該共同利益背反行為者の自由である。

（3）　使用禁止請求権の内容は，①「相当の期間」の②「当該行為に係る区分所有者」による③「専有部分」の使用禁止である。

①の「相当の期間」とは，共同生活の円滑な維持を図るためその使用を禁止することが相当と認められる期間である。数年程度が一応の限度であろう。②の使用禁止請求権行使の効果として，共同生活からの一時的排除を受ける者は，当該行為にかかる区分所有者であるが，その家族等占有補助者の使用も禁止される。ただし，他人に賃貸して使用させることは許される。しかし，区分所有者である以上，使用禁止中も，管理費等の負担義務は免れない。③専有部分が使用できない以上，共用部分や附属施設の使用も禁止される。

●問題 **491**　共同の利益に反する行為による共同生活上の障害が著しい場合，他の区分所有者は集会の決議に基づき，訴えをもって，相当の期間，当該区分所有者による専有部分の使用の禁止を請求することができる。使用禁止の請求は区分所有者及び議決権の各4分の3以上の多数による集会の決議によらなければならない。

[区分所有管理士H10・11・(2)]

(解答)　○

●問題 *492* 区分所有者の専有部分の使用禁止請求訴訟により、その禁止がなされた場合には、第三者にその専有部分を賃貸に出すことはできない。

[区分所有管理士H11・33・(2)]

(解答) ×　使用禁止請求権行使の効果として、共同生活からの一時的排除を受ける者は、当該行為にかかる区分所有者であるが、その家族等占有補助者の使用も禁止される。ただし、他人に賃貸して使用させることは許される。しかし、区分所有者である以上、使用禁止中も、管理費等の負担義務は免れない。

●問題 *493* 用途が住宅と限定されている専有部分を、託児所として使用している区分所有者に対し、共同の利益に反する行為であるとして、託児所としての使用停止を求める訴訟を提起する場合、当該区分所有者に弁明の機会を与えなくてもよい。

[区分所有管理士H13・28・(2)]

(解答) ○　使用停止を求める訴訟は、「普通決議」でよい。

●問題 *494* 用途が店舗と限定されている専有部分を、特定の宗教団体の事務所として使用している賃借人に対し、他の区分所有者の共同生活の維持を図ることが困難であるとして、相当の期間賃借人による専有部分の使用禁止を求める訴訟を提起する場合、集会において区分所有者及び議決権の各4分の3以上の特別多数決議が必要である。

[区分所有管理士H13・28・(3)]

(解答) ×　使用禁止の訴訟は、区分所有者に対して提起できるものであり、賃借人に対しては提起できない。賃借人に対しては、「行為の停止等の請求」（57条）および「引渡し請求」（60条）のみが行える。

●問題 *495* 区分所有法第58条の使用禁止を請求する訴訟は、区分所有者及び議決権各3／4以上の多数による集会の決議によらなければ、提起できない。

[宅建H3・14・(4)]

(解答) ○

（区分所有権の競売の請求）
第59条　第57条第1項に規定する場合において、第6条第1項に規定する行為［区分所有者による共同利益背反行為］による区分所有者の共同生活上の障害が著しく、他の方法によってはその障害を除去して共用部分の利用の確保その他の区分所有者の共同生活の維持を図ることが困難であるときは、他の区分所有者の全員又は管理組合法人は、集会の決議に基づき、訴

えをもって，当該行為に係る区分所有者の区分所有権及び敷地利用権の競売を請求することができる。
2　第57条第3項［管理者等による訴訟の提起］の規定は前項の訴えの提起に，前条第2項［4分の3以上の特別決議］及び第3項［共同利益背反行為に対する弁明の機会］の規定は前項の決議に準用する。
3　第1項の規定による判決に基づく競売の申立ては，その判決が確定した日から6月を経過したときは，することができない。
4　前項の競売においては，競売を申し立てられた区分所有者又はその者の計算において買い受けようとする者は，買受けの申出をすることができない。

解説　（1）　この請求権が認められるための実体法上の要件は，次のとおりである（本条1項）。①区分所有者が6条1項に規定する行為をしたこと，またはその行為をするおそれがあること。②当該行為による区分所有者の共同生活上の障害が著しいこと。③他の方法によっては，その障害を除去して共用部分の利用の確保その他の区分所有者の共同生活の維持を図ることが困難であること。

　58条の使用禁止請求権が差止請求によっては共同生活の維持を図ることが困難であるときに認められる権利であるのに対し，本条の競売請求権は，共同生活の維持を図るため他に方法がないときのみに発生する。

（2）　共同利益背反行為者を除く他の区分所有者の全員または管理組合法人が共同利益背反行為者に対して区分所有権の競売を請求する訴えの提起は，「集会の決議」に基づかなければならない。その決議は，共同利益背反行為者を恒久的に当該共同体から排除するというその重大性の故に特別多数決議すなわち区分所有者および議決権の各4分の3以上の多数でしなければならない。この決議においては，当該共同利益背反行為者も議決権を行使することができる。したがって，当該共同利益背反行為者たる区分所有者が4分の1を超える議決権を有するときは，この訴えの提起は，事実上不可能である。

　なお，集会で決議をするには，あらかじめ，共同利益背反行為者に対して弁明の機会を与えなければならない（本条2項による58条3項の準用）。この弁明は，集会の前にあらかじめ聴取して区分所有者全員に伝達する方法と，集会の席上で決議前にさせる方法のいずれによっても差支えない。もとより弁明の機会を与えれば足り，弁明をするかどうかは，当該共同利益背反行為者の自由である。

（3）　競売請求権の内容は，共同利益背反行為者の区分所有権および敷地利用権の競売を裁判所に請求することである。

（4）　確定判決に基づき，原告は，競売の申立てを執行裁判所に対して行う。

ただし，この申立ては，共同利益背反行為者たる相手方の地位を長期間不安定にしないために，判決の確定の日から6カ月以内になさなければならない（本条3項）。競売の申立ては，区分所有権および敷地利用権についてなされるのであり，両者を分離して処分することが可能な場合にも，必ず両者についての競売申立てがなされるべきである。

（5） 共同利益背反行為者の区分所有権および敷地利用権の競売においては，当該行為者である区分所有者またはその者の計算において買い受けようとする者は，買い受けの申出をすることができない。このような者の買い受けを認めたのでは，本条の目的を達することができないからである。「その者（区分所有者）の計算において）」とは，第三者が自己の名をもって買い受けの申出をするのがもっぱら当該区分所有者のためである場合をいい，その者が，買受代金を買受申出人に提供したり，あらかじめ買受申出人から転売の約束を得ているなど，実質的な買受人が区分所有者である場合がこれに該当する。

●問題 496　共同の利益に反する行為により区分所有者の共同生活上の障害が著しく，他の方法によっては共同生活の維持を図ることが困難であるときは，他の区分所有者は，集会の決議に基づき，訴えをもって，当該行為に係る区分所有者の区分所有権及び敷地利用権の競売を請求することができる。
[区分所有管理士H10・11・(3)]

解答　○

●問題 497　区分所有者の競売請求は，共同の利益に反する行為の態様によっては，差し止め請求または使用禁止請求の手続きを経ないでも実施することができる。
[区分所有管理士H11・33・(4)]
解答　×　競売請求が認められるためには，使用禁止の請求によっては，その障害を除去して共用部分の利用の確保その他区分所有者の共同生活の維持を図ることが困難であることが要件とされる。

●問題 498　競売に付された区分所有権の区分所有者は，その物件の買い受けの申し出をすることはできない。
[区分所有管理士H11・10・(1)]
解答　○　競売においては，競売を申し立てられた区分所有者またはその者の計算において買い受けようとする者は，買受けの申出をすることができない。

●問題 499　区分所有法第59条第1項に規定する区分所有権及び敷地利用権の競売の請求は，区分所有者及び議決権の各5分の4以上の多数による集会の決議

に基づき，訴えをもって行わなければならない。

[区分所有管理士H12・12・(2)，宅建S61・12・(3)]

（解答）　×　区分所有者および議決権の各5分の4以上ではなく，「各4分の3以上」である。

●問題 500　専有部分を暴力団事務所として使用している区分所有者に対し，他の方法によっては他の区分所有者の共同生活の維持を図ることが困難であるとして，区分所有者等の競売を請求する訴訟を提起する場合には，管理者を原告としなければならない。　　　　　　　　　　　　　　　[区分所有管理士H13・28・(4)]

（解答）　×　管理者を原告とする方法以外に，区分所有者の全員で訴訟をする方法，集会において指定された区分所有者の名で訴訟する方法等が考えられる。

●問題 501　区分所有者が区分所有法第6条第1項に規定する共同の利益に反する行為をした場合，管理組合法人は，同法第57条の当該行為の停止等を請求する訴訟及び第58条の使用禁止を請求する訴訟を提起できるが，当該区分所有者の区分所有権の競売を請求する訴訟は提起できない。　　　[宅建H3・14・(1)]

（解答）　×　管理組合法人は，行為の停止等の請求，使用禁止の請求のみならず競売請求の訴訟も提起できる。

（占有者に対する引渡し請求）

第60条　第57条第4項[占有者による共同利益背反行為の差止請求訴訟]に規定する場合において，第6条第3項において準用する同条第1項に規定する行為による区分所有者の共同生活上の障害が著しく，他の方法によってはその障害を除去して共用部分の利用の確保その他の区分所有者の共同生活の維持を図ることが困難であるときは，区分所有者の全員又は管理組合法人は，集会の決議に基づき，訴えをもって，当該行為に係る占有者が占有する専有部分の使用又は収益を目的とする契約の解除及びその専有部分の引渡しを請求することができる。

2　第57条第3項[管理者等による訴訟の提起]の規定は前項の訴えの提起に，第58条第2項[4分の3以上の特別決議]及び第3項[共同利益背反行為に対する弁明の機会]の規定は前項の決議に準用する。

3　第1項の規定による判決に基づき専有部分の引渡しを受けた者は，遅滞なく，その専有部分を占有する権原を有する者にこれを引き渡さなければならない。

解説 （1） この請求権が認められるための実体法上の要件は、次のとおりである（本条1項）。①占有者が6条1項に規定する行為をしたこと、またはその行為をするおそれがあること。②当該行為による区分所有者の共同生活上の障害が著しいこと。③他の方法によっては、その障害を除去して共用部分の利用の確保をその他の区分所有者の共同生活の維持を図ることが困難であること。

通常は、差止請求権を行使しても受け入れられそうにない場合に本条の請求権が行使されることになる。賃貸人が違反行為を理由に賃貸借契約を解除できる場合であっても本条の請求ができる。

（2） 区分所有者の全員または管理組合法人が占有者に対する専有部分の引渡しを請求する訴えの提起は、「集会の決議」に基づかなければならない（請求の相手方は、当該占有者が賃借人などの占有権原のある占有者であるときは当該専有部分の区分所有者と占有者の両者であり［必要的共同訴訟］、占有者が無権原占有者であるときは占有者のみである）。その決議は、当該占有者の占有権を奪うものであるから、その重大性の故に、特別多数決議、すなわち区分所有者および議決権の各4分の3以上の多数でしなければならない。この決議においては、当該専有部分の区分所有者も、共同被告となっているかどうかを問わず、議決権を有する。

なお、集会で決議をするには、あらかじめ、当該占有者に対して弁明の機会を与えなければならない。この弁明は、集会の前にあらかじめ聴取して区分所有者全員に伝達する方法と、集会の席上で決議前にさせる方法のいずれによっても差支えない。もとより弁明の機会を与えれば足り、弁明をするかどうかは、当該占有者の自由である（当該専有部分の区分所有者を共同被告とする場合に、当該区分所有者にも弁明の機会を与えることを必要とするかについては、判例・学説ともに、当該区分所有者に弁明の機会を与える必要はないとする）。

（3） 使用または収益を目的とする契約の解除を宣言し、かつ原告に対する専有部分の引渡しを命ずる判決によって、契約の解除が発生し、原告の被告に対する専有部分の引渡請求権が形成されるとともに、この判決に基づいて原告は専有部分の引渡しの執行をすることができる（民執法168条）。この判決に基づいて専有部分の引渡しを受ければ、原告は目的を達し、その後も専有部分の占有を継続する理由はないので、引渡しを受けた後遅滞なく、当該専有部分を占有する権原を有する者（通常は当該専有部分の所有者）に、引き渡さなければならない（本条3項）。

＊［参考］義務違反者に対する措置のまとめ

	区分所有者	占有者（賃借人）	
①差止請求（57条）	普通決議（1/2超）	普通決議（1/2超）	「集会の決議」
②使用禁止請求（58条）	特別決議（3/4以上）	×	「弁明の機会」
③競売請求（59条）	特別決議（3/4以上）	×	
④契約解除・明渡請求（60条）	○	特別決議（3/4以上）	

←――（必要的共同訴訟）――→

(1) 訴訟提起を管理者に授権し，または訴訟提起すべき区分所有者を決定する決議は，「普通決議」（1/2超）でよい。ただし，この訴訟追行権は，26条4項の場合と異なり，規約であらかじめ与えておくことはできず，必ず個々の事案ごとに集会の決議で付与しなければならない。
(2) 「使用禁止請求（58条）」，「競売請求（59条）」，「契約解除・明渡請求（60条）」について，共通に認められる要件
　(a) 区分所有法6条1項に規定する共同の利益に反する行為をしたこと，またはその行為をするおそれがあること。
　(b) その行為による区分所有者の共同生活上の障害が著しいこと。
　(c) 57条の差止請求その他の方法によっては，その障害を除去して共用部分の利用の確保その他の区分所有者の共同生活の回復，維持を図ることが困難であること。
※これらのすべての場合について，その請求は「訴訟によって」のみ可能であり，この訴訟をするには，「集会による特別決議」が必要である。しかも，この集会による特別決議をするには，あらかじめ当該区分所有者（または，当該占有者）に対し，「弁明の機会」を与えなくてはならない。

■契約解除・明渡請求（60条）の場合の被告について
(1) 区分所有法60条は，占有者（賃借人）に対する引渡し請求であるから占有者に対して訴えを提起する。しかし，当該住戸の区分所有者も共同被告とすべき場合がほとんどであるから，本表では区分所有者の欄にも（○印）を付けて，区分所有者も被告になるとしている（したがって，占有者及び区分所有者を被告とする「必要的共同訴訟」になる）。
(2) 本条では，ⓐ「占有者」のみを被告とする場合と，ⓑ「占有者」と「区分所有者」の両方を被告とする場合に分かれる。
　　ⓐ 占有者が無権原者である場合→「占有者」のみを被告とする。
　　ⓑ 占有者が権原のある占有者の場合→「占有者」と「区分所有者」の両者を被告とする（必要的共同訴訟）。
(3) 本条に基づき集会の決議をする場合に「弁明の機会」を与えなければならないのは，ⓐ，ⓑのケースとも「占有者」のみでよく，「区分所有者」には弁明の機会を与える必要はない（判例・学説）。

●問題 *502* 義務違反者に対する措置として区分所有法に定めがある事項のうち，特別決議（区分所有者及び議決権の各4分の3以上の多数による）とされていないものは，次のうちどれか。
（1．共同の利益に反する行為の差止請求，2．区分所有権の競売の請求，3．専有部分の使用禁止請求，4．占有者に対する専有部分の引渡し請求）
[管理業務主任者H12・17]
〔解答〕 1．共同の利益に反する行為の差止請求（57条）である。

●問題 *503* Aは，マンションの区分所有者Bからその専有部分を賃借しているが，他の区分所有者からの停止の請求を無視して，数年にわたりバルコニーで野鳩の餌付及び飼育をし，著しい悪臭，騒音を生じさせたため，B以外の区分所有者全員は，AB間の賃貸借契約の解除及びAの賃借部分の引渡しの請求を行うこととしたい。この請求を行うに当たっては，必ず集会で区分所有者及び議決権の各3／4以上の多数で決議しなければならない。[マンション管理士H13・5・(1)]
〔解答〕 ○ 占有者に対する契約解除および占有部分の引渡請求は，区分所有者および議決権の各4分の3以上の多数で決議する。

●問題 *504* Aは，マンションの区分所有者Bからその専有部分を賃借しているが，他の区分所有者からの停止の請求を無視して，数年にわたりバルコニーで野鳩の餌付及び飼育をし，著しい悪臭，騒音を生じさせたため，B以外の区分所有者全員は，AB間の賃貸借契約の解除及びAの賃借部分の引渡しの請求を行うこととしたい。この請求を行うための集会の決議の前には，必ずAに弁明の機会を与えなければならない。 [マンション管理士H13・5・(2)]
〔解答〕 ○ 占有者には決議前に弁明の機会を与えなければならない。

●問題 *505* Aは，マンションの区分所有者Bからその専有部分を賃借しているが，他の区分所有者からの停止の請求を無視して，数年にわたりバルコニーで野鳩の餌付及び飼育をし，著しい悪臭，騒音を生じさせたため，B以外の区分所有者全員は，AB間の賃貸借契約の解除及びAの賃借部分の引渡しの請求を行うこととしたい。この賃貸借契約の解除は，訴えをもってしなければならない。
[マンション管理士H13・5・(3)]
〔解答〕 ○ 占有者に対する契約解除および占有部分の引渡請求は，訴えを提起して行うものである。

●問題 *506* Aは，マンションの区分所有者Bからその専有部分を賃借しているが，他の区分所有者からの停止の請求を無視して，数年にわたりバルコニーで

野鳩の餌付及び飼育をし，著しい悪臭，騒音を生じさせたため，B以外の区分所有者全員は，AB間の賃貸借契約の解除及びAの賃借部分の引渡しの請求を行うこととしたい。この請求を行うに当たっては，事前にBの同意を得なければならない。　　　　　　　　　　　　　　　　　　　　　[マンション管理士H13・5・(4)]

(解答)　×　占有者に弁明の機会を与える必要があるが，区分所有者の同意は不要である。区分所有者の同意を得る必要があるという規定はない。

●問題 507　占有者の共同の利益に反する行為により区分所有者の共同生活上の障害が著しく，他の方法によっては共同生活上の維持を図ることが困難であるときは，訴えをもって，当該行為に係る占有者が占有する専有部分の使用又は収益を目的とする契約の解除及びその専有部分の引渡しを請求することができる。この場合，占有者及び占有を許している区分所有者に対し弁明する機会を与える必要がある。　　　　　　　　　　　[区分所有管理士H10・11・(4)，H11・11・(2)]

(解答)　×　区分所有法60条に基づき占有者に対する引渡請求をするための集会の決議に際し，占有者にのみ弁明の機会を与えればよく，専有部分の区分所有者に対して弁明の機会を付与しないでよい（最判昭和62.7.12）。

●問題 508　占有者へ意見陳述権又は弁明の機会を与えなければならないのは，占有者が区分所有者の共同の利益に反する行為をした場合，その占有者が占有する専有部分の使用を目的とする契約の解除を請求する訴えの提起について集会の決議をするときである。　　　　　　　　　　　　　　[区分所有管理士H10・16・(3)]

(解答)　○

●問題 509　占有者が区分所有法第6条第1項に規定する共同の利益に反する行為をした場合，管理組合法人は，当該占有者の専有部分の引渡しを請求する訴訟を提起することはできない。　　　　　　　　　　　　　　　　　[宅建H3・14・(2)]

(解答)　×　管理組合法人は，集会の決議（特別決議）に基づき，訴えを持って専有部分の使用・収益を目的とする契約の解除および専有部分の引渡しを請求することができる。

●問題 510　区分所有者から専有部分を賃借しているAが区分所有者の共同の利益に反する行為を行った場合において，区分所有者の共同生活上の障害が著しく，他の方法によってはその障害を除去することが困難であるときは，管理組合法人は，集会の決議をもって，その賃貸借契約を解除することができる。

[宅建H5・14・(4)]

(解答)　×　占有者が共同の利益に反する行為を行った場合において，その占

有者が締結している賃貸借契約等を解除し，専有部分の引渡しの請求をするためには，集会の決議に基づき，訴えをもって行わなければならない。単に，集会の決議によって行うことはできない。

第8節　復旧及び建替え

（建物の一部が滅失した場合の復旧等）
第61条　建物の価格の2分の1以下に相当する部分が滅失したとき［小規模滅失］は，各区分所有者は，滅失した共用部分及び自己の専有部分を復旧することができる。ただし，共用部分については，復旧の工事に着手するまでに第3項［共用部分を復旧する旨の決議］又は次条第1項［建替え決議］の決議があったときは，この限りでない。

2　前項の規定により共用部分を復旧した者は，他の区分所有者に対し，復旧に要した金額を第14条［共用部分の持分の割合］に定める割合に応じて償還すべきことを請求することができる。

3　第1項本文に規定する場合には，集会において，滅失した共用部分を復旧する旨の決議をすることができる。

4　第3項の規定は，規約で別段の定めをすることを妨げない。

5　第1項本文に規定する場合を除いて，建物の一部が滅失したとき［大規模滅失］は，集会において，区分所有者及び議決権の各4分の3以上の多数で，滅失した共用部分を復旧する旨の決議をすることができる。

6　前項の決議をした集会の議事録には，その決議についての各区分所有者の賛否をも記載しなければならない。

7　第5項の決議［大規模滅失の場合の特別多数による復旧決議］があったときは，その決議に賛成した区分所有者（その承継人を含む。）以外の区分所有者は，決議に賛成した区分所有者（その承継人を含む。）に対し，建物及びその敷地に関する権利を時価で買い取るべきことを請求することができる。

8　第5項に規定する場合において，建物の一部が滅失した日から6月以内に同項又は次条第1項［建替え決議］の決議がないときは，各区分所有者は，他の区分所有者に対し，建物及びその敷地に関する権利を時価で買い取るべきことを請求することができる。

9　第2項及び前2項の場合には，裁判所は，償還又は買取りの請求を受けた区分所有者の請求により，償還金又は代金の支払につき相当の期限を許

与することができる。

解説 （1）本条は，建物の一部が滅失した場合の復旧をめぐる法律関係について，滅失の程度が①建物の価格の2分の1以下の場合（小規模滅失）と②2分の1を超える場合（大規模滅失）とに分けて規定する。

（2）建物の滅失とは，地震，風水害，火災，爆発事故等により，建物が消滅して建物としての効用が失われることをいう。建物が時の経過とともに自然的に建物としての効用を失う朽廃とは区別される。建物の滅失には全部の滅失と一部の滅失とがあるが，本条が規定しているのは，一部の滅失についてである（全部が滅失した場合の建物の再建等は，建物の敷地であった土地の共有関係［敷地利用権が地上権または賃借権であったときは，当該権利の準共有関係］の問題として処理する）。

「小規模滅失」か「大規模滅失」かは，滅失の時を基準にして，滅失前の状態における建物の全体価格と滅失後の状態における建物全体の価格とを比較して決定され，後者が前者の2分の1以上であれば小規模滅失，2分の1より小さければ大規模滅失である。この比較においては専有部分と共用部分がどのような比率で滅失したかは問わない。

（3）滅失部分の価格割合が建物価格の2分の1以下（小規模滅失）である場合の扱いは，次のようになる。「専有部分の復旧」と「共用部分の復旧」について，専有部分の復旧はその区分所有者が行い（専有部分の復旧は，専ら当該専有部分の区分所有者が決し，かつ実行するのであり，これを集会で決議することはできない。），①各区分所有者は，単独でも共用部分の復旧を行うことができる（本条1項）。②しかし，区分所有者は，復旧工事に着手する前に復旧または建替えについて集会の決議があった場合には，それに拘束され，個別に復旧工事を行うことができない（本条1項但書）。③集会における復旧決議は，区分所有者および議決権の各過半数によって行う［普通決議］。ただし，復旧とは，滅失部分を原状に回復することであって，共用部分の構造や用途が従前と確定的に異なる場合には復旧に当たらない。その場合には，共用部分の変更に相当するとみられ，区分所有者および議決権の各4分の3以上の多数によって決議することが必要である（17条）。

（4）滅失部分の価格割合が建物価格の2分の1を超える（大規模滅失）である場合の扱いは，次のようになる。「専有部分の復旧」と「共用部分の復旧」について，専有部分の復旧はその区分所有者が行い，①共用部分の復旧のための集会の決議は，区分所有者および議決権の各4分の3以上の多数によって行うことを必要とする（本条5項）。（小規模滅失の場合には各区分所有者が単独で共用部

分の復旧を行うことができるが、大規模滅失の場合には、各区分所有者が独自に滅失した共用部分の復旧をすることはできない。）なお、大規模滅失の場合の決議の要件と共用部分を変更する場合の決議の要件とは同じ（ただし、後者については区分所有者の定数［頭数］を規約でその過半数まで減ずることができる（17条1項但書））であるので、集会において、滅失前の状態に変更を加える形態での修復を決議することもできると考えられる。②この決議をした集会の議事録には、その決議についての各区分所有者の賛否をも記載しなければならない（本条6項）。この決議に賛成した区分所有者以外の区分所有者に買取請求権が認められているので、買取請求権を行使しうる者とその相手方との区別を明確にするためである。

（5）　大規模滅失の場合、①復旧の決議があったとき、決議に賛成した区分所有者以外の区分所有者に、②建物の一部滅失の日から6カ月以内に復旧の決議または建替えの決議がないとき、各区分所有者に買取請求権が認められている（本条7項、8項）。買取請求権を行使した者は、区分所有関係から離脱することになる。この買取請求権はいわゆる形成権の性質を有するから、請求者の一方的意思表示によって相手方との間に売買契約が成立する。

（6）　「売渡請求権」等を定めた他の条項（10条［区分所有権の売渡請求権］、59条1項［区分所有権および敷地利用権の競売請求権］、63条4項［区分所有権および敷地利用権の売渡請求権］等）においては、その目的物を「区分所有権、敷地利用権」と表現しているのに対し、61条8項では、これと異なる表現［建物およびその敷地の買取請求権］を用いているのは、当該区分所有者の専有部分が滅失している場合があることを考慮したものである。しかし、この場合においても、建物の共用部分の持分はなお存続する。

●問題 *511*　建物部分の面積の2分の1を超える部分が滅失したときは、各区分所有者は滅失した共用部分及び専有部分を復旧することができる。

［管理業務主任者H12・19・（1）］

解答　×　小規模滅失か大規模滅失かは、建物部分の「面積」ではなく、建物部分の「価格」により判断する。本肢の建物部分の面積の2分の1を超える滅失でも小規模滅失と判断される場合もある。しかし、大規模滅失だと判断された場合は、各区分所有者は、勝手に共用部分の復旧をすることはできなくなる。

●問題 *512*　建物の価格の2分の1以下に相当する部分が滅失したときは、滅失した共用部分を復旧することができるが、この場合の決議は、区分所有者及び議決権の各4分の3以上の特別決議とすることを要する。

[管理業務主任者H12・19・(2)]

解答 ✕ 建物の価格の2分の1以下に相当する部分が滅失した場合なので，小規模滅失である。この場合の共用部分を復旧する旨の決議は普通決議でよい。

●問題 **513** 建物の価格の2分の1を超える部分が滅失したときは，各区分所有者は集会において区分所有者及び議決権の各5分の4以上の多数で，滅失した共用部分の復旧を決議することができる。　　　　　　[管理業務主任者H12・19・(3)]

解答 ✕ 建物の価格の2分の1を超える部分が滅失した場合なので，大規模滅失である。この場合の共用部分を復旧する旨の決議は特別決議（区分所有者および議決権の各4分の3以上）で行う。

●問題 **514** 建物の価格の2分の1を超える部分が滅失したときの復旧決議に賛成しなかった区分所有者は，決議に賛成した区分所有者（その承継人を含む。）に対し，建物及び敷地に関する権利を時価で買い取るべきことを請求することができる。　　　　　　[管理業務主任者H12・19・(4)]

解答 ◯ これは，反対者から賛成者への「建物買取請求権」の行使である（「売渡請求権」と間違わないようにすること）。

●問題 **515** 復旧決議後，決議不賛成者は決議賛成者に対し，建物及びその敷地に関する権利を時価で買い取るべきことを請求することができる。

[区分所有管理士H10・45・(1)]

解答 ◯

●問題 **516** 復旧決議があった場合の買い取り請求権は，決議賛成者の全員に対して，また，任意の1人又は数人に対しても行使できる。

[区分所有管理士H10・45・(2)]

解答 ◯

●問題 **517** 滅失後6月以内に復旧決議あるいは建替え決議がないときは，各区分所有者は管理組合に対して，建物及びその敷地に関する権利を時価で買い取るべきことを請求することができる。　　　　　　[区分所有管理士H10・45・(3)]

解答 ✕ 管理組合に対してではなく，「他の区分所有者」に対して請求することができる。

●問題 **518** 買い取り請求権の行使により，請求者には建物の明け渡し義務と

所有権移転登記義務が，相手方には時価による売買代金の支払い義務が生じる。
[区分所有管理士H10・45・(4)]

解答 ○　損傷の程度により，建替え決議が行われる場合もある。

●**問題 519**　大規模な火災・震災等で政令で定めるものによりマンションが全部滅失した場合には，土地の共有関係が残るだけなので，マンションを再建するには，土地共有者全員の同意が必要である。　[区分所有管理士H13・24・(1)]

解答 ×　政令指定災害により，マンションが全部滅失した場合は，被災マンション法により敷地共有者等の議決権の5分の4以上の多数でマンションの再建の決議をすることができる。

●**問題 520**　マンションが損傷した場合には，補修の決議をすることができるから，建替え決議をすることはできない。　[区分所有管理士H13・24・(2)]

解答 ×　損傷の程度により，建替え決議が行われる場合もある。

●**問題 521**　マンションが一部滅失した場合には，復旧決議をすることができるが，建替えの決議をすることができる場合もある。[区分所有管理士H13・24・(3)]

解答 ○

●**問題 522**　復旧決議に賛成しなかった者は賛成した者に対し，建物と敷地に関する権利を買い取るべきことを請求でき，同様に建替え決議に賛成しなかった者は賛成した者等に対し，区分所有権及び敷地利用権を買い取るべきことを請求できる。　[区分所有管理士H13・24・(4)]

解答 ×　復旧決議の場合は，反対者から賛成者へ「買取請求権」を行使できるが，建替え決議の場合は，反対者から賛成者への「買取請求権」の規定はない。建替え決議の場合は，賛成者から反対者へ「売渡請求権」を行使できる。

●**問題 523**　建物の価格の1／2を超える部分が滅失したときは，集会において，区分所有者及び議決権の各3／4以上の多数で，滅失した共用部分を復旧する旨の決議をすることができる。　[宅建S61・4・(4)]

解答 ○　建物の価格の2分の1を超える部分が滅失した場合なので，大規模滅失に該当し，滅失した共用部分を復旧する旨の決議をする場合は，特別決議（区分所有者および議決権の各4分の3以上）が必要となる。

●**問題 524**　区分所有建物の一部が滅失し，その滅失した部分が建物の価格の

1／2を超える場合，滅失した共用部分の復旧を集会で決議するためには，区分所有者及び議決権の各3／4以上の多数が必要であり，規約で別段の定めをすることはできない。　　　　　　　　　　　　　　　　　　　　　　　　[宅建H7・14・(2)]

解答　○　建物の価格の2分の1を超える部分が滅失したときは，集会において，区分所有者および議決権の各4分の3以上の多数で，滅失した共用部分を復旧する旨の決議をすることができる。この点については，規約で別段の定めができる旨の規定はない。

●**問題 525**　建物の価格の3分の1に相当する部分が滅失したときは，規約に別段の定め又は集会の決議がない限り，各区分所有者は，自ら単独で滅失した共用部分の復旧を行うことはできない。　　　　　　　　　　　　　　[宅建H9・13・(2)]

解答　×　建物の価格の3分の1に相当する部分が滅失した，ということは，建物の価格の2分の1以下の滅失であり，小規模滅失に該当する。この場合は，規約の別段の定めまたは集会の決議がない限り，各区分所有者は，滅失した共用部分および自己の専有部分を，自ら単独で復旧することができる。

●**問題 526**　建物の価格の3分の2に相当する部分が滅失したときは，集会において，区分所有者及び議決権の各4分の3以上の多数で，滅失した共用部分を復旧する旨の決議をすることができる。　　　　　　　　　　　　　　[宅建H9・13・(3)]

解答　○　建物の価格の3分の2に相当する部分が滅失した，ということは，建物の価格の2分の1を超える滅失であり，大規模滅失に該当する。この場合は，集会において，区分所有者及び議決権の各4分の3以上の多数で，滅失した共用部分を復旧する旨の決議を行うことができる。

●**問題 527**　建物の価格の1／2以下に相当する部分が滅失した場合において，滅失した共用部分を復旧するときは，集会の決議の方法で決することが必要で，規約によっても，それ以外の方法による旨定めることはできない。

[宅建H12・13・(2)]

解答　×　規約で別段の定めをすることもできる。

（建替え決議）
第62条　老朽，損傷，一部の滅失その他の事由により，建物の価額その他の事情に照らし，建物がその効用を維持し，又は回復するのに過分の費用を要するに至ったときは，集会において，区分所有者及び議決権の各5分の4以上の多数で，建物を取り壊し，かつ，建物の敷地に新たに主たる使用

目的を同一とする建物を建築する旨の決議（以下「建替え決議」という。）をすることができる。
２　建替え決議においては，次の事項を定めなければならない。
　一　新たに建築する建物（以下「再建建物」という。）の設計の概要
　二　建物の取壊し及び再建建物の建築に要する費用の概算額
　三　前号に規定する費用の分担に関する事項
　四　再建建物の区分所有権の帰属に関する事項
３　前項第３号及び第４号の事項は，各区分所有者の衡平を害しないように定めなければならない。
４　前条第６項［集会議事録への賛否の記載］の規定は，建替え決議をした集会の議事録に準用する。

解説　（１）　建替え決議の法律上の効果は，①売渡請求権の成立（63条），②建替え賛成者間での合意の擬制（64条）の２つであって，それ以外でない。すなわち，建替え決議は，区分所有者の団体がその集会において直接に建替えを決定しそれを全員に強制する決議ではなく，期限つきの売渡請求権の成立という法律状況をつくりだすための決議である。それが期限内に行使されて反対者がいなくなったときにはじめて建替えの合意が成立したものとみなされ，それが以後合意当事者と擬制された建替え賛成者を拘束することになる。

（２）　建替えとは，既存の（区分所有）建物を取り壊し，かつ，建物の敷地に新たに主たる使用目的を同一とする建物を建築することである（本条１項）。すなわち，①既存建物の取り壊し（区分所有建物が現存していることを必要とする。かつて存在した建物の全部が滅失または朽廃している場合には，建替えとはならない。その場合には，土地利用権者全員の同意が必要），②敷地の同一性（新たに建築される建物は，取り壊される建物の敷地に建築されなければならない），③主たる使用目的の同一性（再建建物は，従前の建物と同一の目的のために使用されるものでなければならない。「使用目的」とは，住居用，店舗用，事務所用等の区分をいうが，建物全体からみて「主たる」使用目的が同一であれば足りる），が必要である。

（３）　建替え決議をするには，「建物がその効用を維持し，又は回復するのに過分の費用を要するに至った」という要件が必要である（本条１項）。すなわち，建物がその社会的経済的効用を失った場合にのみ，多数決による建替えを実現することができる「客観的要件」。付近の土地の利用状況の変化その他の事情により，建物の建替えをすればこれに要する費用に比較して著しくその効用を増すこととなるに至ったときという「効用増」を理由とする建替えは，認められない。

（4） この建替え決議は，区分所有者および議決権の各5分の4以上の多数による集会の決議によってしなければならない（本条1項）［手続要件］。なお，この決議をした集会の議事録には，その決議についての各区分所有者の賛否をも記載しなければならない（本条4項，61条6項）。これは，63条4項に規定する売渡請求権の行使者（建替え参加者）とその相手方（建替え不参加者）とを明確にするためである。

（5） 建替え決議においては，次の事項を建替え計画の概要として定め，それを含めて所定の多数による議決が行われることを必要とする（本条2項）。①再建建物の設計の概要，②建物の取壊しおよび再建建物の建築に要する費用の概算額，③この費用の分担に関する事項，④再建建物の区分所有権の帰属に関する事項。

（6） 建替え決議が，上記（3）の［客観的要件］または（4）の［手続要件］を満たさずに行われた場合には，無効である。また，決議にあたって，（5）に掲げた4つの事項のいずれかを定めなかった場合にも，建替え決議としては効力を生じない。

（7） 建替え決議の効果は，決議当時の区分所有者およびその承継人に対してのみ及び，第三者には及ばない。①専有部分の賃借人との関係では，建替え決議が賃貸借の更新拒絶または解約申入れの正当事由の要素として考慮される。②専有部分上の抵当権者との関係では，取壊しに対する差止請求権等物権的請求権を排除することはできない。このため，建物の取壊しまでに被担保債務の弁済，増担保などによって，抵当権に基づく差止請求を受けるおそれがないようにすることが必要となる。③抵当権者は，建替え不参加者が売渡請求権者に対し有する売渡代金債権につき物上代位が認められる。

●問題 *528* 下記条件の区分所有建物において，建替え決議が成立するために必要となる最小限の区分所有者の定数と議決権数の次の組み合わせのうち，正しいものはどれか。

①専有部分の数60戸。規約で，議決権は専有部分1戸につき1と定められている。②専有部分60戸のうち，区分所有者Aが5戸，区分所有者Bが3戸，区分所有者Cが2戸所有している。その他は各区分所有者がそれぞれ1戸を所有している。

（1．区分所有者数27人，議決権数31個， 2．区分所有者数40人，議決権数45個， 3．区分所有者数43人，議決権数48個， 4．区分所有者数10人，議決権数12個）

[管理業務主任者H12・18]

(解答) 正解3． 本問では，1人で複数戸持っている区分所有者がいるので，まず全区分所有者数と全議決権数を確認する。

① 全区分所有者数（頭数）
　A・5戸（1人）＋B・3戸（1人）＋C・2戸（1人）＋50人＝53人
② 全議決権数
　（A・5個）＋（B・3個）＋（C・2個）＋50個＝60個
　本問の全区分所有者数（頭数）は43人，と全議決権数は60個になる。建替え決議が成立するためには，区分所有者および議決権の5分の4以上で決することから，それぞれの5分の4以上の数を確認すると，①区分所有者数（頭数）は43人，②議決権数は48個になる。したがって，3．が正解となる。

●問題 529　建替え決議において定めなければならないと区分所有法に規定されている次の事項のうち，誤っているものはどれか。　[管理業務主任者H12・20]
（1．新たに建築される建物の設計の概要，2．建物の取壊し及び再建建物の建築に要する費用の概算額，3．2．に規定する費用の分担に関する事項，4．再建建物の維持管理に要する費用及び修繕積立金の額）
【解答】　4．再建建物の維持管理に要する費用及び修繕積立金の額

●問題 530　老朽により，建物の価格その他の事情に照らし，建物がその効用を維持し，又は回復するのに過分の費用を要するに至ったときは，集会において，区分所有者及び議決権の各4分の3以上の多数で建替えをすることができる。
[管理業務主任者H13・34・(1)]
【解答】　×　区分所有者および議決権の各4分の3以上ではなく，「区分所有者および議決権の各5分の4以上」である。

●問題 531　建替え決議においては，新たに建築する建物の設計の概要及び建設業者を定めなければならない。　[管理業務主任者H13・34・(2)]
【解答】　×　建設業者を定めることは，計画の概要に入っていない。

●問題 532　建替え決議においては，建物の取壊し及び再建建物の建築に要する費用の概算額を定めなければならないが，当該費用の分担に関する事項は定める必要がない。　[管理業務主任者H13・34・(3)]
【解答】　×　建替え決議では，次の建替え計画の概要を定めなければならない。①再建建物の設計の概要，②建物の取壊しおよび再建建物の建築に要する費用の概算額，③②の費用の分担に関する事項，④再建建物の区分所有権の帰属に関する事項。

●問題 533　建替え決議においては，再建建物の区分所有権の帰属に関する事

項を定めなければならない。　　　　　　　　　　　　［管理業務主任者H13・34・(4)］

解答　○

●問題 **534**　甲マンション（同一床面積の13の専有部分からなり，Aが5戸，Bが3戸，Cが2戸，D，E，Fが各1戸を所有し，規約において，各専有部分は一の議決権を有するものとされている。）の建替えについて，区分所有法の規定によれば，その建替え決議ができるのは，次のア〜エのうち，いくつあるか。ただし，区分所有法の建替えに係るその他の要件を満たしているものとする。
（ア　ABCDの賛成，イ　ABCDEの賛成，ウ　ACDEFの賛成，エ　BCDEFの賛成）　　　　　　　　　　　　　　　　　［マンション管理士H13・11］

解答　建替え決議は，区分所有者および議決権の各5分の4以上の賛成が必要である。本問の場合，区分所有者数は6人であるから5人以上，議決権は13であるから11以上が必要であり，正解は「イ」の1つのみである。

●問題 **535**　老朽，損傷，一部の滅失その他の事由により，建物の価格その他の事情に照らし，建物がその効用を維持し，又は回復するのに過分の費用を要するに至ったときは，集会において，区分所有者及び議決権の各5分の4以上の多数で，建物を取り壊し，かつ，当該建物の敷地若しくはその一部の土地又はその敷地の全部若しくは一部を含む土地に新たな建物を建築する旨の決議をすることができる。　　　　　　　　　　　　　　　　　　　　　　　　　　　　［区分所有管理士H13・26・(1)］

解答　×　建替えにあたっては，敷地の同一性が必要である。

●問題 **536**　建替え決議においては，「新たに建築する建物の設計の概要」，「建物の取壊し及び再建建物の建築並びに維持管理に要する費用の概算額」，「建物の取壊し及び再建建物の建築並びに維持管理に要する費用の分担に関する事項」，「再建建物の区分所有権の帰属に関する事項」を定めなければならない。
　　　　　　　　　　　　　　　　　　　　　　　　　　　　［区分所有管理士H13・26・(2)］

解答　×　維持管理に要する費用の分担に関する事項は，計画の概要に含まれない。

●問題 **537**　建物の区分所有等に関する法律第62条の老朽化による建替えは，集会において区分所有者及び議決権の各4／5以上の多数による決議で行うことができることとされており，規約で別段の定めをすることはできない。
　　　　　　　　　　　　　　　　　　　　　　　　　　　　　　［宅建H4・16・(4)］

解答　○　これは強行規定であり，規約で別段の定めをすることはできない。

●問題 538　区分所有法第62条第1項に規定する建替え決議は，規約で別段の定めをすれば，区分所有者及び議決権の各4分の3以上の多数により行うことができる。
　　　　　　　　　　　　　　　　　　　　　　　　　　[宅建H9・13・(4)]

解答　×　建替え決議（区分所有者および議決権の各5分の4以上）は，強行規定なので規約で別段の定めはできない。

（区分所有権等の売渡し請求等）

第63条　建替え決議があったときは，集会を招集した者は，遅滞なく，建替え決議に賛成しなかった区分所有者（その承継人を含む。）に対し，建替え決議の内容により建替えに参加するか否かを回答すべき旨を書面で催告しなければならない。

2　前項に規定する区分所有者は，同項の規定による催告を受けた日から2月以内に回答しなければならない。

3　前項の期間内に回答しなかった第1項に規定する区分所有者は，建替えに参加しない旨を回答したものとみなす。

4　第2項の期間が経過したときは，建替え決議に賛成した各区分所有者若しくは建替え決議の内容により建替えに参加する旨を回答した各区分所有者（これらの者の承継人を含む。）又はこれらの者の全員の合意により区分所有権及び敷地利用権を買い受けることができる者として指定された者（以下「買受指定者」という。）は，同項の期間の満了の日から2月以内に，建替えに参加しない旨を回答した区分所有者（その承継人を含む。）に対し，区分所有権及び敷地利用権を時価で売り渡すべきことを請求することができる。建替え決議があった後にこの区分所有者から敷地利用権のみを取得した者（その承継人を含む。）の敷地利用権についても，同様とする。

5　前項の規定による請求があった場合において，建替えに参加しない旨を回答した区分所有者が建物の明渡しによりその生活上著しい困難を生ずるおそれがあり，かつ，建替え決議の遂行に甚だしい影響を及ぼさないものと認めるべき顕著な事由があるときは，裁判所は，その者の請求により，代金の支払又は提供の日から1年を超えない範囲内において，建物の明渡しにつき相当の期限を許与することができる。

6　建替え決議の日から2年以内に建物の取壊しの工事に着手しない場合には，第4項の規定により区分所有権又は敷地利用権を売り渡した者は，この期間の満了の日から6月以内に，買主が支払った代金に相当する金銭をその区分所有権又は敷地利用権を現在有する者に提供して，これらの権利を売り渡すべきことを請求することができる。ただし，建物の取壊しの工

事に着手しなかったことにつき正当な理由があるときは、この限りでない。
7　前項本文の規定は、同項ただし書に規定する場合において、建物の取壊しの工事の着手を妨げる理由がなくなった日から6月以内にその着手をしないときに準用する。この場合において、同項本文中「この期間の満了の日から6月以内に」とあるのは、「建物の取壊しの工事の着手を妨げる理由がなくなったことを知った日から6月又はその理由がなくなった日から2年のいずれか早い時期までに」と読み替えるものとする。

解説　　（1）　区分所有者の団体（3条の団体）は、建物等の管理を目的とし、集会は団体の意思決定機関であり、通常の集会の決議は、当然に全区分所有者を拘束し、管理者が全区分所有者の付託を受け、全区分所有者の責任と負担においてこれを実行する。しかし、建替え（建物を取り壊して新たな建物を建築すること）は、建物の管理の範疇を越えるものであり、3条の団体が行うものではなく、3条の団体とは別個の建替え参加者団体が行うものである。したがって、建替えについては、建物の存続を前提とする管理者、集会等に関する規定をそのまま適用することはできない。そのために、区分所有建物の建替えを区分所有者の多数決によって進める場合には、「区分所有者全員によって当然に構成される従前からの団体」（3条）と、「建替えに賛成してそれを実施する区分所有者の集団」とは一致しない。そのため、両者を切断し、①少数者を排除し、②そのことによって従前の団体を消滅させ、③多数者を別個の目的を有する集団に組み替える等の一定の法的手続によって整序することが必要となる。

（2）　建替え決議の効果として、建替え参加者に不参加者に対する区分所有権及び敷地利用権の「売渡請求権」が発生する。建替え決議が行われると、その集会の招集者は、建替え決議に賛成したと議事録に記載されている区分所有者以外の区分所有者全員（包括承継人または特定承継人も含む）に対して、遅滞なく、建替え決議の内容により建替えに参加するか否かを回答すべき旨の催告を書面で行う（本条1項）。催告期間（回答すべき期間）は、催告を受けた日から2ヵ月である（本条2項）。この期間内に回答しなかった区分所有者は、建替えに参加しない旨を回答したものとみなされる（本条3項）。

いったん不参加の回答をした者も、上記の期間内であればこれを撤回して新たに参加の回答をすることができる。しかし、①いったん参加の回答をした者は、その時点までの建替え参加者との間で建替えの合意をしたものとみなされる（64条）から、参加の回答を撤回することはできない。また、②集会において建替え決議に参加した者も、その時点で賛成者間において建替えの合意をしたものとみなされるから、その後に不参加の意思表示をすることはできない。しかし、①お

よび②の区分所有者は，建替え決議に拘束され，事業に協力する義務を負うが，自己の区分所有権等を第三者に譲渡することは自由である。

（3）　建替え参加者およびその承継人は，各自でまたは共同して催告期間の満了から2カ月以内に，建替え不参加者およびその承継人に対して区分所有権および敷地利用権を売り渡すべきことを請求することができる。さらに，建替え参加者全員が同意する場合には，第三者（具体的には，いわゆるデベロッパー）を買受指定者として，建替え不参加者に対する区分所有権および敷地利用権の売渡請求の事務にあたらせることができる。なお，この買受指定者は，集会の決議その他の多数決の方法で指定することはできず，建替え参加者全員の別個の合意で指定することを要する。

（4）　売渡請求権を行使できる時期の具体的な計算例は，次のようになる。例えば，某年4月10日に本条1項に規定による催告が到達したときは，同条2項の期間の満了日は同年6月10日であり，売渡請求権を行使することができるのは，同年6月11日から8月10日までである。

（5）　「時価」は，建替えを相当とする状態（建物の老朽等によりその効用を維持・回復するのに過分の費用を要する状態）での建物および敷地の価格ではなく，「建替え決議の存在を前提としての時価」，つまり，建替えによって実現されるべき利益を考慮した価格である。

（6）　売渡請求権の行使によって直ちに専有部分の引渡し（明渡し）の義務が生ずるのであるが，このことによって生ずる建替え不参加者の生活への影響を緩和するため，裁判所が明渡しにつき代金の支払いまたは提供から1年を超えない範囲で期限を許与することができるものとした（本条5項）。ただし，その要件は厳格で，期限を許与すべき要件は，①建替え不参加者が建物の明渡しによりその生活上著しい困難を生ずるおそれがあること，②期限を許与することが建替え決議の遂行に甚だしい影響を及ぼさないものとみとめるべき顕著な事由があることである。①②の要件が併せて充足されることを要する。生活上の支障に限られ，単なる営業上の支障等は考慮されない。

（7）　建替え決議の日から2年以内に建物の取壊し工事に正当の理由なく着手しない場合には，売渡請求によって区分所有権および敷地利用権を譲渡した者は，それらの権利を現に有する者に対して，再売渡しの請求をすることができる（本条6項）。請求の期間は，建替え決議から2年の期間が満了した日から6カ月である（再売渡しの請求を行使できる時期の具体的な計算例は，次のようになる。例えば，某年4月10日に建替え決議がされた場合に，本条6項による売渡請求権を阻止するには，2年後の4月10日に取壊しの工事に着手することを要し，同日中にその着手がされないときは，翌4月11日から同年10月10日までに，同項による売渡請求権を行使することができる）。

●**問題 539** 建替え決議後，集会招集者は決議不賛成者に対して，建替えへの参加の意思を回答するよう，書面で催告を行うことを要し，その催告を受けた区分所有者がその日から2月以内に回答しなかった場合は不参加者と見なされる。
[区分所有管理士H10・44・(1)，H13・26・(3)]

(解答) ○

●**問題 540** 建替え参加者の確定後に，その全員の合意により区分所有権及び敷地利用権を買い受けることができる者として指定された者を，買受指定者と言う。買受指定者の資格は，民間デベロッパー又は公団・公社などに制限されている。
[区分所有管理士H10・44・(2)]

(解答) × 買受指定者の資格は，民間デベロッパーまたは公団・公社などに制限されているわけではない。

●**問題 541** 建替への参加の意思を回答するよう催告を受けた者は，催告を受けた日から2月以内に回答をしなければならないが，いったん不参加の回答をした者も，この期間内であれば，これを撤回し，新たに参加の回答をすることができる。
[区分所有管理士H10・44・(3)]

(解答) ○

●**問題 542** 建替え決議の効果は，区分所有者及びその承継人のみに対し効力を有し，抵当権者には及ばない。
[区分所有管理士H10・44・(4)]

(解答) ○

●**問題 543** 建替え決議に賛成しなかった区分所有者（その承継人を含む。）は，集会を招集した者から，催告を受けた日から2月以内に回答しなければ，建替えに参加しない旨を回答したものとみなされる。
[区分所有管理士H13・26・(4)]

(解答) ○

●**問題 544** 建物の区分所有等に関する法律第62条の老朽化による建替えの決議が集会においてなされた場合，当該決議に賛成しなかった区分所有者も，建替えに参加しなければならない。
[宅建H6・14・(4)]

(解答) × 建替え決議に賛成しなかった区分所有者は，建替えに参加するか，売渡請求に応じて区分所有権および敷地利用権を時価で売り渡すかを選択することができ，建替えへの参加を強制されるわけではない。

●問題 **545** 区分所有法第62条第1項に規定する建替え決議が集会においてなされた場合，決議に反対した区分所有者は，決議に賛成した区分所有者に対し，建物及びその敷地に関する権利を時価で買い取るべきことを請求することができる。
[宅建H10・13・(4)]

解答 × 建替え決議が集会によってなされた場合，決議に参加した区分所有者は，決議に反対した区分所有者に対して，区分所有権および敷地利用権を時価で売り渡すべきことを請求できるが，反対者からの買取請求は認められていない。なお，本肢のように，決議に反対した区分所有者に買取請求が認められているのは，大規模滅失による復旧の場合である。

（建替えに関する合意）
第64条 建替え決議に賛成した各区分所有者，建替え決議の内容により建替えに参加する旨を回答した各区分所有者及び区分所有権又は敷地利用権を買い受けた各買受指定者（これらの者の承継人を含む。）は，建替え決議の内容により建替えを行う旨の合意をしたものとみなす。

解説 （**1**） 建替えに参加する区分所有者が建替えに参加しない区分所有者に対して売渡請求権を行使すると，建替え参加者のみが区分所有者であるという状態が形成される。しかし，この状態のままでは当然にこれらの者の間に建替えを行う旨の合意が成立したことにはならないので，本条は建替え参加者間に建替え決議の内容に従って建替えを行う旨の合意が成立したことを擬制する。建替え（建物の取壊しと再建）は，この擬制された合意の履行として実現されることになる。

（**2**） 本条の規定によって合意したとみなされる当事者は，①建替え決議（62条1項）に賛成した区分所有者（集会の議事録によって確認される），②集会で反対もしくは留保し，または集会に出席しなかった区分所有者で催告（63条1項）に対して建替え決議の内容により建替えに参加する旨を回答した者（63条2項），および，③これらの者の全員の合意によって買受指定者として指定された者（63条4項）で区分所有権および敷地利用権または敷地利用権のみの売渡しを受けた者，ならびに①②③の者の承継人（特定承継人を含む）である。

この合意は，建替えという共同事業の遂行を目的とする民法上の組合契約類似の契約と解される。したがって，その性質に反しない限り，民法667条以下の組合に関する規定が類推適用される。建替えの遂行に関し，本法上の規約，集会および管理者に関する規定は適用されない。

第2章 団　　地

（団地建物所有者の団体）
第65条　一団地内に数棟の建物があって，その団地内の土地又は附属施設（これらに関する権利を含む。）がそれらの建物の所有者（専有部分のある建物にあっては，区分所有者）の共有に属する場合には，それらの所有者（以下「団地建物所有者」という。）は，全員で，その団地内の土地，附属施設及び専有部分のある建物の管理を行うための団体を構成し，この法律の定めるところにより，集会を開き，規約を定め，及び管理者を置くことができる。

解説　　（１）　団地に関する規定（65条～68条）の概説
① まず，本条において，一団地内に数棟の建物があって，その団地内の土地または附属施設（これらに関する権利を含む）がそれらの建物の所有者の共有に属する場合には，その数棟の建物の所有者全員で，その団地内の土地，附属施設および区分所有建物の管理を行うための団体が当然に構成されるものとした。
② 次に，団地建物所有者の団体が当然に管理すべき物は，その共有に属する土地，附属施設であるとし，団地内の区分所有建物およびその一棟の建物所有者のみが共有する土地または附属施設については，原則として，各棟の区分所有者（各棟の団体）で管理すべきものとした。
③ しかし，他方で，団地内の区分所有建物および一棟の建物所有者のみが共有する土地等についても，団地全体の管理に服させることを可能とした（68条，66条。なお，団地内の建物であっても区分所有建物でない建物［いわゆる戸建て］およびそのような建物の所有者のみの共有に属する土地，附属施設については，団地の共同管理の対象とはならない）。
④ さらに，一団地内の附属施設たる建物（1条に規定する建物の部分を含む）を団地規約によって団地共用部分とすることができるとした（67条）。
以下，具体例で説明する。一団地内にＡＢＣの区分所有建物とＤＥＦの戸建ての建物があり，ＡからＦまでの建物所有者がその団地内の土地（団地内敷地または団地内にある通路など）を共有しているとする。
まず，ＡからＦまでの建物所有者は，全員で，共有する土地の管理を行うため

の団体を当然に構成し，この団体が，共有する土地について管理を行う（上記①）。次に，団地内のＡＢＣの各区分所有建物（主としてその共用部分）の管理は，各棟の区分所有者の団体が行う。また，一棟（たとえばＡ棟）の区分所有者のみが共有する土地または附属施設については，当該棟の区分所有者の団体で管理を行う（上記②）。ただし，これらについても，規約の定めによって，団地全体の管理に服させることができる。これに対して，団地内の建物であっても，区分所有建物でないＤＥＦの建物およびこれらの建物所有者のみの共有に属する土地または附属施設（たとえば，ＤとＥとの共有の通路や，ＥとＦとの共有の車庫）については，団地の共同管理の対象とはならない（上記③）。ところで，Ａ棟内の専有部分や団地内にある附属施設たる独立の建物Ｇが，例えば団地全体の集会所，倉庫，車庫等として利用されるような場合においては，当然に上記①の団体の管理に服することはないが，団地規約によって，上記①団体の管理に服する団地共用部分とすることができる（上記④）。

（２）第１章（建物の区分所有）の規定と第２章（団地）の規定の適用関係について。法形式のうえで，第２章（団地）は，第１章を読み替えのうえ準用している。しかし，第１章の全てが準用されているわけではなく，以下の規定は全面的に準用されていないことに注意すべきである。したがって，各建物ごとに行う必要があり，これらの事項に関する集会の決議は，団地の規約をもってしても，団地の集会によってするものとすることはできない。

①第３節「敷地利用権」，②第７節「義務違反者に対する措置」，③第８節「復旧及び建替え」，④規約共用部分を定める規約（４条２項）の設定・変更・廃止，⑤規約敷地を定める規約（５条１項）の設定・変更・廃止，⑥共用部分の管理所有を定める規約（27条１項・11条２項）の設定・変更・廃止，⑦共用部分の持分割合を定める規約（14条４項）の設定・変更・廃止。

●問題 546 団地（３棟のマンションで構成され，各団地建物所有者が敷地を共有している。）の管理に関して，区分所有法の規定によれば，敷地の管理は，３棟の管理組合の管理者の協議により行なわれる。

[マンション管理士Ｈ13・6・(1)]

(解答) ×　敷地の管理は，敷地の共有者全員で構成される団地管理組合によって行う（65条）。団地管理組合は，管理者を選任し管理業務を行うこととされており，各棟の管理組合の管理者の協議によって行われることはない。

●問題 547 団地（３棟のマンションで構成され，各団地建物所有者が敷地を共有している。）の管理に関して，区分所有法の規定によれば，区分所有法に定める手続を経れば，団地の管理組合は，各棟についてもその管理に当たることが

できる。　　　　　　　　　　　　　　　　　　　［マンション管理士H13・6・(4)］

解答 ○　団地管理組合は，区分所有建物の各棟の管理も行うことができる（65条）。

●**問題 548**　区分所有法上「団地」が成立するためには，1区画内に数棟の建物があること，かつその区画内の土地又は附属施設がそれらの建物の所有者の共有に属することが必要である。　　　　　　　　　　［区分所有管理士H10・17・(1)］

解答 ○　団地管理組合の成立要件として，次の2つが必要である。①1団地内に数棟の建物（区分所有建物だけでなく，戸建住宅を含む）があること，②団地内の建物の所有者（区分所有建物の場合は区分所有者）が団地内の土地または附属施設（これらに関する権利を含む）を共有（または準共有）すること。

●**問題 549**　団地建物所有者が全員で構成する団体（団地管理組合）が，団地内の区分所有建物並びにその敷地及び附属施設の全部を管理することとした場合であっても，各区分所有建物の管理組合と団地管理組合は並存する。

［区分所有管理士H10・17・(2)］

解答 ○　団地管理組合が成立しても，区分所有建物の管理組合が消滅するわけではなく，両者は並存する。

●**問題 550**　各戸の土地を共有しないで，管理センターとその土地のみの団地共有物がある戸建て団地の場合の団地建物所有者は，当然に，その団地共有物に係る管理費用のみを負担すればよい。　　　　　［区分所有管理士H11・40・(1)］

解答 ○　本団地管理組合は，管理センターとその土地を団地共有物として成立してしている。

●**問題 551**　マンションが2棟の団地の場合は，棟共用部分の管理費会計と修繕積立金会計および団地共有物の管理費会計と修繕積立会計の合わせて4つの会計が立てられるのが望ましい。　　　　　　　［区分所有管理士H11・40・(2)］

解答 ×　①管理費会計（通常の管理に要する経費），②団地修繕積立金会計（土地，附属施設および団地共用部分の特別の管理に要する経費），③各棟修繕積立金会計（それぞれの棟の共用部分の特別の管理に要する経費）の3つの会計が立てられる。

●**問題 552**　土地を共有しない数戸の戸建てと土地を共有する一棟のマンションからなる団地の場合で，マンションの建物内に当該団地の管理センターがある

場合は，戸建ての団地建物所有者の負担の内訳は，その管理センターの管理費と修繕積立金に加えてそのマンションの棟共用部分の管理費と修繕積立金の一部を負担していることになる。　　　　　　　　　　　　　　[区分所有管理士H11・40・(4)]

解答　○

●問題 553　団地管理組合が棟の共用部分を全面的に管理する場合でも，棟の管理組合は成立する。　　　　　　　　　　　　　　[区分所有管理士H13・22・(2)]

解答　○

●問題 554　団地の場合には，団地管理組合と棟の管理組合，一部管理組合の3種類の管理組合が成立存在することがある。　[区分所有管理士H13・22・(3)]

解答　○

●問題 555　規約で別段の定めをしている場合を除いて，棟の管理は団地管理組合の意思決定に反することはできず，一部管理組合は棟の管理組合の意思決定に反することはできない。　　　　　　　　　　　　　　[区分所有管理士H13・22・(4)]

解答　×　①敷地利用権，②義務違反者に対する措置，③復旧及び建替えに関することは各棟の管理組合ごとで決定しなければならない事項であり，団地管理組合では決定できない。

（建物の区分所有に関する規定の準用）

第66条　第7条，第8条，第17条から第19条まで，第25条，第26条，第28条，第29条，第30条第1項及び第3項，第31条第1項並びに第33条から第56条までの規定は，前条の場合に準用する。この場合において，これらの規定（第55条第1項第1号を除く。）中「区分所有者」とあるのは「第65条に規定する団地建物所有者」と，「管理組合法人」とあるのは「団地管理組合法人」と，第7条第1項中「共用部分，建物の敷地若しくは共用部分以外の建物の附属施設」とあるのは「第65条に規定する場合における当該土地若しくは附属施設（以下「土地等」という。）」と，「区分所有権」とあるのは「土地等に関する権利，建物又は区分所有権」と，第17条，第18条第1項及び第4項並びに第19条中「共用部分」とあり，第26条第1項中「共用部分ならびに第21条に規定する場合における当該建物の敷地及び附属施設」とあり，並びに第29条第1項中「建物並びにその敷地及び附属施設」とあるのは「土地等並びに第68条の規定による規約により管理すべきものと定められた同条第1項第1号に掲げる土地及び附属施設並びに同項第2

号に掲げる建物の共用部分」と，第17条第2項，第35条第2項及び第3項，第40条並びに第44条第1項中「専有部分」とあるのは「建物又は専有部分」と，第29条第1項，第38条，第53条第1項及び第56条中「第14条に定める」とあるのは「土地等（これらに関する権利を含む。）の持分の」と，第30条第1項及び第46条第2項中「建物又はその敷地若しくは附属施設」とあるのは「土地等又は第68条第1項各号に掲げる物」と，第33条第3項，第35条第4項及び第44条第2項中「建物内」とあるのは「団地内」と，第46条第2項中「占有者」とあるのは「建物又は専有部分を占有する者で第65条に規定する団地建物所有者でないもの」と，第47条第1項中「第3条」とあるのは「第65条」と，第55条第1項第1号中「建物（一部共用部分を共用すべき区分所有者で構成する管理組合法人にあっては，その共用部分）」とあるのは「土地等（これらに関する権利を含む。）」と，同項第2号中「建物に専有部分が」とあるのは「土地等（これらに関する権利を含む。）が第65条に規定する団地建物所有者の共有で」と読み替えるものとする。

解説　（1）　団地の団体による団地管理システムについては，本法では，1棟単位での管理規定を読み替えて準用することによって行うこととした。本条は，その読替え・準用を規定したものであり，きわめてわかりにくい規定となっている（その結果，マンション法はその法形式において悪法だと批判される）。

団地内の建物所有者の団体で管理を行う場合において準用される第1章中の規定は，第1節「総則」中の7条，8条，第2節「共用部分等」中の17条から19条まで，第4節「管理者」中の25条，26条，28条，29条，第5節「規約及び集会」中の30条1項および3項，31条1項ならびに33条から46条まで，第6節「管理組合法人」中の47条から56条までの規定である。

（2）　これに対して，第3節「敷地利用権」（22条から24条まで），第7節「義務違反者に対する措置」（57条から60条まで），および第8節「復旧及び建替え」（61条から64条まで）中の各規定は準用されていない。

第3節「敷地利用権」の各規定が準用されていないのは，団地内の区分所有建物以外の建物（戸建て）については，分離処分を禁止することはできないからである。第7節「義務違反者に対する措置」の各規定（および区分所有者の権利・義務に関する6条の規定）が準用されないのは，義務違反者に対してその者の財産の使用禁止や競売まで請求し得るのは，1棟の建物内においては区分所有者が相互に密接な関係を持たざるを得ないということを根拠としているからであって，このことを団地内の区分所有者間にまで及ぼすのは適当ではないからである。第

8節「復旧及び建替え」の各規定が準用されないのは，建物の復旧および建替えについては，当該1棟の建物の区分所有者のみの決定に委ね，また，その費用の負担もその者だけにさせるのが適当であるからである。

●問題 556　団地（3棟のマンションで構成され，各団地建物所有者が敷地を共有している。）の管理に関して，区分所有法の規定によれば，団地建物所有者及び議決権の各4／5以上の多数で建替え決議をすることができる。
[マンション管理士H13・6・(2)]

(解答)　×　建替え決議は，区分所有者および議決権の各5分の4以上の多数を要するが（62条），これは団地建物所有者には準用されていない（66条）。したがって，各棟ごとに決議をしなければならない。

●問題 557　団地（3棟のマンションで構成され，各団地建物所有者が敷地を共有している。）の管理に関して，区分所有法の規定によれば，敷地に関する規約の変更は，団地建物所有者及び敷地の持分による議決権の各3／4以上の多数による集会の決議によれば，一部の敷地の共有者の権利に特別の影響を及ぼす場合でも，その承諾を得ずに行うことができる。　[マンション管理士H13・6・(3)]

(解答)　×　規約の変更を集会の特別決議によって行う場合，一部の区分所有者の権利に特別の影響を及ぼすときは，その承諾を得なければならない。

●問題 558　団地の管理については，区分所有関係における管理に関する規定を読み替えて準用することとされているが，「復旧及び建替え」の規定に限り，各区分所有建物ごとにのみ適用され，これらに関する集会の決議は団地管理組合の集会においてなすものとすることはできない。　[区分所有管理士H10・17・(3)]

(解答)　×　単棟の管理に関する規定が団地の管理に準用されていないのは，「復旧及び建替え」の規定に限られるわけではない。①敷地利用権，②義務違反者に対する措置，③復旧および建替えに関することは各棟の管理組合ごとで決定しなければならない。

●問題 559　団地の規約の設定，変更又は廃止は，団地建物所有者及び議決権の各4分の3以上の多数による団地の集会の決議である。
[区分所有管理士H10・17・(4)]

(解答)　○

●問題 560　一部の団地建物所有者の共用に供される付属の建物の管理費用については，当然に当該一部の団地建物所有者の負担となる。

[区分所有管理士H11・40・(3)]

解答 ○

> (団地共用部分)
> 第67条　一団地内の附属施設たる建物（第1条に規定する建物部分を含む。）は，前条において準用する第30条第1項［規約事項］の規約により団地共用部分とすることができる。この場合においては，その旨の登記をしなければ，これをもって第三者に対抗することができない。
> 2　一団地内の数棟の建物の全部を所有する者は，公正証書により，前項の規約を設定することができる。
> 3　第11条第1項本文［共用部分の区分所有者全員による共有］及び第3項［民法177条の規定の共用部分への不適用］並びに第13条から第15条までの規定［共用部分の使用，共用部分の持分の割合，共用部分の持分の処分］は，団地共用部分に準用する。この場合において，第11条第1項本文中「区分所有者」とあるのは「第65条に規定する団地建物所有者」と，第14条第1項及び第15条中「専有部分」とあるのは「建物又は専有部分」と読み替えるものとする。

解説　本条は，建物の区分所有における，いわゆる規約共用部分を団地において認めたものである。一団地内の附属施設たる建物は，規約で団地共用部分とすることができる（たとえば，団地の附属施設としての集会所などが考えられる）。また，一団地内の附属施設たる建物には1条の規定する建物の部分を含むので，団地内の区分所有建物の専有部分と管理室ないし管理人室を団地共用部分とすることもできる。

団地共用部分とすることができるのは，区分所有建物の専有部分たりうる部分または独立した建物のいずれかであって，団地内にあり，かつ，附属施設であるものに限られる。したがって，①4条2項の規約共用部分が附属性を要件としていないのと異なる。また，②団地共用部分は，団地建物所有者の全員の共有に属しており（本条3項による11条1項本文の準用），規約共用部分のようにその一部の者のみの共有に属するものを認めていない（11条1項但書を準用していない）。この点においても規約共用部分の取扱いと異なる。

●**問題 561**　区分建物の表示に関する登記の申請書に添付する規約証明書に関して，一団地内の附属施設たる建物を団地共用部分とする場合，一団地内の数棟

の全部を所有する者が設定した規約は，公正証書により作成されたものでなくてはならない。
[調査士H10・14・イ]

解答 ○ 一団地内の附属施設たる建物を団地共用部分とする場合，一団地内の数棟の全部を所有する者が設定した規約は，公正証書により作成されたものでなくてはならない。

（規約の設定の特例）
第68条 次の物につき第66条において準用する第30条第1項［規約事項］の規約を定めるには，第1号に掲げる土地又は附属施設にあっては当該土地の全部又は附属施設の全部につきそれぞれ共有者の4分の3以上でその持分の4分の3以上を有するものの同意，第2号に掲げる建物にあってはその全部につきそれぞれ第34条［集会の招集］の規定による集会における区分所有者及び議決権の各4分の3以上の多数による決議があることを要する。
　一　一団地内の土地又は附属施設（これらに関する権利を含む。）が当該団地内の一部の建物の所有者（専有部分のある建物にあっては，区分所有者）の共有に属する場合における当該土地又は附属施設（専有部分のある建物以外の建物の所有者のみの共有に属するものを除く。）
　二　当該団地内の専有部分のある建物
2　第31条第2項［区分所有者全員の利害に関係しない一部共用部分の規約を区分所有者全員の規約で定める場合］の規定は，前項第2号に掲げる建物の一部共用部分に関する事項で区分所有者全員の利害に関係しないものについての同項の集会の決議に準用する。

解説　（1）　本条は，団地内の土地または附属建物が建物所有者全員の共有に属する場合のほかにも，①および②について団地の団体の管理の目的物とすることを可能とした。
①当該団地内の一部の建物の所有者（区分所有建物にあっては区分所有者）の共有に属する土地または附属施設（1号）［これらの土地または附属施設が戸建て建物の所有者のみの共有となっている場合は除かれる］，②当該団地内にある区分所有建物（2号）［戸建ての建物は，その対象とすることができない］。
（2）　もちろん，①②では当然に団地の団体の管理目的物となるものではなく，次の要件で規約をつくって団地の構成員となることによりはじめて可能となる。①では，団地建物所有者全員の集会での特別決議（団地建物所有者およびその議

決権の各4分の3以上の多数による決議）を得る必要があるが，それに加えて，一部の建物所有者の共有に属する「土地の全部又は附属施設の全部につき」それぞれ共有者およびその持分の各4分の3以上有するものの同意を得る必要がある。②では，団地建物所有者全員の集会での特別決議（団地建物所有者およびその議決権の各4分の3以上の多数による決議）を得る必要があるが，それに加えて，当該区分所有建物の全部について集会（棟単位の集会）における区分所有者および議決権の各4分の3以上の多数による決議を必要とする。

（**3**）　注意すべきは，本条1項1号につき共有者の同意により，同2号につき各棟の集会の決議により，団地規約で定められた事項については，団地規約自体の変更・廃止によらなければ，この団地規約から離脱することができないことである。共有者のみの決議，ある棟の決議で団地規約の拘束から離脱し，共有者のみ棟ごとの管理に復帰することはできない。

第3章 罰　　則

第69条　次の各号の1に該当する場合には，その行為をした管理者，理事，規約を保管する者，議長又は清算人は，10万円以下の過料に処する。
一　第33条第1項本文（第42条第3項及び第45条第2項（これらの規定を第66条において準用する場合を含む。）並びに第66条において準用する場合を含む。以下この号において同じ。）又は第47条第9項（第66条において準用する場合を含む。）において読み替えて適用される第33条第1項本文の規定に違反して，規約，議事録又は第45条第1項（第66条において準用する場合を含む。）の書面の保管をしなかったとき。
二　第33条第2項（第42条第3項及び第45条第2項（これらの規定を第66条において準用する場合を含む。）並びに第66条において準用する場合を含む。）の規定に違反して，正当な理由がないのに，前号に規定する書類の閲覧を拒んだとき。
三　第42条第1項又は第2項（これらの規定を第66条において準用する場合を含む。）の規定に違反して，議事録を作成せず，又は議事録に記載すべき事項を記載せず，若しくは虚偽の記載をしたとき。
四　第43条（第47条第9項（第66条において準用する場合を含む。）において読み替えて適用される場合及び第66条において準用する場合を含む。）の規定に違反して，報告をせず，又は虚偽の報告をしたとき。
五　第47条第3項（第66条において準用する場合を含む。）の規定に基づく政令に定める登記を怠ったとき。
六　第47条第7項（第66条において準用する場合を含む。）において準用する民法第51条第1項の規定に違反して，財産目録を作成せず，又は財産目録に不正の記載をしたとき。
七　理事若しくは監事が欠けた場合又は規約で定めたその員数が欠けた場合において，その選任手続を怠ったとき。
八　第55条第3項（第66条において準用する場合を含む。）において準用する民法第79条第1項又は第81条第1項の規定による公告を怠り，又は不正の公告をしたとき。
九　第55条第3項（第66条において準用する場合を含む。）において準用する民法第81条第1項の規定による破産宣告の請求を怠ったとき。
十　第55条第3項（第66条において準用する場合を含む。）において準用

する民法第82条第2項の規定による検査を妨げたとき。

解説　（1）　本条は，本法上の義務規定のうち特に重要なものについて，国家が後見的にその履行を強制するため，その違反者に対する秩序罰としての過料（国家によって一定の秩序違反行為に対して科される金銭罰であり，刑罰である罰金および科料とは区別される）の制裁を定めるものである。

　本条の1号から4号は，建物等の管理に関する管理者，理事等の一定の義務違反に対して科される過料事由を掲げ，5号から10号は，管理組合法人に関する特定の義務違反に対して科される過料事由を掲げる。

（2）　過料事件は，過料に処せられるべき者の住所地の地方裁判所の管轄である（非訟事件手続法206条）。その手続は，裁判所の職権で開始されるが，関係公務員や関係私人からの通知を端緒として開始されるのが普通である。

（3）　過料に処せられる具体的行為は，次のものである。
① 規約・集会の議事録・書面決議の書面の保管義務違反（本条1号）
② 規約・集会の議事録・書面決議の書面の閲覧拒絶（本条2号）
③ 議事録の作成義務違反（本条3号）
④ 事務報告義務違反（本条4号）
⑤ 登記義務懈怠（本条5号）
⑥ 財産目録作成義務違反（本条6号）
⑦ 理事または監事の選任手続懈怠（本条7号）
⑧ 清算の場合の公告義務違反（本条8号）
⑨ 清算中の破産宣告の請求懈怠（本条9号）
⑩ 解散・清算に関する裁判所の検査に対する妨害（本条10号）

●**問題 562**　管理者または管理規約を保管する者が管理規約を保管することを怠ったとき，または理事が管理規約を管理組合法人の事務所において保管することを怠った場合でも処罰されることはない。　　　［区分所有管理士H11・10・（4）］

解答　×　管理規約を保管する義務に違反した者は，10万円以下の過料に処せられる。

第70条　第48条第2項（第66条において準用する場合を含む。）の規定に違反した者は，5万円以下の過料に処する。

解説 管理組合法人または団地管理組合法人でないものは，その名称中に管理組合法人または団地管理組合法人という文字を用いてはならない（48条2項，66条）。本条は，この禁止規定の遵守を確保するため，この規定に違反した者に対して，5万円以下の過料を科すものとした。

●被災区分所有建物の再建等に関する特別措置法

> （目的）
> **第1条** この法律は，大規模な火災，震災その他の災害により滅失した区分所有建物の再建等を容易にし，もって被災地の健全な復興に資することを目的とする。

解説 本条の対象となる災害は，大規模な火災，震災その他の災害で政令に定めるものに限られる。

●**問題 563** 被災区分所有建物の再建等に関する特別措置法に基づき，地震によって被災したマンションを再建する場合，都道府県知事により建物の全部滅失が認定されなければならない。　　　　　　　　　［マンション管理士H13・13・(1)］

解答 × 知事による全部滅失の認定は，定められていない。

●**問題 564** 被災区分所有建物の再建等に関する特別措置法に基づき，地震によって被災したマンションを再建する場合，建物の滅失が震度5を超える地震によるものでなければならない。　　　　　　　［マンション管理士H13・13・(2)］

解答 × 被災マンション法は，大規模な火災，震災その他の災害で政令で定めるものと規定しており，震災の程度の規定はない。

●**問題 565** 被災区分所有建物の再建等に関する特別措置法に基づき，地震によって被災したマンションを再建する場合，当該地震が地方公共団体の条例によって指定されなければならない。　　　　　　　［マンション管理士H13・13・(3)］

解答 × 大規模な火災，震災その他の災害で政令で定めるものを原因としており，地方公共団体の条例で定めるものではない。

●**問題 566** 被災区分所有建物の再建等に関する特別措置法に基づき，地震によって被災したマンションを再建する場合，建物の滅失が政令で定められた災害によるものでなければならない。　　　　　　　［マンション管理士H13・13・(4)］

解答 ○ 大規模な火災，震災その他の災害で政令で定めるものを原因としている。

（再建の集会）
第2条 大規模な火災，震災その他の災害で政令で定めるものにより建物の区分所有等に関する法律（昭和37年法律第69号。以下「区分所有法」という。）第2条第3項に規定する専有部分が属する一棟の建物（以下「区分所有建物」という。）の全部が滅失した場合において，その建物に係る同条第6項に規定する敷地利用権が数人で有する所有権その他の権利であったときは，その権利（以下「敷地共有持分等」という。）を有する者は，次条第1項の決議をするための集会を開くことができる。
2　前項の規定による集会（以下「再建の集会」という。）における敷地共有持分等を有する者（以下「敷地共有者等」という。）の各自の議決権は，敷地共有持分等の価格の割合による。
3　再建の集会は，議決権の5分の1以上を有する敷地共有者等が招集する。
4　再建の集会における招集の手続については区分所有法第35条第1項本文，第2項及び第5項並びに第36条の規定を，議事及び議決権の行使については区分所有法第39条及び第40条の規定を，議長については区分所有法第41条の規定を，議事録の作成については区分所有法第42条第1項及び第2項の規定を，議事録及びこの項において準用する区分所有法第45条第1項の書面（以下「議事録等」という。）の保管及び閲覧については区分所有法第33条第1項本文及び第2項の規定を，書面決議については区分所有法第45条第1項の規定を準用する。この場合において，区分所有法第33条第1項本文中「管理者」とあるのは「敷地共有者等で再建の集会の決議で定める者」と，区分所有法第35条第1項本文，第36条，第42条第2項及び第49条第1項中「区分所有者」とあるのは「敷地共有者等」と，区分所有法第35条第2項及び第40条中「専有部分が数人の共有に属するとき」とあるのは「一の専有部分を所有するための敷地利用権に係る敷地共有持分等を数人で有するとき」と，区分所有法第35条第5項中「場合において，会議の目的たる事項が第17条第1項，第31条第1項，第61条第5項，第62条第1項又は第68条第1項に規定する決議事項であるときは」とあるのは「場合においては」と，区分所有法第39条第1項中「この法律又は規約に別段の定めがない限り，区分所有者及び議決権の各過半数」とあるのは「この法律に別段の定めがない限り，敷地共有者等の議決権の過半数」と，区分所有法第41条中「規約に別段の定めがある場合及び別段の決議をした場合を除いて，管理者又は集会を招集した区分所有者の一人」とあるのは「別段の決議をした場合を除いて，再建の集会を招集した敷地共有者等の一人」と，区分所有法第45条第1項中「この法律又は規約により」とあるの

は「この法律により」と読み替えるものとする。

解説　（1）区分所有建物が全部滅失した場合は，もはや建物はなく，共用部分等共同の管理に服すべきものが存在しない以上，法律上区分所有者もその団体も存在しない。したがって，民法の特別法としての区分所有法を適用する余地はない。その結果，①建物を再建する場合は共有物の変更に当り，敷地共有者（準共有者）の全員一致が必要である（民法251条），②自由な共有物分割請求が可能になる（民法256条，258条），③管理は持分の価格の過半数を有する者の意見により決する（民法252条本文），等の不都合が出てきて建物の再建は不可能となる。そこで，被災区分所有建物の再建等を支援するために本法（以下，被災マンション法という）が制定された。

（2）被災マンション法の骨子は，①全部滅失の場合における特別多数決議による建物の再建，②共有物分割請求の禁止，③一部滅失の場合における建物等の買取請求権の行使に関する特例，である。

（3）①全部滅失の場合における特別多数決議による建物の再建について。政令指定災害により区分所有建物の全部が滅失した場合に，その建物の敷地利用権が数人で有する所有権その他の権利（例えば，借地権等）であったときは，その権利を有する者（所有権の場合には共有者，他の権利の場合には準共有者であるから，敷地共有者等という）は，その政令の施行の日から起算して3年以内に（初日算入になる），その敷地共有者等の価格の割合による議決権の5分の4以上の多数で（民法251条の規定による共有者の全員の同意が必要であるとする原則に対して，多数決制度を導入する特別法になる），その建物の敷地に主たる使用目的を同一とする区分所有建物を建築する旨の決議（再建決議）をすることができるとしている（その具体的な決議の手続等については，マンション法の規定を必要な範囲で準用することとしている）。

（4）②共有物分割請求の禁止について。政令指定災害により区分所有建物の全部が滅失した場合に，敷地共有者等は，その政令の施行の日の1カ月後から政令の施行の日の3年後までの間は（分割請求が禁止されるのは，政令の施行の日から3年間であるが，最初の1カ月間はその例外になる），一定の場合を除き（除外される場合は，5分の1を超える議決権を有する敷地共有者等が分割の請求をする場合その他再建の決議をすることができないと認められる顕著な事由がある場合である），民法の規定（256条1項本文，264条）による共有物分割請求をすることができないこととしている。

（実例の政令施行日は，1995年3月24日であるから1カ月後の1995年4月24日から敷地等の分割請求が禁止される。また，禁止期間の終期は，政令の施行の日

から起算して3年を経過する日であるから，1995年3月24日から3年後の1998年3月23日である。その翌日である1998年3月24日以後，分割請求できるようになる。）

（5）③一部滅失の場合における建物等の買取請求権の行使に関する特例について。政令指定災害により区分所有建物の大規模滅失があった場合において，復旧の決議または建替え決議が行われないときに，区分所有者が他の区分所有者に対して建物および敷地に関する権利の買取請求権を行使できる時期を，その政令施行の日から1年を経過した後とすることとしている（マンション法においては，この期間の始期が建物の一部が滅失した日から6カ月とされていて，この期間の始期が政令指定災害の場合には延長されることになる）。

（実例の政令施行日は，1995年3月24日であるから，1年の期間が満了するのは1996年3月23日である。その翌日である3月24日以後買取請求できるようになる。）

●問題 567 再建の集会において，敷地共有者等が各自行使する議決権は，敷地共有持分等の価格の割合による。敷地共有持分等の価格は，敷地共有持分等が共有持分であるときは，土地の時価に持分の割合を乗じて算定される。

[区分所有管理士H10・18・(3)]

解答 ○

●問題 568 再建の集会は，区分所有者の団体が存在しなくなっているので，議決権の5分の1以上を有する敷地共有者等が招集することができる。

[区分所有管理士H10・18・(4)]

解答 ○ 区分所有法の場合は，常に「区分所有者数（頭数）」および「議決権」の両方を考える必要がある。しかし，被災マンション法では，区分所有者の団体が存在しないので，「区分所有者数（頭数）」は考えないでよい。

●問題 569 区分所有建物が全部滅失した場合，再建集会において区分所有建物の再建の決議を行うことになるが，その集会のための招集通知については，区分所有建物の住所にあてて通知をすることはできないので，住所がわかっている人には郵送等通常の方法で，所在不明の人には公示送達という方法で通知する。

[区分所有管理士H12・15・(1)]

解答 ○ 公示送達によるときは，申立てを受けた簡易裁判所が裁判所の掲示板に掲示し，かつその掲示があったことを官報と新聞紙に少なくとも1回掲載し（裁判所が相当と認めるときは市役所・町村役場またはそれに準ずる施設の掲示場での掲示に代えることができる），最後に掲載した日から2週

間を経過した時に，相手方に到達したものとみなされることになる。

（再建の決議等）
第3条 再建の集会においては，敷地共有者等の議決権の5分の4以上の多数で，滅失した区分所有建物に係る区分所有法第2条第5項に規定する建物の敷地に主たる使用目的を同一とする建物を建築する旨の決議（以下「再建の決議」という。）をすることができる。
2 再建の決議においては，次の事項を定めなければならない。
　一 新たに建築する建物（以下「再建建物」という。）の設計の概要
　二 再建建物の建築に要する費用の概算額
　三 前号に規定する費用の分担に関する事項
　四 再建建物の区分所有権の帰属に関する事項
3 前項第3号及び第4号の事項は，各敷地共有者等の衡平を害しないように定めなければならない。
4 再建の決議をした再建の集会の議事録には，その決議についての各敷地共有者等の賛否をも記載しなければならない。
5 再建の決議は，その区分所有建物の滅失に係る災害を定める前条第1項の政令の施行の日から起算して3年以内にしなければならない。
6 再建の決議があった場合については，区分所有法第63条第1項から第3項まで，第4項前段，第6項及び第7項並びに第64条の規定を準用する。この場合において，区分所有法第63条第1項から第3項まで及び第4項前段並びに第64条中「区分所有者」とあるのは「敷地共有者等」と，区分所有法第63条第1項，第3項及び第4項前段並びに第64条中「建替えに」とあるのは「再建に」と，区分所有法第63条第4項前段中「区分所有権及び敷地利用権」とあり，並びに区分所有法第63条第6項及び第64条中「区分所有権又は敷地利用権」とあるのは「敷地共有持分等」と，区分所有法第63条第6項及び第7項中「建物の取壊しの工事」とあるのは「建物の再建の工事」と，区分所有法第64条中「建替えを行う」とあるのは「再建を行う」と読み替えるものとする。

●**問題 570** 大規模な震災その他の災害で政令で指定された災害によって区分所有建物が全部滅失した場合には，敷地共有者等の議決権の5分の4以上の多数で，その建物の敷地に主たる使用目的を同一とする区分所有建物の再建を決議できる。
［区分所有管理士H10・18・（1）］

解答 ○

●**問題 571** 政令指定災害により区分所有建物が全部滅失した場合において，当該建物に係る敷地利用権が数人で有する所有権であるときは，その権利を有する敷地共有者等は政令の施行の日から5年以内に，当該建物の敷地に主たる使用目的を同一とする区分所有建物を建築する旨を決議するための再建集会を開催することができる。　　　　　　　　　　　　　　［区分所有管理士H10・18・(2)］

解答 ×　再建決議は，災害を指定する政令の施行日から3年以内に行われることが必要である。

●**問題 572** 再建決議においては，再建建物の設計の概要，建築に要する費用の概算額，建築に要する費用の概算額の分担に関する事項，区分所有権の帰属に関する事項の概要を定めなければならない。　　［区分所有管理士H12・15・(2)］

解答 ○

●**問題 573** 政令指定災害により区分所有建物が大規模滅失した場合において復旧又は建替え決議が行われないときは，他の区分所有者に対して建物及び敷地に関する権利の買取請求権を行使できる期間は，政令施行の日から1年を経過した後とする。　　　　　　　　　　　　　　　　［区分所有管理士H12・15・(4)］

解答 ○

（敷地共有持分等に係る土地等の分割請求に関する特例）
第4条　第2条第1項の政令で定める災害により全部が滅失した区分所有建物に係る敷地共有者等は，民法（明治29年法律第89号）第256条第1項本文（同法第264条において準用する場合を含む。）の規定にかかわらず，その政令の施行の日から起算して1月を経過する日の翌日以後当該施行の日から起算して3年を経過する日までの間は，敷地共有持分等に係る土地又はこれに関する権利について，分割の請求をすることができない。ただし，5分の1を超える議決権を有する敷地共有者等が分割の請求をする場合その他再建の決議をすることができないと認められる顕著な事由がある場合は，この限りでない。

●**問題 574** 政令指定災害により区分所有建物が全部滅失した場合において，敷地共有者は政令施行の日から起算して3月を経過する日の翌日以後当該施行の

日から起算して5年を経過する日までの間は，5分の1を超える議決権を有する敷地共有者が分割の請求をした場合等を除いて敷地共有持分に係る土地又はこれに関する権利について，分割の請求をすることはできない。

[区分所有管理士H12・15・(3)]

解答 ×　政令で定める災害により全部が滅失した区分所有建物に係る敷地共有者等は，その政令の施行の日から起算して1月を超える日の翌日以後当該施行の日から起算して3年を経過する日までの間は，敷地共有持分等に係る土地またはこれに関する権利について分割を請求することはできない。

（建物の一部が滅失した場合の復旧等に関する特例）

第5条　第2条第1項の政令で定める災害により区分所有建物の一部が滅失した場合についての区分所有法第61条第8項の規定の適用については，同項中「建物の一部が滅失した日から6月以内に」とあるのは，「その滅失に係る災害を定める被災持分所有建物の再建等に関する特別措置法（平成7年法律第43号）第2条第1項の政令の施行の日から起算して1年以内に」とする。

（過料）

第6条　次の各号の一に該当する場合には，その行為をした者は，10万円以下の過料に処する。

一　議事録等を保管する者が第2条第4項において準用する区分所有法第33条第2項の規定に違反して，正当な理由がないのに，議事録等の閲覧を拒んだとき。

二　再建の集会の議長が第2条第4項において準用する区分所有法第42条第1項又は第2項の規定に違反して，議事録を作成せず，又は議事録に記載すべき事項を記載せず，若しくは虚偽の記載をしたとき。

資料

1 区分所有法と「標準管理規約」(平成9年度版) 比較表
2 「標準管理規約」新旧対照 (平成9年度版／昭和58年度版)
   (1) 中高層共同住宅標準管理規約 (単棟型) 新旧対照 (抄)
   (2) 中高層共同住宅標準管理規約 (単棟型) コメント新旧対照 (抄)

$$\begin{pmatrix} 区分所有法：建物の区分所有等に関する法律 \\ 標準管理規約：中高層共同住宅標準管理規約（単棟型） \end{pmatrix}$$

1　区分所有法と「標準管理規約」(平成9年度版) 比較表

[凡例]　無印は区分所有法に対応する条文、＊印は区分所有法に対応しない標準管理規約独自の条文、
●印は区分所有法の関連条文

建物の区分所有等に関する法律	中高層共同住宅標準管理規約（単棟型）
第1章　建物の区分所有 第1節　総　則 （建物の区分所有） 第1条　1棟の建物に構造上区分された数個の部分で独立して住居，店舗，事務所又は倉庫その他建物としての用途に供することができるものがあるときは，その各部分は，この法律の定めるところにより，それぞれ所有権の目的とすることができる。	（専有部分の範囲） ＊第7条　対象物件のうち区分所有権の対象となる専有部分は，住戸番号を付した住戸とする。 2　前項の専有部分を他から区分する構造物の帰属については，次のとおりとする。 一　天井，床及び壁は，躯体部分を除く部分を専有部分とする。 二　玄関扉は，錠及び内部塗装部分を専有部分とする。 三　窓枠及び窓ガラスは，専有部分に含まれないものとする。 3　第1項又は前項の専有部分の専用に供される設備のうち共用部分内にある部分以外のものは，専有部分とする。
（定義） 第2条　この法律において「区分所有権」とは，前条に規定する建物の部分（第4条第2項の規定により共用部分とされたものを除く。）を目的とする所有権をいう。 2　この法律において「区分所有者」とは，区分所有権を有する者をいう。 3　この法律において「専有部分」とは，区分所有権の目的たる建物の部分をいう。 4　この法律において「共用部分」とは，専有部分以外の建物の部分，専有部分に属しない建物の附属物及び第4条第2項の規定により共用部分とされた附属の建物をいう。 5　この法律において「建物の敷地」とは，建物が所在する土地および第5条第1項の規定により建物の敷地とされた土地をいう。 6　この法律において「敷地利用権」とは，専有部分を所有するための建物の敷地に関する権利をいう。	（定義） 第2条　この規約において，次に掲げる用語の意義は，それぞれ当該各号に定めるところによる。 一　区分所有権　建物の区分所有等に関する法律（以下「区分所有法」という。）第2条第1項の区分所有権をいう。 二　区分所有者　区分所有法第2条第2項の区分所有者をいう。 三　占有者　区分所有法第6条第3項の占有者をいう。 四　専有部分　区分所有法第2条第3項の専有部分をいう。 五　共用部分　区分所有法第2条第4項の共用部分をいう。 六　敷地　区分所有法第2条第5項の建物の敷地をいう。 七　共用部分等　共用部分及び附属施設をいう。 八　専用使用権　敷地及び共用部分等の一

建物の区分所有等に関する法律	中高層共同住宅標準管理規約（単棟型）
	部について，特定の区分所有者が排他的に使用できる権利をいう。 九　専用使用部分　専用使用権の対象となっている敷地及び共用部分等の部分をいう。
（区分所有者の団体） 第3条　区分所有者は，全員で，建物並びにその敷地及び附属施設の管理を行うための団体を構成し，この法律の定めるところにより，集会を開き，規約を定め，及び管理者を置くことができる。一部の区分所有者のみの共用に供されるべきことが明らかな共用部分（以下「一部共用部分」という。）をそれらの区分所有者が管理するときも，同様とする。	（管理組合） 第6条　区分所有者は，第1条に定める目的を達成するため，区分所有者全員をもって○○マンション管理組合（以下「管理組合」という。）を構成する。 2　管理組合は，事務所を○○内に置く。 3　管理組合の業務，組織等については，第6章に定めるところによる。 附則（管理組合の成立） ＊第2条　管理組合は，平成○年○月○日に成立したものとする。 （組合員の資格） 第29条　組合員の資格は，区分所有者となったときに取得し，区分所有者でなくなったときに喪失する。 （届出義務） ＊第30条　新たに組合員の資格を取得し又は喪失した者は，直ちにその旨を書面により管理組合に届け出なければならない。 （業務） ＊第31条　管理組合は，次の各号に掲げる業務を行う。 一　管理組合が管理する敷地及び共用部分等（以下本条及び第46条において「組合管理部分」という。）の保安，保全，保守，清掃，消毒及びごみ処理 二　組合管理部分の修繕 三　長期修繕計画の作成又は変更に関する業務 四　共用部分等に係る火災保険その他の損害保険に関する業務 五　区分所有者が管理する専用使用部分について管理組合が行うことが適当であると認められる管理行為 六　敷地及び共用部分等の変更及び運営 七　修繕積立金の運用

建物の区分所有等に関する法律	中高層共同住宅標準管理規約（単棟型）
	八　官公署，町内会等との渉外業務 九　風紀，秩序及び安全の維持に関する業務 十　防災に関する業務 十一　広報及び連絡業務 十二　その他組合員の共同の利益を増進し，良好な住環境を確保するために必要な業務 （業務の委託等） ＊第32条　管理組合は，前条に定める業務の全部又は一部を，第三者に委託し，又は請け負わせて執行することができる。
（共用部分） 第４条　数個の専有部分に通ずる廊下又は階段室その他構造上区分所有者の全員又はその一部の共用に供されるべき建物の部分は，区分所有権の目的とならないものとする。 ２　第１条に規定する建物の部分及び附属の建物は，規約により共用部分とすることができる。この場合には，その旨の登記をしなければ，これをもって第三者に対抗することができない。 （規約による建物の敷地） 第５条　区分所有者が建物及び建物が所在する土地と一体として管理又は使用をする庭，通路その他の土地は，規約により建物の敷地とすることができる。 ２　建物が所在する土地が建物の一部の滅失により建物が所在する土地以外の土地となったときは，その土地は，前項の規定により規約で建物の敷地と定められたものとみなす。建物が所在する土地の一部が分割により建物が所在する土地以外の土地となったときも，同様とする。	（共用部分の範囲） 第８条　対象物件のうち共用部分の範囲は，別表第２に掲げるとおりとする。 （バルコニー等の専用使用権） ＊第14条　区分所有者は，別表第４に掲げるバルコニー，玄関扉，窓枠，窓ガラス，一階に面する庭及び屋上テラス（以下この条，第21条第１項及び別表第４において「バルコニー等」という。）について，同表に掲げるとおり，専用使用権を有することを承認する。 ２　一階に面する庭について専用使用権を有している者は，別に定めるところにより，管理組合に専用使用料を納入しなければならない。 ３　区分所有者から専有部分の貸与を受けた者は，その区分所有者が専用使用権を有しているバルコニー等を使用することができる。 （駐車場の使用） ＊第15条　管理組合は，別添の図に示す駐車場について，特定の区分所有者に駐車場使用契約により使用させることができる。 ２　前項により駐車場を使用している者は，別に定めるところにより，管理組合に駐車場使用料を納入しなければならない。 ３　区分所有者がその所有する専有部分を，他の区分所有者又は第三者に譲渡又は貸与したときは，その区分所有者の駐車場使用

建物の区分所有等に関する法律	中高層共同住宅標準管理規約（単棟型）
	契約は効力を失う。 附則（経過措置） ＊第5条　この規約の効力が発生する日以前に，区分所有者が○○会社との間で締結した駐車場使用契約は，この規約の効力が発生する日において管理組合と締結したものとみなす。
（区分所有者の権利義務等） 第6条　区分所有者は，建物の保存に有害な行為その他建物の管理又は使用に関し区分所有者の共同の利益に反する行為をしてはならない。	（規約の遵守義務） ＊第3条　区分所有者は，円滑な共同生活を維持するため，この規約及び使用細則を誠実に遵守しなければならない。 2　区分所有者は，同居する者に対してこの規約及び使用細則に定める事項を遵守させなければならない。 （専有部分の用途） ＊第12条　区分所有者は，その専有部分を専ら住宅として使用するものとし，他の用途に供してはならない。 （専有部分の修繕等） ＊第17条　区分所有者は，その専有部分について，修繕，模様替え又は建物に定着する物件の取付け若しくは取替え（以下「修繕等」という。）を行おうとするときは，あらかじめ，理事長（第33条に定める理事長をいう。以下同じ。）にその旨を申請し，書面による承認を受けなければならない。 2　前項の場合において，区分所有者は，設計図，仕様書及び工程表を添付した申請書を理事長に提出しなければならない。 3　理事長は，第1項の規定による申請について，承認しようとするとき，又は不承認としようとするときは，理事会（第49条に定める理事会をいう。以下同じ。）の決議を経なければならない。 4　第1項の承認があったときは，区分所有者は，承認の範囲内において，専有部分の修繕に係る共用部分の工事を行うことができる。 5　理事長又はその指定を受けた者は，本条の施行に必要な範囲内において，修繕等の箇所に立ち入り，必要な調査を行うことが

建物の区分所有等に関する法律	中高層共同住宅標準管理規約（単棟型）
2　区分所有者は，その専有部分又は共用部分を保存し，又は改良するため必要な範囲内において，他の区分所有者の専有部分又は自己の所有に属しない共用部分の使用を請求することができる。この場合において，他の区分所有者が損害を受けたときは，その償金を支払わなければならない。 3　第1項の規定は，区分所有者以外の専有部分の占有者（以下「占有者」という。）に準用する。 （先取特権） **第7条**　区分所有者は，共用部分，建物の敷地若しくは共用部分以外の建物の附属施設につき他の区分所有者に対して有する債権又は規約若しくは集会の決議に基づき他の区分所有者に対して有する債権について，債務者の区分所有権（共用部分に関する権利及び敷地利用権を含む。）及び建物に備え付けた動産の上に先取特権を有する。管理者又は管理組合法人がその職務又は業務を行うにつき区分所有者に対して有する債権についても，同様とする。 2　前項の先取特権は，優先権の順位及び効力については，共益費用の先取特権とみなす。 3　民法（明治29年法律第89号）第319条の規定は，第1項の先取特権に準用する。	できる。この場合において，区分所有者は，正当な理由がなければこれを拒否してはならない。 （区分所有者の責務） ＊第20条　区分所有者は，対象物件について，その価値及び機能の維持増進を図るため，常に適正な管理を行うように努めなければならない。 （必要箇所への立入り） 第22条　前条により管理を行う者は，管理を行うために必要な範囲において，他の者が管理する専有部分又は専用使用部分への立入りを請求することができる。 2　前項により立入りを請求された者は，正当な理由がなければこれを拒否してはならない。 3　前項の場合において，正当な理由なく立入りを拒否した者は，その結果生じた損害を賠償しなければならない。 4　立入りをした者は，速やかに立入りをした箇所を原状に復さなければならない。 （管理費等の徴収） ＊第57条　管理組合は，第24条に定める管理費等及び第28条に定める使用料について，組合員が各自開設する預金口座から自動振替の方法により第59条に定める口座に受け入れることとし，当月分は前月の〇日までに一括して徴収する。ただし，臨時に要する費用として特別に徴収する場合には，別に定めるところによる。 2　組合員が前項の期日までに納付すべき金額を納付しない場合には，管理組合は，その未払金額について年利〇％の遅延損害金を加算して，その組合員に対して請求する。 3　前項の遅延損害金は，第26条に定める費用に充当する。 4　組合員は，納付した管理費等及び使用料について，その返還請求又は分割請求をすることができない。 （預金口座の開設） ＊第59条　管理組合は，会計業務を遂行する

建物の区分所有等に関する法律	中高層共同住宅標準管理規約（単棟型）
	ため，管理組合の預金口座を開設するものとする。
（特定承継人の責任） 第8条　前条第1項に規定する債権は，債務者たる区分所有者の特定承継人に対しても行うことができる。	（承継人に対する債権の行使） 第25条　管理組合が管理費等について有する債権は，区分所有者の包括承継人及び特定承継人に対しても行うことができる。
（建物の設置又は保存の瑕疵に関する推定） 第9条　建物の設置又は保存に瑕疵があることにより他人に損害を生じたときは，その瑕疵は，共用部分の設置又は保存にあるものと推定する。	
（区分所有権売渡請求権） 第10条　敷地利用権を有しない区分所有者があるときは，その専有部分の収去を請求する権利を有する者は，その区分所有者に対し，区分所有権を時価で売り渡すべきことを請求することができる。	
第2節　共用部分等 （共用部分の共有関係） 第11条　共用部分は，区分所有者全員の共有に属する。ただし，一部共用部分は，これを共用すべき区分所有者の共有に属する。 2　前項の規定は，規約で別段の定めをすることを妨げない。ただし，第27条第1項の場合を除いて，区分所有者以外の者を共用部分の所有者と定めることができない。 3　民法第177条の規定は，共用部分には適用しない。 第12条　共用部分が区分所有者の全員又はその一部の共有に属する場合には，その共用部分の共有については，次条から第19条までに定めるところによる。	（共有） 第9条　対象物件のうち敷地及び共用部分等は，区分所有者の共有とする。
（共用部分の使用） 第13条　各共有者は，共用部分をその用方に従って使用することができる。	（敷地及び共用部分等の用法） ＊第13条　区分所有者は，敷地及び共用部分等をそれぞれの通常の用法に従って使用しなければならない。
（共用部分の持分の割合） 第14条　各共有者の持分は，その有する専有部分の床面積の割合による。 2　前項の場合において，一部共用部分（附属の建物であるものを除く。）で床面積	（共有持分） 第10条　各区分所有者の共有持分は，別表第3に掲げるとおりとする。

建物の区分所有等に関する法律	中高層共同住宅標準管理規約（単棟型）
有するものがあるときは，その一部共用部分の床面積は，これを共用すべき各区分所有者の専有部分の床面積の割合により配分して，それぞれの区分所有者の専有部分の床面積に算入するものとする。 3　前2項の床面積は，壁その他の区画の内側線で囲まれた部分の水平投影面積による。 4　前3項の規定は，規約で別段の定めをすることを妨げない。 （共用部分の持分の処分） 第15条　共有者の持分は，その有する専有部分の処分に従う。 2　共有者は，この法律に別段の定めがある場合を除いて，その有する専有部分と分離して持分を処分することができない。 （一部共用部分の管理） 第16条　一部共用部分の管理のうち，区分所有者全員の利害に関係するもの又は第31条第2項の規約に定めがあるものは区分所有者全員で，その他のものはこれを共用すべき区分所有者のみで行う。 （共用部分の変更） 第17条　共用部分の変更（改良を目的とし，かつ，著しく多額の費用を要しないものを除く。）は，区分所有者及び議決権の各4分の3以上の多数による集会の決議で決する。ただし，この区分所有者の定数は，規約でその過半数まで減ずることができる。 2　前項の場合において，共用部分の変更が専有部分の使用に特別の影響を及ぼすべきときは，その専有部分の所有者の承諾を得なければならない。	（分割請求及び単独処分の禁止） 第11条　区分所有者は，敷地又は共用部分等の分割を請求することはできない。 2　区分所有者は，専有部分と敷地及び共用部分等の共有持分とを分離して譲渡，抵当権の設定等の処分をしてはならない。 （分離処分の禁止） ●法22条　敷地利用権が数人で有する所有権その他の権利である場合には，区分所有者は，その有する専有部分とその専有部分に係る敷地利用権とを分離して処分することができない。ただし，規約に別段の定めがあるときは，この限りでない。 2　前項本文の場合において，区分所有者が数個の専有部分を所有するときは，各専有部分に係る敷地利用権の割合は，第14条第1項から第3項までに定める割合による。ただし，規約でこの割合と異なる割合が定められているときは，その割合による。 3　前2項の規定は，建物の専有部分の全部を所有する者の敷地利用権が単独で有する所有権その他の権利である場合に準用する。 （分離処分の無効の主張の制限） ●法23条　前条第1項本文（同条第3項において準用する場合を含む。）の規定に違反する専有部分又は敷地利用権の処分については，その無効を善意の相手方に主張することができない。ただし，不動産登記法（明治32年法律第24号）の定めるところにより分離して処分することができない専有部分及び敷地利用権であることを登記した後に，その処分がされたときは，この限り

建物の区分所有等に関する法律	中高層共同住宅標準管理規約（単棟型）
	でない。 （民法第255条の適用除外） ●法24条　第22条第1項本文の場合には，民法第255条（同法第264条において準用する場合を含む。）の規定は，敷地利用権には適用しない。
（共用部分の管理） 第18条　共用部分の管理に関する事項は，前条の場合を除いて，集会の決議で決する。ただし，保存行為は，各共有者がすることができる。 2　前項の規定は，規約で別段の定めをすることを妨げない。 3　前条第2項の規定は，第1項本文の場合に準用する。	（敷地及び共用部分等の第三者の使用） ＊第16条　管理組合は，次に掲げる敷地及び共用部分等の一部を，それぞれ当該各号に掲げる者に使用させることができる。 一　管理事務室，管理用倉庫，機械室その他対象物件の管理の執行上必要な施設管理業務を受諾し，又は請け負った者 二　電気室　〇〇電力株式会社 三　ガスガバナー　〇〇ガス株式会社 2　前項に掲げるもののほか，管理組合は，総会の決議を経て，敷地及び共用部分等（駐車場及び専用使用部分を除く。）の一部について，第三者に使用させることができる。 （敷地及び共用部分等の管理） ＊第21条　敷地及び共用部分等の管理については，管理組合がその責任と負担においてこれを行うものとする。ただし，バルコニー等の管理のうち，通常の使用に伴うものについては専用使用権を有するものがその責任と負担においてこれを行わなければならない。 2　専有部分である設備のうち共用部分と構造上一体となった部分の管理を共用部分の管理と一体として行う必要があるときは，管理組合がこれを行うことができる。
4　共用部分につき損害保険契約をすることは，共用部分の管理に関する事項とみなす。	（損害保険） 第23条　区分所有者は，共用部分等に関し，管理組合が火災保険その他の損害保険の契約を締結することを承認する。 2　理事長は，前項の契約に基づく保険金の請求及び受領を行う。 （権限） ●法26条2項　管理者は，その職務に関し，区分所有者を代理する。第18条第4項（第

建物の区分所有等に関する法律	中高層共同住宅標準管理規約（単棟型）
（共用部分の負担及び利益収取） 第19条　各共有者は，規約に別段の定めがない限りその持分に応じて，共用部分の負担に任じ，共用部分から生ずる利益を収取する。 （共用部分に関する規定の準用） ●法21条　建物の敷地又は共用部分以外の附属施設（これらに関する権利を含む。）が区分所有者の共有に属する場合には，第17条から第19条までの規定は，その敷地又は附属施設に準用する。	21条において準用する場合を含む。）の規定による損害保険契約に基づく保険金額の請求及び受領についても，同様とする。 （管理費等） ＊第24条　区分所有者は，敷地及び共用部分等の管理に要する経費に充てるため，次の費用（以下「管理費等」という。）を管理組合に納入しなければならない。 　一　管理費 　二　特別修繕費 2　管理費等の額については，各区分所有者の共用部分の共有持分に応じて算出するものとする。 附則（管理費等） ＊第4条　各区分所有者の負担する管理費等は，総会においてその額が決定されるまでは，第24条第2項に規定する方法により算出された別紙〇の額とする。 （管理費） ＊第26条　管理費は，次の各号に掲げる通常の管理に要する経費に充当する。 　一　管理人人件費 　二　公租公課 　三　共用設備の保守維持費及び運転費 　四　備品費，通信費その他の事務費 　五　共用部分等に係る火災保険料その他の損害保険料 　六　経常的な補修費 　七　清掃費，消毒費及びごみ処理費 　八　管理委託費 　九　管理組合の運営に要する費用 　十　その他敷地及び共用部分等の通常の管理に要する費用 （修繕積立金） ＊第27条　管理組合は，特別修繕費を修繕積立金として積み立てるものとする。 2　修繕積立金は，次の各号に掲げる特別の管理に要する経費に充当する場合に限って取り崩すことができる。 　一　一定年数の経過ごとに計画的に行う修繕

建物の区分所有等に関する法律	中高層共同住宅標準管理規約（単棟型）
	二　不測の事故その他特別の事由により必要となる修繕 三　敷地及び共用部分等の変更 四　その他敷地及び共用部分等の管理に関し，区分所有者全体の利益のために特別に必要となる管理 3　管理組合は，前項各号の経費に充てるため借入れをしたときは，特別修繕費をもってその償還に充てることができる。 4　特別修繕費及び修繕積立金については，管理費とは区分して経理しなければならない。 （使用料） ✦第28条　駐車場使用料その他の敷地及び共用部分等に係る使用料（以下「使用料」という。）は，それらの管理に要する費用に充てるほか，修繕積立金として積み立てる。 （管理組合の収入及び支出） ＊第54条　管理組合の会計における収入は，第24条に定める管理費等及び第28条に定める使用料によるものとし，その支出は第26条から第28条に定めるところにより諸費用に充当する。 （管理費等の過不足） ＊第58条　収支決算の結果，管理費に余剰を生じた場合には，その余剰は翌年度における管理費に充当する。 2　管理費等に不足を生じた場合には，管理組合は組合員に対して第24条第2項に定める管理費等の負担割合により，その都度必要な金額の負担を求めることができる。
（管理所有者の権限） **第20条**　第11条第2項の規定により規約で共用部分の所有者と定められた区分所有者は，区分所有者全員（一部共用部分については，これを共用すべき区分所有者）のためにその共用部分を管理する義務を負う。この場合には，それらの区分所有者に対し，相当な管理費用を請求することができる。 2　前項の共用部分の所有者は，第17条第1項に規定する共用部分の変更をすることが	

建物の区分所有等に関する法律	中高層共同住宅標準管理規約（単棟型）
できない。 （共用部分に関する規定の準用） **第21条** 建物の敷地又は共用部分以外の附属施設（これらに関する権利を含む。）が区分所有者の共有に属する場合には，第17条から第19条までの規定は，その敷地又は附属施設に準用する。 **第3節 敷地利用権** （分離処分の禁止） **第22条** 敷地利用権が数人で有する所有権その他の権利である場合には，区分所有者は，その有する専有部分とその専有部分に係る敷地利用権とを分離して処分することができない。ただし，規約に別段の定めがあるときは，この限りでない。 2 前項本文の場合において，区分所有者が数個の専有部分を所有するときは，各専有部分に係る敷地利用権の割合は，第14条第1項から第3項までに定める割合による。ただし，規約でこの割合と異なる割合が定められているときは，その割合による。 3 前2項の規定は，建物の専有部分の全部を所有する者の敷地利用権が単独で有する所有権その他の権利である場合に準用する。 （分離処分の無効の主張の制限） **第23条** 前条第1項本文（同条第3項において準用する場合を含む。）の規定に違反する専有部分又は敷地利用権の処分については，その無効を善意の相手方に主張することができない。ただし，不動産登記法（明治32年法律第24号）の定めるところにより分離して処分することができない専有部分及び敷地利用権であることを登記した後に，その処分がされたときは，この限りでない。 （民法第255条の適用除外） **第24条** 第22条第1項本文の場合には，民法第255条（同法第264条において準用する場合を含む。）の規定は，敷地利用権には適用しない。 **第4節 管 理 者** （選任及び解任）	NB. 管理者を置くかどうかは任意であるが，実務上はいわゆる理事長が管理者になり，

建物の区分所有等に関する法律	中高層共同住宅標準管理規約（単棟型）
第25条　区分所有者は，規約に別段の定めがない限り集会の決議によって，管理者を選任し，又は解任することができる。 2　管理者に不正な行為その他その職務を行うに適しない事情があるときは，各区分所有者は，その解任を裁判所に請求することができる。 （権限） 第26条　管理者は，共用部分並びに第21条に規定する場合における当該建物の敷地及び附属施設を保存し，集会の決議を実行し，並びに規約で定めた行為をする権利を有し，義務を負う。 2　管理者は，その職務に関し，区分所有者を代理する。第18条第4項（第21条において準用する場合を含む。）の規定による損害保険契約に基づく保険金額の請求及び受領についても，同様とする。 3　管理者の代理権に加えた制限は，善意の第三者に対抗することができない。 4　管理者は，規約又は集会の決議により，その職務（第2項後段に規定する事項を含む。）に関し，区分所有者のために，原告又は被告となることができる。 5　管理者は，前項の規約により原告又は被告となったときは，遅滞なく，区分所有者にその旨を通知しなければならない。この場合には，第35条第2項から第4項までの規定を準用する。 （管理所有） 第27条　管理者は，規約に特別の定めがあるときは，共用部分を所有することができる。 2　第6条第2項及び第20条の規定は，前項の場合に準用する。 （委任の規定の準用） 第28条　この法律及び規約に定めるもののほか，管理者の権利義務は，委任に関する規定に従う。 （区分所有者の責任等） 第29条　管理者がその職務の範囲内において第三者との間にした行為につき区分所有者	「理事会システム」で運営している。 （借入れ） ＊第60条　管理組合は，第27条第2項に定める業務を行うため必要な範囲内において，

建物の区分所有等に関する法律	中高層共同住宅標準管理規約（単棟型）
がその責めに任ずべき割合は，第14条に定める割合と同一の割合とする。ただし，規約で建物並びにその敷地及び附属施設の管理に要する経費につき負担の割合が定められているときは，その割合による。 2　前項の行為により第三者が区分所有者に対して有する債権は，その特定承継人に対しても行うことができる。 **第5節　規約及び集会** （規約事項） **第30条**　建物又はその敷地若しくは附属施設の管理又は使用に関する区分所有者相互間の事項は，この法律に定めるもののほか，規約で定めることができる。 2　一部共用部分に関する事項で区分所有者全員の利害に関係しないものは，区分所有者全員の規約に定めがある場合を除いて，これを共用すべき区分所有者の規約で定めることができる。 3　前2項の場合には，区分所有者以外の者の権利を害することができない。 （規約の設定・変更及び廃止） **第31条**　規約の設定，変更又は廃止は，区分所有者及び議決権の各4分の3以上の多数による集会の決議によってする。この場合において，規約の設定，変更又は廃止が一	借入れをすることができる。 （目的） 第1条　この規約は，○○マンションの管理又は使用に関する事項等について定めることにより，区分所有者の共同の利益を増進し，良好な住環境を確保することを目的とする。 （対象物件の範囲） 第4条　この規約の対象となる物件の範囲は，別表第1に記載された敷地，建物及び附属施設（以下「対象物件」という。）とする。 （使用細則） ＊第18条　対象物件の使用については，別に使用細則を定めるものとする。 （市及び近隣住民との協定の遵守） ＊第65条　区分所有者は，管理組合が○○市又は近隣住民と締結した協定について，これを誠実に遵守しなければならない。 （規約外事項） ＊第66条　規約及び使用細則に定めのない事項については，区分所有法その他の法令の定めるところによる。 2　規約，使用細則又は法令のいずれにも定めのない事項については，総会の決議より定める。 附則（規約の発効） ＊第1条　この規約は，平成○年○月○日から効力を発する。

建物の区分所有等に関する法律	中高層共同住宅標準管理規約（単棟型）
部の区分所有者の権利に特別の影響を及ぼすべきときは，その承諾を得なければならない。 2　前条第2項に規定する事項についての区分所有者全員の規約の設定，変更又は廃止は，当該一部共用部分を共用すべき区分所有者の4分の1を超える者又はその議決権の4分の1を超える議決権を有する者が反対したときは，することができない。 （公正証書による規約の設定） **第32条**　最初に建物の専有部分の全部を有する者は，公正証書により，第4条第2項，第5条第1項並びに第22条第1項ただし書及び第2項ただし書（これらの規定を同条第3項において準用する場合を含む。）の規約を設定することができる。 （規約の保管及び閲覧） **第33条**　規約は，管理者が保管しなければならない。ただし，管理者がないときは，建物を使用している区分所有者又はその代理人で規約又は集会の決議で定めるものが保管しなければならない。 2　前項の規定により規約を保管する者は，利害関係人の請求があったときは，正当な理由がある場合を除いて，規約の閲覧を拒んではならない。 3　規約の保管場所は，建物内の見やすい場所に掲示しなければならない。 （集会の招集） **第34条**　集会は，管理者が招集する。 2　管理者は，少なくとも毎年1回集会を招集しなければならない。	 （規約原本） ＊**第67条**　この規約を証するため，区分所有者全員が記名押印した規約を1通作成し，これを規約原本とする。 2　規約原本は，理事長が保管し，区分所有者又は利害関係人の書面による請求があったときは，これを閲覧させなければならない。この場合において，閲覧につき，相当の日時，場所等を指定することができる。 3　理事長は，所定の掲示場所に，規約原本の保管場所を掲示しなければならない。 （帳票類の作成，保管） ＊**第61条**　理事長は，会計帳簿，什器備品台帳，組合員名簿及びその他の帳票類を作成して保管し，組合員又は利害関係人の理由を付した書面による請求があったときは，これらを閲覧させなければならない。この場合において，閲覧につき，相当の日時，場所等を指定することができる。 （総会） 第40条　管理組合の総会は，総組合員で組織する。 2　総会は，通常総会及び臨時総会とし，区分所有法に定める集会とする。 3　理事長は，通常総会を，毎年1回新会計

建物の区分所有等に関する法律	中高層共同住宅標準管理規約（単棟型）
	年度開始以後2ケ月以内に招集しなければならない。 4　理事長は，必要と認める場合には，理事会の決議を経て，いつでも臨時総会を招集することができる。 （組合員の総会招集権）
3　区分所有者の5分の1以上で議決権の5分の1以上を有するものは，管理者に対し，会議の目的たる事項を示して，集会の招集を請求することができる。ただし，この定数は，規約で減ずることができる。 4　前項の規定による請求がされた場合において，2週間以内にその請求の日から4週間以内の日を会日とする集会の招集の通知が発せられなかったときは，その請求をした区分所有者は，集会を招集することができる。 5　管理者がないときは，区分所有者の5分の1以上で議決権の5分の1以上を有するものは，集会を招集することができる。ただし，この定数は，規約で減ずることができる。	第42条　組合員が組合員総数の5分の1以上及び第44条第1項に定める議決権総数の5分の1以上に当たる組合員の同意を得て，会議の目的を示して総会の招集を請求した場合には，理事長は，2週間以内にその請求があった日から4週間以内の日を会日とする臨時総会の招集の通知を発しなければならない。 2　理事長が前項の通知を発しない場合には，前項の請求をした組合員は，臨時総会を招集することができる。 3　前2項により招集された臨時総会においては，第40条第5項にかかわらず，議長は，総会に出席した組合員（書面又は代理人によって議決権を行使する者を含む。）の議決権の過半数をもって，組合員の中から選任する。
（招集の通知） 第35条　集会の招集の通知は，会日より少なくとも1週間前に，会議の目的たる事項を示して，各区分所有者に発しなければならない。ただし，この期間は，規約で伸縮することができる。	（招集手続） 第41条1項　総会を招集するには，少なくとも会議を開く日の2週間前までに，会議の日時，場所及び目的を示して，組合員に通知を発しなければならない。 第41条6項　第1項にかかわらず，緊急を要する場合には，理事長は，理事会の承認を得て，5日間を下回らない範囲において，第1項の期間を短縮することができる。 （議決権行使者の指定）
2　専有部分が数人の共有に属するときは，前項の通知は，第40条の規定により定められた議決権を行使すべき者（その者がないときは，共有者の1人）にすれば足りる。 3　第1項の通知は，区分所有者が管理者に対して通知を受けるべき場所を通知したときはその場所に，これを通知しなかったときは区分所有者の所有する専有部分が所在する場所にあててすれば足りる。この場合	●法40条　専有部分が数人の共有に属するときは，共有者は，議決権を行使すべき者1人を定めなければならない。 （招集手続） 第41条2項　前項の通知は，管理組合に対し組合員が届出をしたあて先に発するものとする。ただし，その届出のない組合員に対しては，対象物件内の専有部分の所在地あ

建物の区分所有等に関する法律	中高層共同住宅標準管理規約（単棟型）
には，同項の通知は，通常それが到達すべき時に到達したものとみなす。 4　建物内に住所を有する区分所有者又は前項の通知を受けるべき場所を通知しない区分所有者に対する第１項の通知は，規約に特別の定めがあるときは，建物内の見やすい場所に掲示してすることができる。この場合には，同項の通知は，その掲示をした時に到達したものとみなす。 5　第１項の通知する場合において，会議の目的たる事項が第17条第１項，第31条第１項，第61条第５項，第62条第１項又は第68条第１項に規定する決議事項であるときは，その議案の要領をも通知しなければならない。 （招集手続の省略） **第36条**　集会は，区分所有者全員の同意があるときは，招集の手続を経ないで開くことができる。 （決議事項の制限） **第37条**　集会においては，第35条の規定によりあらかじめ通知した事項についてのみ，決議することができる。 2　前項の規定は，この法律に集会の決議につき特別の定数が定められている事項を除いて，規約で別段の定めをすることを妨げない。 3　前２項の規定は，前条の規定による集会には適用しない。 （議決権） **第38条**　各区分所有者の議決権は，規約に別段の定めがない限り，第14条に定める割合による。 （議事） **第39条**　集会の議事は，この法律又は規約に別段の定めがない限り，区分所有者及び議決権の各過半数で決する。	てに発するものとする。 第41条３項　第１項の通知は，対象物件内に居住する組合員及び前項の届出のない組合員に対しては，その内容を所定の掲示場所に掲示することをもって，これに代えることができる。 第41条４項　第１項の通知をする場合において，会議の目的が第45条第３項第一号，第二号若しくは第四号に掲げる事項の決議又は同条第４項の建替え決議であるときは，その議案の要領をも通知しなければならない。 （総会の会議及び議事） 第45条９項　総会においては，第41条第１項によりあらかじめ通知した事項についてのみ，決議することができる。 （議決権） 第44条１項　各組合員の議決権の割合は，別表第５に掲げるとおりとする。 （総会の会議及び議事） 第45条　総会の会議は，前条第１項に定める議決権総数の半数以上を有する組合員が出席しなければならない。 2　総会の議事は，出席組合員の議決権の過半数で決し，可否同数の場合には，議長の決するところによる。 3　次の各号に掲げる事項に関する総会の議

（1　区分所有法と「標準管理規約」（平成９年度版）比較表）**資料**

建物の区分所有等に関する法律	中高層共同住宅標準管理規約（単棟型）
	事は，前項にかかわらず，組合員総数の4分の3以上及び議決権総数の4分の3以上で決する。 一　規約の変更 二　敷地及び共用部分等の変更（改良を目的とし，かつ，著しく多額の費用を要しないものを除く。） 三　区分所有法第58条第1項，第59条第1項又は第60条第1項の訴えの提起 四　建物の価格の2分の1を超える部分が滅失した場合の滅失した共用部分の復旧 五　その他総会において本項の方法により決議することとした事項 4　区分所有法第62条第1項の建替え決議は，第2項にかかわらず，組合員総数の5分の4以上及び議決権総数の5分の4以上で行う。 5　前4項の場合において，書面又は代理人によって議決権を行使する者は，出席組合員とみなす。 6　第3項第一号において，規約の変が一部の組合員の権利に特別の影響を及ぼすべきときは，その承諾を得なければならない。この場合において，その組合員は正当な理由がなければこれを拒否してはならない。 7　第3項第二号において，敷地及び共用部分等の変更が，専有部分又は専用使用部分の使用に特別の影響を及ぼすときは，その専有部分を所有する組合員又はその専用使用部分の専用使用を認められている組合員の承諾を得なければならない。この場合において，その組合員は正当な理由がなければこれを拒否してはならない。 8　第3項第三号に掲げる事項の決議を行うには，あらかじめ当該組合員又は占有者に対し弁明する機会を与えなければならない。
2　議決権は，書面で，又は代理人によって行使することができる。	（議決権） 第44条4項　組合員は，書面又は代理人によって議決権を行使することができる。 第44条5項　組合員が代理人により議決権を行使しようとする場合において，その代理

建物の区分所有等に関する法律	中高層共同住宅標準管理規約（単棟型）
	人は，その組合員と同居する者，他の組合員若しくはその組合員と同居する者又はその組合員の住戸を借り受けた者でなければならない。 第44条6項　代理人は，代理権を証する書面を理事長に提出しなければならない。 （議決権）
（議決権行使者の指定） **第40条**　専有部分が数人の共有に属するときは，共有者は，議決権を行使すべき者1人を定めなければならない。	第44条2項　住戸1戸につき2以上の組合員が存在する場合のこれらの者の議決権の行使については，あわせて一の組合員とみなす。 第44条3項　前項により一の組合員とみなされる者は議決権を行使する者1名を選任し，その者の氏名をあらかじめ総会開会までに理事長に届け出なければならない。 （議決事項） ＊第46条　次の各号に掲げる事項については，総会の決議を経なければならない。 一　収支決算及び事業報告 二　収支予算及び事業計画 三　管理費等及び使用料の額並びに賦課徴収方法 四　規約の変更及び使用細則の制定又は変更 五　長期修繕計画の作成又は変更 六　第27条第2項に定める特別の管理の実施並びにそれに充てるための資金の借入れ及び修繕積立金の取崩し 七　第21条第2項に定める管理の実施 八　区分所有法第57条第2項及び前条第3項第三号の訴えの提起並びにこれらの訴えを提起すべき者の選任 九　建物の一部が滅失した場合の滅失した共用部分の復旧 十　区分所有法第62条第1項の場合の建替え 十一　役員の選任及び解任並びに役員活動費の額及び支払方法 十二　組合管理部分に関する管理業務委託契約の締結 十三　その他管理組合の業務に関する重要

建物の区分所有等に関する法律	中高層共同住宅標準管理規約（単棟型）
（議長） **第41条** 集会においては，規約に別段の定めがある場合及び別段の決議をした場合を除いて，管理者又は集会を招集した区分所有者の1人が議長となる。	事項 （総会） 第40条5項　総会の議長は，理事長が務める。
（議事録） **第42条** 集会の議事については，議長は議事録を作成しなければならない。 2　議事録には，議事の経過の要領及びその結果を記載し，議長及び集会に出席した区分所有者の2人がこれに署名押印しなければならない。 3　第33条の規定は，議事録に準用する。	（議事録の作成，保管等） 第48条　総会の議事については，議長は，議事録を作成しなければならない。 2　議事録には，議事の経過の要領及びその結果を記載し，議長及び議長の指名する2名の総会に出席した理事がこれに署名押印しなければならない。 3　理事長は，議事録及び前条の書面を保管し，組合員又は利害関係人の書面による請求があったときは，これらを閲覧させなければならない。この場合において，閲覧につき，相当の日時，場所等を指定することができる。 4　理事長は，所定の掲示場所に，議事録及び前条の書面の保管場所を掲示しなければならない。
（事務の報告） **第43条** 管理者は，集会において，毎年1回一定の時期に，その事務に関する報告をしなければならない。	（会計年度） ＊第53条　管理組合の会計年度は，毎年○月○日から翌年○月○日までとする。 （収支予算の作成及び変更） ＊第55条　理事長は，毎会計年度の収支予算案を通常総会に提出し，その承認を得なければならない。 2　収支予算を変更しようとするときは，理事長は，その案を臨時総会に提出し，その承認を得なければならない。 （会計報告） ＊第56条　理事長は，毎会計年度の収支予算案を監事の会計監査を経て，通常総会に報告し，その承認を得なければならない。
（占有者の意見陳述権） **第44条** 区分所有者の承諾を得て専有部分を占有する者は，会議の目的たる事項につき利害関係を有する場合には，集会に出席して意見を述べることができる。	（出席資格） 第43条　組合員のほか，理事会が必要と認めた者は，総会に出席することができる。 2　区分所有者の承諾を得て専有部分を占有する者は，会議の目的につき利害関係を有

建物の区分所有等に関する法律	中高層共同住宅標準管理規約（単棟型）
2　前項に規定する場合には，集会を招集する者は，第35条の規定により招集の通知を発した後遅滞なく，集会の日時，場所及び会議の目的たる事項を建物内の見やすい場所に掲示しなければならない。 （書面決議） **第45条**　この法律又は規約により集会において決議すべきものとされた事項については，区分所有者全員の書面による合意があったときは，集会の決議があったものとみなす。 2　第33条の規定は，前項の書面に準用する。 （規約及び集会の決議の効力） **第46条**　規約及び集会の決議は，区分所有者の特定承継人に対しても，その効力を生ずる。 2　占有者は，建物又はその敷地若しくは附属施設の使用方法につき，区分所有者が規約又は集会の決議に基づいて負う義務と同一の義務を負う。 第6節　管理組合法人 （成立等） **第47条**　第3条に規定する団体で区分所有者の数が30人以上であるものは，区分所有者及び議決権の各4分の3以上の多数による集会の決議で法人となる旨並びにその名称及び事務所を定め，かつ，その土たる事務	する場合には，総会に出席して意見を述べることができる。この場合において，総会に出席して意見を述べようとする者は，あらかじめ理事長にその旨を通知しなければならない。 （招集手続） 第41条5項　第43条第2項の場合には，第1項の通知を発した後遅滞なく，その通知の内容を，所定の掲示場所に掲示しなければならない。 （総会の決議に代わる書面による合意） 第47条　規約により総会において決議すべきものとされた事項について，組合員全員の書面による合意があるときは，総会の決議があったものとみなす。 （規約の効力） 第5条　この規約は，区分所有者の包括承継人及び特定承継人に対しても，その効力を有する。 2　占有者は，対象物件の使用方法につき，区分所有者がこの規約に基づいて負う義務と同一の義務を負う。 （専有部分の貸与） ＊第19条　区分所有者は，その専有部分を第三者に貸与する場合には，この規約及び使用細則に定める事項をその第三者に遵守させなければならない。 2　前項の場合において，区分所有者は，その貸与に係る契約にこの規約及び使用細則に定める事項を遵守する旨の条項を定めるとともに，契約の相手方にこの規約及び使用細則に定める事項を遵守する旨の誓約書を管理組合に提出させなければならない。 NB．大多数のマンションは，法人格を持たない管理組合（権利能力なき社団）であり，その場合の管理業務の執行機関として「管理者」が置かれる。管理者を置くかどうかは任意であるが，実務上はいわゆる理事長が管理者になり，「理事会システム」で運営している。一方，法人登記をした管理組

建物の区分所有等に関する法律	中高層共同住宅標準管理規約（単棟型）
所の所在地において登記をすることによって法人となる。 2　前項の規定による法人は，管理組合法人と称する。 3　この法律に規定するもののほか，管理組合法人の登記に関して必要な事項は，政令で定める。 4　管理組合法人に関して登記すべき事項は，登記した後でなければ，第三者に対抗することができない。 5　管理組合法人の成立前の集会の決議，規約及び管理者の職務の範囲内の行為は，管理組合法人につき効力を生ずる。 6　管理組合法人は，区分所有者を代理して，第18条第4項（第21条において準用する場合を含む。）の規定による損害保険契約に基づく保険金額を請求し，受領することができる。 7　民法第43条，第44条，第50条及び第51条の規定は管理組合法人に，破産法（大正11年法律第71号）第127条第2項の規定は存立中の管理組合法人に準用する。 8　第4節及び第33条第1項ただし書（第42条第3項及び第45条第2項において準用する場合を含む。）の規定は，管理組合法人には適用しない。 9　管理組合法人について，第33条第1項本文（第42条第3項及び第45条第2項において準用する場合を含む。以下この項において同じ。）の規定を適用する場合には第33条第1項本文中「管理者が」とあるのは「理事が管理組合法人の事務所において」と第34条第1項から第3項まで及び第5項，第35条第3項，第41条並びに第43条の規定を適用する場合にはこれらの規定中「管理者」とあるのは「理事」とする。 10　管理組合法人は，法人税法（昭和40年法律第34条）その他法人税に関する法令の規定の適用については，同法第2条第6号に規定する公益法人等とみなす。この場合において，同法第37条の規定を適用する場合	合（管理組合法人）は，法人の論理によって理事が当然に法人を代表する。したがって，管理者は置かない。 　　大多数のマンションでは「管理者」として区分所有者が選任され，その人は，一般に「理事長」と呼ばれる。実務上は，いわゆる理事長が管理者に該当する。そして，管理者である理事長一人では管理組合の運営が不可能なので，「理事会」という業務執行機関を組織して組合の維持管理等の運営にあたる。理事会は「理事」及び「監事」という役職のメンバーから構成されているが，これは管理組合法人の場合に必ず置かなければならない「理事」及び「監事」という常置必須の制度を類推適用ないし準用したかたちになっている。 　　標準管理規約は，法人格を持たない管理組合（権利能力なき社団）を前提として規定している。したがって本来は，区分所有法第4節「管理者」と標準管理規約第3節「役員」，第5節「理事会」を比較すべきであるが，先に述べた理由から，区分所有法第6節「管理組合法人」と比較する。

建物の区分所有等に関する法律	中高層共同住宅標準管理規約（単棟型）
には同条第3項及び第4項中「公益法人等」とあるのは「公益法人等（管理組合法人を除く。）」と，同法第66条の規定を適用する場合には同条第1項及び第2項中「普通法人」とあるのは「普通法人（管理組合法人を含む。）」と，同条第3項中「公益法人等」とあるのは「公益法人等（管理組合法人を除く。）」とする。 11　管理組合法人は，消費税法（昭和63年法律第108号）その他消費税に関する法令の規定の適用については，同法別表第3に掲げる法人とみなす。 （名称） **第40条**　管理組合法人は，その名称中に管理組合法人という文字を用いなければならない。 2　管理組合法人でないものは，その名称中に管理組合法人という文字を用いてはならない。 （理事） **第49条**　管理組合法人には，理事を置かなければならない。 2　理事は，管理組合法人を代表する。 3　理事が数人あるときは，各自管理組合法人を代表する。 4　前項の規定は，規約若しくは集会の決議によって，管理組合法人を代表すべき理事を定め，若しくは数人の理事が共同して管理組合法人を代表すべきことを定め，又は規約の定めに基づき理事の互選によって管理組合法人を代表すべき理事を定めることを妨げない。	（理事） ＊第38条　理事は，理事会を構成し，理事会の定めるところに従い，管理組合の業務を担当する。 2　会計担当理事は，管理費等の収納，保管，運用，支出等の会計業務を行う。 （役員） ＊第33条　管理組合に次の役員を置く。 一　理事長 二　副理事長　　○名 三　会計担当理事　　○名 四　理事（理事長，副理事長，会計担当理事を含む。以下同じ。）　　○名 五　監事　　○名 2　理事及び監事は，○○マンションに現に居住する組合員のうちから，総会で選任する。 3　理事長，副理事長及び会計担当理事は，理事の互選により選任する。 附則（初代役員） ＊第3条　第33条にかかわらず理事○名，監事○名とし，理事長，副理事長，会計担当

建物の区分所有等に関する法律	中高層共同住宅標準管理規約（単棟型）
	理事，理事及び監事の氏名は別紙○のとおりとする。 2　前項の役員の任期は，第34条第1項にかかわらず平成○年○月○日までとする。 （理事長） ＊第36条　理事長は，管理組合を代表して，その業務を統括するほか，次の各号に掲げる業務を遂行する。 　一　規約，使用細則又は総会若しくは理事の決議により，理事長の職務として定められた事項 　二　理事会の承認を得て，職員を採用し，又は解雇すること。 2　理事長は，区分所有法に定める管理者とする。 3　理事長は，通常総会において，組合員に対し，前会計年度における管理組合の業務の執行に関する報告をしなければならない。 4　理事長は，理事会の承認を受けて，他の理事に，その職務の一部を委任することができる。 （選任及び解任） ●法25条　区分所有者は，規約に別段の定めがない限り集会の決議によって，管理者を選任し，又は解任することができる。 2　管理者に不正な行為その他その職務を行うに適しない事情があるときは，各区分所有者は，その解任を裁判所に請求することができる。 （権限） ●法26条　管理者は，共用部分並びに第21条に規定する場合における当該建物の敷地及び附属施設を保存し，集会の決議を実行し，並びに規約で定めた行為をする権利を有し，義務を負う。 2　管理者は，その職務に関し，区分所有者を代理する。第18条第4項（第21条において準用する場合を含む。）の規定による損害保険契約に基づく保険金額の請求及び受領についても，同様とする。 3　管理者の代理権に加えた制限は，善意の

建物の区分所有等に関する法律	中高層共同住宅標準管理規約（単棟型）
	第三者に対抗することができない。 4　管理者は，規約又は集会の決議により，その職務（第2項後段に規定する事項を含む。）に関し，区分所有者のために，原告又は被告となることができる。 5　管理者は，前項の規約により原告又は被告となったときは，遅滞なく，区分所有者にその旨を通知しなければならない。この場合には，第35条第2項から第4項までの規定を準用する。 （委任の規定の準用） ●法28条　この法律及び規約に定めるもののほか，管理者の権利義務は，委任に関する規定に従う。 （副理事長） ＊第37条　副理事長は，理事長を補佐し，理事長に事故があるときは，その職務を代理し，理事長が欠けたときは，その職務を行う。
5　理事の任期は，2年とする。ただし，規約で3年以内において別段の期間を定めたときは，その期間とする。 6　理事が欠けた場合又は規約で定めた理事の員数が欠けた場合には，任期の満了又は辞任により退任した理事は，新たに選任された理事が就任するまで，なおその職務を行う。 7　第25条，民法第52条第2項及び第54条から第56条まで並びに非訟事件手続法（明治31年法律第14号）第35条第1項の規定は，理事に準用する。	（役員の任期） 第34条　役員の任期は〇年とする。ただし，再任を妨げない。 2　補欠の役員の任期は，前任者の残任期間とする。 3　任期の満了又は辞任によって退任する役員は，後任の役員が就任するまでの間引き続きその職務を行う。 4　役員が組合員でなくなった場合には，その役員はその地位を失う。 （役員の誠実義務等） ＊第35条　役員は，法令，規約及び使用細則並びに総会及び理事会の決議に従い，組合員のため，誠実にその職務を遂行するものとする。 2　役員は，別に定めるところにより役員としての活動に応ずる必要経費の支払と報酬を受けることができる。 （委任の規定の準用） ●法28条　この法律及び規約に定めるもののほか，管理者の権利義務は，委任に関する規定に従う。

建物の区分所有等に関する法律	中高層共同住宅標準管理規約（単棟型）
（監事） **第50条** 管理組合法人には，監事を置かなければならない。 2　監事は，理事又は管理組合法人の使用人と兼ねてはならない。 3　第25条並びに前条第5項及び第6項，民法第56条及び第59条並びに非訟事件手続法第35条第1項の規定は，監事に準用する。 （監事の代表権） **第51条** 管理組合法人と理事との利益が相反する事項については，監事が管理組合法人を代表する。 （事務の執行） **第52条** 管理組合法人の事務は，この法律に定めるもののほか，すべて集会の決議によって行う。ただし，この法律に集会の決議についての特別の定数が定められている事項及び第57条第2項に規定する事項を除いて，規約で，理事その他の役員が決するものとすることができる。 2　前項の規定にかかわらず，保存行為は，理事が決することができる。	（監事） 第39条　監事は，管理組合の業務の執行及び財産の状況を監査し，その結果を総会に報告しなければならない。 2　監事は，管理組合の業務の執行及び財産の状況について不正があると認めるときは，臨時総会を招集することができる。 3　監事は，理事会に出席して意見を述べることができる。 （理事会） ＊第49条　理事会は，理事をもって構成する。 2　理事会の議長は，理事長が務める。 （招集） ＊第50条　理事会は，理事長が招集する。 2　理事が〇分の1以上の理事の同意を得て理事会の招集を請求した場合には，理事長は速やかに理事会を招集しなければならない。 3　理事会の招集手続きについては，第41条（第4項及び第5項を除く。）の規定を準用する。ただし，理事会において別段の定めをすることができる。 （理事会の会議及び議事） ＊第51条　理事会の会議は，理事の半数以上が出席しなければ開くことができず，その議事は出席理事の過半数で決する。 2　議事録については，第48条（第4項を除く。）の規定を準用する。 （議決事項） ＊第52条　理事会は，この規約に別に定めるもののほか，次の各号に掲げる事項を決議する。 　一　収支決算案，事業報告案，収支予算案及び事業計画案 　二　規約の変更及び使用細則の制定又は変更に関する案 　三　長期修繕計画の作成又は変更に関する案

建物の区分所有等に関する法律	中高層共同住宅標準管理規約（単棟型）
	四　その他の総会提出議案 五　第17条に定める承認又は不承認 六　第63条に定める勧告又は指示等 七　総会から付託された事項
（区分所有者の責任） **第53条**　管理組合法人の財産をもってその債務を完済することができないときは、区分所有者は、第14条に定める割合と同一の割合で、その債務の弁済の責めに任ずる。ただし、第29条第1項ただし書に規定する負担の割合が定められているときは、その割合による。 2　管理組合法人の財産に対する強制執行がその効を奏しなかったときも、前項と同様とする。 3　前項の規定は、区分所有者が管理組合法人に資力があり、かつ、執行が容易であることを証明したときは、適用しない。 （特定承継人の責任） **第54条**　区分所有者の特定承継人は、その承継前に生じた管理組合法人の債務についても、その区分所有者が前条の規定により負う責任と同一の責任を負う。 （解散） **第55条**　管理組合法人は、次の事由によって解散する。 一　建物（一部共用部分を共用すべき区分所有者で構成する管理組合法人にあっては、その共用部分）の全部の滅失 二　建物に専有部分がなくなったこと。 三　集会の決議 2　前項第3号の決議は、区分所有者及び議決権の各4分の3以上の多数でする。 3　民法第73条から第76条まで及び第78条から第82条まで並びに非訟事件手続法第35条第2項及び第36条から第37条ノ2までの規定は、管理組合法人の解散及び清算に準用する。 （残余財産の帰属） **第56条**　解散した管理組合法人の財産は、規約に別段の定めがある場合を除いて、第14	（区分所有者の責任等） ●法29条　管理者がその職務の範囲内において第三者との間にした行為につき区分所有者がその責めに任ずべき割合は、第14条に定める割合と同一の割合とする。ただし、規約で建物並びにその敷地及び附属施設の管理に要する経費につき負担の割合が定められているときは、その割合による。 2　前項の行為により第三者が区分所有者に対して有する債権は、その特定承継人に対しても行うことができる。

建物の区分所有等に関する法律	中高層共同住宅標準管理規約（単棟型）
条に定める割合と同一の割合で各区分所有者に帰属する。 **第7節　義務違反者に対する措置** （共同の利益に反する行為の停止等の請求） **第57条**　区分所有者が第6条第1項に規定する行為をした場合又はその行為をするおそれがある場合には，他の区分所有者の全員又は管理組合法人は，区分所有者の共同の利益のため，その行為を停止し，その行為の結果を除去し，又はその行為を予防するため必要な措置を執ることを請求することができる。 2　前項の規定に基づき訴えを提起するには，集会の決議によらなければならない。 3　管理者又は集会において指定された区分所有者は，集会の決議により，第1項の他の区分所有者の全員のために，前項に規定する訴えを提起することができる。 4　前3項の規定は，占有者が第6条第3項において準用する同条第1項に規定する行為をした場合及びその行為をするおそれがある場合に準用する。 （使用禁止の請求） **第58条**　前条第1項に規定する場合において，第6条第1項に規定する行為による区分所有者の共同生活上の障害が著しく，前条第1項に規定する請求によってはその障害を除去して共用部分の利用の確保その他の区分所有者の共同生活の維持を図ることが困難であるときは，他の区分所有者の全員又は管理組合法人は，集会の決議に基づき，訴えをもって，相当の期間の当該行為に係る区分所有者による専有部分の使用の禁止をすることができる。 2　前項の決議は，区分所有者及び議決権の各4分の3以上の多数です。 3　第1項の決議をするには，あらかじめ，当該区分所有者に対し，弁明する機会を与えなければならない。 4　前条第3項の規定は，第1項の訴えの提起に準用する。	（義務違反者に対する措置） **第62条**　区分所有者又は占有者が建物の保存に有害な行為その他建物の管理又は使用に関し区分所有者の共同の利益に反する行為をした場合又はその行為をするおそれがある場合には，区分所有法第57条から第60条までの規定に基づき必要な措置をとることができる。 （理事長の勧告及び指示等） **第63条**　区分所有者若しくはその同居人又は専有部分の貸与を受けた者若しくはその同居人（以下「区分所有者等」という。）が，法令，規約又は使用細則に違反したとき，又は対象物件における共同生活の秩序を乱す行為を行ったときは，理事長は，理事会の決議を経てその区分所有者等に対し，その是正等のため必要な勧告又は指示若しくは警告を行うことができる。 2　区分所有者は，その同居人又はその所有する専有部分の貸与を受けた者若しくはその同居人が前項の行為を行った場合には，その是正等のため必要な措置を講じなければならない。 3　区分所有者がこの規約若しくは使用細則に違反したとき，又は区分所有者若しくは区分所有者以外の第三者が敷地及び共用部分等において不法行為を行ったときは，理事長は，理事会の決議を経て，その差止め，排除若しくは原状回復のための必要な措置又は費用償還若しくは損害賠償の請求を行うことができる。 （合意管轄裁判所） ＊**第64条**　この規約に関する管理組合と組合員間の訴訟については，対象物件所在地を管轄する○○地方（簡易）裁判所をもって，第一審管轄裁判所とする。 2　第46条第八号に関する訴訟についても，前項と同様とする。

建物の区分所有等に関する法律	中高層共同住宅標準管理規約（単棟型）
（区分所有権の競売の請求） **第59条** 第57条第1項に規定する場合において，第6条第1項に規定する行為による区分所有者の共同生活上の障害が著しく，他の方法によってはその障害を除去して共用部分の利用の確保その他の区分所有者の共同生活の維持を図ることが困難であるときは，他の区分所有者の全員又は管理組合法人は，集会の決議に基づき，訴えをもって，当該行為に係る区分所有者の区分所有権及び敷地利用権の競売を請求することができる。 2　第57条第3項の規定は前項の訴えの提起に，前条第2項及び第3項の規定は前項の決議に準用する。 3　第1項の規定による判決に基づく競売の申立ては，その判決が確定した日から6月を経過したときは，することができない。 4　前項の競売においては，競売を申し立てられた区分所有者又はその者の計算において買い受けようとする者は，買い受けの申出をすることができない。 （占有者に対する引渡し請求） **第60条**　第57条第4項に規定する場合において，第6条第3項において準用する同条第1項に規定する行為による区分所有者の共同生活上の障害が著しく，他の方法によってはその障害を除去して共用部分の利用の確保その他の区分所有者の共同生活の維持を図ることが困難であるときは，区分所有者の全員又は管理組合法人は，集会の決議に基づき，訴えをもって，当該行為に係る占有者が占有する専有部分の使用又は収益を目的とする契約の解除及びその専有部分の引渡しを請求することができる。 2　第57条第3項の規定は前項の訴えの提起に，第58条第2項及び第3項の規定は前項の決議に準用する。 3　第1項の規定による判決に基づき専有部分の引渡しを受けた者は，遅滞なく，その専有部分を占有する権原を有する者にこれ	

建物の区分所有等に関する法律	中高層共同住宅標準管理規約（単棟型）
を引き渡さなければならない。 **第8節　復旧及び建替え** （建物の一部が滅失した場合の復旧等） **第61条**　建物の価格の2分の1以下に相当する部分が滅失したときは，各区分所有者は，滅失した共用部分及び自己の専有部分を復旧することができる。ただし，共用部分については，復旧の工事に着手するまでに第3項又は次条第1項の決議があったときは，この限りでない。 2　前項の規定により共用部分を復旧した者は，他の区分所有者に対し，復旧に要した金額を第14条に定める割合に応じて償還すべきことを請求することができる。 3　第1項本文に規定する場合には，集会において，滅失した共用部分を復旧する旨の決議をすることができる。 4　第3項の規定は，規約で別段の定めをすることを妨げない。 5　第1項本文に規定する場合を除いて，建物の一部が滅失したときは，集会において，区分所有者及び議決権の各4分の3以上の多数で，滅失した共用部分を復旧する旨の決議をすることができる。 6　前項の決議をした集会の議事録には，その決議についての各区分所有者の賛否をも記載しなければならない。 7　第5項の決議があったときは，その決議に賛成した区分所有者（その承継人を含む。）以外の区分所有者は，決議に賛成した区分所有者（その承継人を含む。）に対し，建物及びその敷地に関する権利を時価で買い取るべきことを請求することができる。 8　第5項に規定する場合において，建物の一部が滅失した日から6月以内に同項又は次条第1項の決議がないときは，各区分所有者は，他の区分所有者に対し，建物及びその敷地に関する権利を時価で買い取るべきことを請求することができる。 9　第2項及び前2項の場合には，裁判所は，	

建物の区分所有等に関する法律	中高層共同住宅標準管理規約（単棟型）
償還又は買取りの請求を受けた区分所有者の請求により，償還金又は代金の支払につき相当の期限を許与することができる。 （建替え決議） **第62条** 老朽，損傷，一部の滅失その他の事由により，建物の価額その他の事情に照らし，建物がその効用を維持し，又は回復するのに過分の費用を要するに至ったときは，集会において，区分所有者及び議決権の各5分の4以上の多数で，建物を取り壊し，かつ，建物の敷地に新たに主たる使用目的を同一とする建物を建築する旨の決議（以下「建替え決議」という。）をすることができる。 2　建替え決議においては，次の事項を定めなければならない。 　一　新たに建築する建物（以下「再建建物」という。）の設計の概要 　二　建物の取壊し及び再建建物の建築に要する費用の概算額 　三　前号に規定する費用の分担に関する事項 　四　再建建物の区分所有権の帰属に関する事項 3　前項第3号及び第4号の事項は，各区分所有者の衡平を害しないように定めなければならない。 4　前条第6項の規定は，建替え決議をした集会の議事録に準用する。 （区分所有権等の売渡し請求等） **第63条**　建替え決議があったときは，集会を招集した者は，遅滞なく，建替え決議に賛成しなかった区分所有者（その承継人を含む。）に対し，建替え決議の内容により建替えに参加するか否かを回答すべき旨を書面で催告しなければならない。 2　前項に規定する区分所有者は，同項の規定による催告を受けた日から2月以内に回答しなければならない。 3　前項の期間内に回答しなかった第1項に規定する区分所有者は，建替えに参加しな	

建物の区分所有等に関する法律	中高層共同住宅標準管理規約（単棟型）
い旨を回答したものとみなす。 4　第2項の期間が経過したときは，建替え決議に賛成した各区分所有者若しくは建替え決議の内容により建替えに参加する旨を回答した各区分所有者（これらの者の承継人を含む。）又はこれらの者の全員の合意により区分所有権及び敷地利用権を買い受けることができる者として指定された者（以下「買受指定者」という。）は，同項の期間の満了の日から2月以内に，建替えに参加しない旨を回答した区分所有者（その承継人を含む。）に対し，区分所有権及び敷地利用権を時価で売り渡すべきことを請求することができる。建替え決議があった後にこの区分所有者から敷地利用権のみを取得した者（その承継人を含む。）の敷地利用権についても，同様とする。 5　前項の規定による請求があった場合において，建替えに参加しない旨を回答した区分所有者が建物の明渡しによりその生活上著しい困難を生ずるおそれがあり，かつ，建替え決議の遂行に甚だしい影響を及ぼさないものと認めるべき顕著な事由があるときは，裁判所は，その者の請求により，代金の支払又は提供の日から1年を超えない範囲内において，建物の明渡しにつき相当の期限を許与することができる。 6　建替え決議の日から2年以内に建物の取壊しの工事に着手しない場合には，第4項の規定により区分所有権又は敷地利用権を売り渡した者は，この期間の満了の日から6月以内に，買主が支払った代金に相当する金銭をその区分所有権又は敷地利用権を現在有する者に提供して，これらの権利を売り渡すべきことを請求することができる。ただし，建物の取壊しの工事に着手しなかったことにつき正当な理由があるときは，この限りでない。 7　前項本文の規定は，同項ただし書に規定する場合において，建物の取壊しの工事の着手を妨げる理由がなくなった日から6月	

建物の区分所有等に関する法律	中高層共同住宅標準管理規約（単棟型）
以内にその着手をしないときに準用する。この場合において，同項本文中「この期間の満了の日から 6 月以内に」とあるのは，「建物の取壊しの工事の着手を妨げる理由がなくなったことを知った日から 6 月又はその理由がなくなった日から 2 年のいずれか早い時期までに」と読み替えるものとする。 （建替えに関する合意） **第64条** 建替え決議に賛成した各区分所有者，建替え決議の内容により建替えに参加する旨を回答した各区分所有者及び区分所有権又は敷地利用権を買い受けた各買受指定者（これらの者の承継人を含む。）は，建替え決議の内容により建替えを行う旨の合意をしたものとみなす。 **第2章　団　地** **第65条〜68条**（省略） NB. 団地の団体による団地管理組合のシステムについては，1棟単位での管理規定を読み替えて準用することとしている。しかし，その読替え・準用は，きわめて分かりにくい規定となっている。注意すべきは，第3節「敷地利用権」，第7節「義務違反者に対する措置」および第8節「復旧及び建替え」の規定は全面的に準用されないことである。 **第3章　罰　則** **第69条** 次の各号の1に該当する場合には，その行為をした管理者，理事，規約を保管する者，議長又は清算人は，10万円以下の過料に処する。 一　第33条第1項本文（第42条第3項及び第45条第2項（これらの規定を第66条において準用する場合を含む。）並びに第66条において準用する場合を含む。以下この号において同じ。）又は第47条第9項（第66条において準用する場合を含む。）において読み替えて適用される第	NB. 中高層標準管理規約（団地型）モデルが，別途定められている。

建物の区分所有等に関する法律	中高層共同住宅標準管理規約（単棟型）
33条第1項本文の規定に違反して，規約，議事録又は第45条第1項（第66条において準用する場合を含む。）の書面の保管をしなかったとき。 二　第33条第2項（第42条第3項及び第45条第2項（これらの規定を第66条において準用する場合を含む。）並びに第66条において準用する場合を含む。）の規定に違反して，正当な理由がないのに，前号に規定する書類の閲覧を拒んだとき。 三　第42条第1項又は第2項（これらの規定を第66条において準用する場合を含む。）の規定に違反して，議事録を作成せず，又は議事録に記載すべき事項を記載せず，若しくは虚偽の記載をしたとき。 四　第43条（第47条第9項（第66条において準用する場合を含む。）において読み替えて適用される場合及び第66条において準用する場合を含む。）の規定に違反して，報告をせず，又は虚偽の報告をしたとき。 五　第47条第3項（第66条において準用する場合を含む。）の規定に基づく政令に定める登記を怠ったとき。 六　第47条第7項（第66条において準用する場合を含む。）において準用する民法第51条第1項の規定に違反して，財産目録を作成せず，又は財産目録に不正の記載をしたとき。 七　理事若しくは監事が欠けた場合又は規約で定めたその員数が欠けた場合において，その選任手続を怠ったとき。 八　第55条第3項（第66条において準用する場合を含む。）において準用する民法第79条第1項又は第81条第1項の規定による公告を怠り，又は不正の公告をしたとき。 九　第55条第3項（第66条において準用する場合を含む。）において準用する民法第81条第1項の規定による破産宣告の請求を怠ったとき。	

建物の区分所有等に関する法律	中高層共同住宅標準管理規約（単棟型）
十　第55条第3項（第66条において準用する場合を含む。）において準用する民法第82条第2項の規定による検査を妨げたとき。 **第70条**　第48条第2項（第66条において準用する場合を含む。）の規定に違反した者は，5万円以下の過料に処する。	

2 「標準管理規約」新旧対照（平成9年度版／昭和58年度版）

建　設　省

(1) 中高層共同住宅標準管理規約（単棟型）新旧対照（抄）

新	旧
（専有部分の範囲） 第7条　対象物件のうち区分所有権の対象となる専有部分は，<u>住戸番号を付した住戸とする。</u>	（専有部分の範囲） 第7条　対象物件のうち区分所有権の対象となる専有部分は，<u>次のとおりとする。</u> 　<u>一　住戸番号を付した住戸（以下「住戸部分」という。）</u> 　<u>二　倉庫番号を付した倉庫（以下「倉庫部分」という。）</u>
（共有持分） 第10条　各区分所有者の共有持分は，<u>別表第3に掲げるとおりとする。</u>	（共有持分） 第10条　各区分所有者の共有持分は，<u>その所有する専有部分の床面積の割合による。</u> 2　前項の床面積の計算は，壁芯計算（界壁の中心線で囲まれた部分の面積を算出する方法をいう。）によるものとする。
（分割請求及び単独処分の禁止） 第11条　区分所有者は，敷地又は共用部分等の分割を請求することはできない。 2　区分所有者は，<u>専有部分と敷地及び共用部分等の共有持分とを分離して譲渡，抵当権の設定等の処分をしてはならない。</u>	（分割請求及び単独処分の禁止） 第11条　区分所有者は，敷地又は共用部分等の分割を請求することはできない。 2　区分所有者は，<u>次の各号に掲げる場合を除き，住戸部分と倉庫部分とを分離し，又は専有部分と敷地及び共用部分等の共有持分とを分離して譲渡，貸与，抵当権の設定等の処分をしてはならない。</u> 　<u>一　住戸部分のみを他の区分所有者又は第三者に貸与する場合</u> 　<u>二　倉庫部分のみを他の区分所有者に譲渡又は貸与する場合</u>
（駐車場の使用） 第15条　<u>管理組合は，</u>別添の図に示す駐車場について，<u>特定の区分所有者に駐車場使用契約により使用させることができる。</u> 2　前項により駐車場を使用している者は，別に定めるところにより，管理組合に<u>駐車場使用料</u>を納入しなければならない。	（駐車場の専用使用権） 第15条　<u>区分所有者は，</u>別添の図に示す駐車場について，<u>管理組合が特定の区分所有者に対し駐車場使用契約により専用使用権を設定することを承認する。</u> 2　駐車場について<u>専用使用権を有している</u>者は，別に定めるところにより，管理組合に<u>専用使用料</u>を納入しなければならない。

新	旧
3　区分所有者がその所有する<u>専有部分</u>を，他の区分所有者又は第三者に譲渡又は貸与したときは，その区分所有者の<u>駐車場使用契約は効力を失う。</u> 4・5　（削除）	3　区分所有者がその所有する<u>住戸部分</u>を，他の区分所有者又は第三者に譲渡又は貸与したときは，その区分所有者の<u>駐車場の専用使用権は消滅する。</u> 4　前項にかかわらず，当該譲渡又は貸与の相手方が同居人であるときは，当該同居人は，当該駐車場を専用使用することができる。 5　第3項にかかわらず，当該貸与の期間が，3年未満であるときは，当該駐車場の専用使用権は消滅しない。ただし，管理組合は，当該期間中，他の区分所有者に当該駐車場を使用させることができる。
<u>（専有部分の修繕等）</u> <u>第17条　区分所有者は，その専有部分について，修繕，模様替え又は建物に定着する物件の取付け若しくは取替え（以下「修繕等」という。）を行おうとするときは，あらかじめ，理事長（第33条に定める理事長をいう。以下同じ。）にその旨を申請し，書面による承認を受けなければならない。</u> <u>2　前項の場合において，区分所有者は，設計図，仕様書及び工程表を添付した申請書を理事長に提出しなければならない。</u> <u>3　理事長は，第1項の規定による申請について，承認しようとするとき，又は不承認としようとするときは，理事会（第49条に定める理事会をいう。以下同じ。）の決議を経なければならない。</u> <u>4　第1項の承認があったときは，区分所有者は，承認の範囲内において，専有部分の修繕等に係る共用部分の工事を行うことができる。</u> <u>5　理事長又はその指定を受けた者は，本条の施行に必要な範囲内において，修繕等の箇所に立ち入り，必要な調査を行うことができる。この場合において，区分所有者は，正当な理由がなければこれを拒否してはならない。</u> （敷地及び共用部分等の<u>管理</u>）	（敷地及び共用部分等の<u>管理に関する責任と負担</u>）

新	旧
<u>第21条</u>　敷地及び共用部分等の管理については，管理組合がその責任と負担においてこれを行うものとする。ただし，バルコニー等の管理のうち，通常の使用に伴うものについては，専用使用権を有する者がその責任と負担においてこれを行わなければならない。 <u>2　専有部分である設備のうち共用部分と構造上一体となった部分の管理を共用部分の管理と一体として行う必要があるときは，管理組合がこれを行うことができる。</u>	<u>第20条</u>　敷地及び共用部分等の管理については，管理組合がその責任と負担においてこれを行うものとする。ただし，バルコニー等の管理のうち，通常の使用に伴うものについては，専用使用権を有する者がその責任と負担においてこれを行わなければならない。
第2節　費用の負担 （管理費等） **第24条**　区分所有者は，敷地及び共用部分等の管理に要する経費に充てるため，次の費用（以下「管理費等」という。）を管理組合に納入しなければならない。 　一　管理費 　二　特別修繕費 2　管理費等の額については，各区分所有者の共用部分の共有持分に応じて算出するものとする。	第2節　費用の負担 （管理費等） 第23条　区分所有者は，敷地及び共用部分等の管理に要する経費に充てるため，次の費用（以下「管理費等」という。）を管理組合に納入しなければならない。 　一　管理費 　二　特別修繕費 　<u>三　組合費</u> 2　管理費及び特別修繕費の額については，各区分所有者の共有持分に応じて算出し，組合費の額については，各区分所有者が所有する住戸の数に応じて算出するものとする。
（管理費） **第26条**　管理費は，次の各号に掲げる通常の管理に要する経費に充当する。 　一　管理人人件費 　二　公租公課 　三　共用設備の保守維持費及び運転費 　四　備品費，通信費その他の事務費 　五　共用部分等に係る火災保険料その他の損害保険料 　六　経常的な補修費 　七　清掃費，消毒費及び<u>ごみ</u>処理費 　八　管理委託費 　<u>九　管理組合の運営に要する費用</u> 　<u>十</u>　その他敷地及び共用部分等の通常の管理に要する費用	（管理費） 第25条　管理費は，次の各号に掲げる通常の管理に要する経費に充当する。 　一　管理人人件費 　二　公租公課 　三　共用設備の保守維持費及び運転費 　四　備品費，通信費その他の事務費 　五　共用部分等に係る火災保険料その他の損害保険料 　六　経常的な補修費 　七　清掃費，消毒費及び<u>塵芥</u>処理費 　八　管理委託費 　九　その他敷地及び共用部分等の通常の管理に要する費用

新	旧
（修繕積立金） **第27条** 管理組合は，特別修繕費を修繕積立金として積み立てるものとする。 2　修繕積立金は，次の各号に掲げる特別の管理に要する経費に充当する場合に限って取り崩すことができる。 　一・二　（略） 　三　敷地及び共用部分等の変更 　四　（略） 3　（略） 4　特別修繕費及び修繕積立金については，管理費とは区分して経理しなければならない。 （業務） **第31条** 管理組合は，次の各号に掲げる業務を行う。 　一　管理組合が管理する敷地及び共用部分等（以下本条及び第46条において「組合管理部分」という。）の保安，保全，保守，清掃，消毒及びごみ処理 　二　組合管理部分の修繕 　三　長期修繕計画の作成又は変更に関する業務 　四　共用部分等に係る火災保険その他の損害保険に関する業務 　五　区分所有者が管理する専用使用部分について管理組合が行うことが適当である	（修繕積立金） 第26条　管理組合は，特別修繕費を修繕積立金として積み立てるものとする。 2　修繕積立金は，次の各号に掲げる特別の管理に要する経費に充当する場合に限って取り崩すことができる。 　一　一定年数の経過ごとに計画的に行う修繕 　二　不測の事故その他特別の事由により必要となる修繕 　三　敷地及び共用部分等の変更又は処分 　四　その他敷地及び共用部分等の管理に関し，区分所有者全体の利益のために特別に必要となる管理 3　管理組合は，前項各号の経費に充てるため借入れをしたときは，特別修繕費をもってその償還に充てることができる。 4　修繕積立金については，管理費及び組合費とは区分して経理しなければならない。 （組合費） 第27条　組合費は，次の各号に掲げる管理組合の運営に要する経費に充当する。 　一　会議費 　二　広報及び連絡業務に要する費用 　三　役員活動費 　四　その他管理組合の運営に要する費用 （業務） 第31条　管理組合は，次の各号に掲げる業務を行う。 　一　管理組合が管理する敷地及び共用部分等（以下本条及び第46条において「組合管理部分」という。）の保安，保全，保守，清掃，消毒及び塵芥処理 　二　組合管理部分の修繕 　三　共用部分等に係る火災保険その他の損害保険に関する業務 　四　区分所有者が管理する専用使用部分について管理組合が行うことが適当である

新	旧
と認められる管理行為 六　敷地及び共用部分等の<u>変更及び運営</u>	と認められる管理行為 五　敷地及び共用部分等の<u>変更，処分及び運営</u>
七～十二　（略）	六～十一　（略）
（役員の任期） 第34条　役員の任期は○年とする。ただし，再任を<u>妨</u>げない。	（役員の任期） 第34条　役員の任期は，<u>毎年○月○日から翌年○月○日までの１年</u>とする。ただし，再任をさまたげない。
（議決権） 第44条　<u>各組合員の議決権の割合は，別表第5に掲げるとおりとする。</u>	（議決権） 第44条　<u>組合員は，その所有する住戸１戸につき各１個の議決権を有する。</u>
２～６　（略）	２～６　（略）
（議決事項） 第46条　次の各号に掲げる事項については，総会の決議を経なければならない。 　一・二　（略） 　三　管理費等及び<u>使用料</u>の額並びに賦課徴収方法 　四　（略） 　<u>五　長期修繕計画の作成又は変更</u> 　六　<u>第27条</u>第２項に定める特別の管理の実施並びにそれに充てるための資金の借入れ及び修繕積立金の取崩し 　<u>七　第21条第２項に定める管理の実施</u> 　八～十三　（略）	（議決事項） 第46条　次の各号に掲げる事項については，総会の決議を経なければならない。 　一　収支決算及び事業報告 　二　収支予算及び事業計画 　三　管理費等及び<u>専用使用料</u>の額並びに賦課徴収方法 　四　規約の変更及び使用細則の制定又は変更 　<u>五　第26条</u>第２項に定める特別の管理の実施並びにそれに充てるための資金の借入れ及び修繕積立金の取崩し 　六～十一　（略）
（議決事項） 第52条　理事会は，この規約に別に定めるもののほか，次の各号に掲げる事項を決議する。 　一・二　（略） 　<u>三　長期修繕計画の作成又は変更に関する案</u> 　四　その他の総会提出議案 　<u>五　第17条に定める承認又は不承認</u> 　六　第63条に定める勧告又は指示等 　七　総会から付託された事項	（議決事項） 第52条　理事会は，この規約に別に定めるもののほか，次の各号に掲げる事項を決議する。 　一　収支決算案，事業報告案，収支予算案及び事業計画案 　二　規約の変更及び使用細則の制定又は変更に関する案 　三　その他の総会提出議案 　四　第63条に定める勧告又は指示等 　五　総会から付託された事項

新	旧
（理事長の勧告及び指示等） 第63条　1・2　（略） 3　区分所有者がこの規約若しくは使用細則に違反したとき，又は区分所有者若しくは区分所有者以外の第三者が敷地及び共用部分等において不法行為を行ったときは，理事長は，理事会の決議を経て，その差止め，排除若しくは原状回復のための必要な措置又は費用償還若しくは損害賠償の請求を行うことができる。 （合意管轄裁判所） 第64条　この規約に関する管理組合と組合員間の訴訟については，対象物件所在地を管轄する○○地方（簡易）裁判所をもって，第一審管轄裁判所とする。 2　第46条第八号に関する訴訟についても，前項と同様とする。	（理事長の勧告及び指示等） 第63条　1・2　（略） 3　区分所有者が，この規約若しくは使用細則に違反したとき又は区分所有者若しくは区分所有者以外の第三者が敷地及び共用部分等において不法行為を行ったときには，理事長は，理事会の決議を経て，その差止め又は排除のための必要な措置をとることができる。 （合意管轄裁判所） 第64条　この規約に関する管理組合と組合員間の訴訟については，対象物件所在地を管轄する○○地方（簡易）裁判所をもって，第一審管轄裁判所とする。

別表第3　敷地及び共用部分等の共有持分割合

住戸番号＼持分割合	敷地及附属施設	共　用　部　分
○○号室	○○○分の○○	○○○分の○○
○○号室	○○○分の○○	○○○分の○○
○○号室	○○○分の○○	○○○分の○○
○○号室	○○○分の○○	○○○分の○○
○○号室	○○○分の○○	○○○分の○○
・	・	・
・	・	・
・	・	・
・	・	・
・	・	・
・	・	・
合　　　計	○○○分の○○○	○○○分の○○○

別表第5　議決権割合

住戸番号	議決権割合	住戸番号	議決権割合
○○号室	○○○分の○○	○○号室	○○○分の○○
○○号室	○○○分の○○	○○号室	○○○分の○○
○○号室	○○○分の○○	○○号室	○○○分の○○
○○号室	○○○分の○○	○○号室	○○○分の○○
○○号室	○○○分の○○	○○号室	○○○分の○○
・	・		
・	・		
・	・		
・	・		
・	・	合　　　計	○○○分の○○○

(2) 中高層共同住宅標準管理規約（単棟型）コメント新旧対照（抄）

新	旧
全般関係 ① この標準規約が対象としているのは，一般分譲の住居専用の<u>単棟型</u>マンションで，<u>各住戸の床面積等が，均質のものもバリエーションのあるものも含めている。</u> 　いわゆる等価交換により特定の者が多数の住戸を区分所有する場合，一部共用部分が存する場合，管理組合を法人とする場合等は別途考慮するものとする。 　<u>なお，店舗併用等の複合用途型マンション及び数棟のマンションが所在する団地型マンションについては，それぞれについて標準規約を示しているので，それらを参考とするものとする。</u> ② 駐車場の扱い等，この標準規約に示している事項の取扱いに関しては，マンションの所在地の状況等の個別の事情を考慮して，<u>合理的な範囲内において，</u>その内容に多少の変化をもたせることも差し支えない。 　<u>なお，別に定められる公正証書による規約と一覧性をもたせることが望ましい。</u> ③ この規約は，新規分譲が行われる場合に使用するために作成したものであるが，既存のマンションで既にある管理規約については，<u>特に長期修繕計画の作成等必要な部分について，この規約の規定を参考にして，なるべく早い時期に修正されることが望ましい。この場合においては，</u>地域，居住時期，分譲時期等によって，<u>そのマンション</u>固有の事情があるので慎重を期する必要がある。 **第7条関係** ① <u>専有部分として倉庫又は車庫を設けるときは，「倉庫番号を付した倉庫」又は「車庫番号を付した車庫」を加える。また，すべての住戸に倉庫又は車庫が付属しているのではない場合は，管理組合と特定の者との使用契約により使用させることとする。</u>	**全般関係** ① この標準規約が対象としているのは，一般分譲の住居専用マンションで，<u>50ないし100戸程度の中規模で各戸均質のものである。したがって，</u>いわゆる等価交換により特定の者が多数の住戸を区分所有する場合，<u>店舗兼用の場合，数棟のマンションが所在する場合，戸数が大幅に多かったり少なかったりする場合</u>等は別途考慮するものとする。 　また，一部共用部分が存する場合，管理組合を法人とする場合等<u>も別途考慮するものとする。</u> 　特に，駐車場等の扱いに関しては，マンションの所在地の状況，駐車場の収容台数等の事情を考慮して，その内容に多少の変化をもたせることも差し支えない。 ② この規約は，新規分譲が行われる場合に使用するために作成したものであり，既存のマンションで既にある管理規約を修正することまで要求するものではない。 　この規約を使うこととする場合においても，居住時期，地域，分譲時期等によって固有の事情があるので慎重を期する必要がある。 　なお，別に定められる公正証書による規約とも整合性をとる必要がある。 **第7条関係** ① 住戸部分だけを専有部分とするときは，第1項は，「対象物件のうち区分所有権の対象となる専有部分は，住戸番号を付した住戸（以下「住戸部分」という。）とする。」とする。専有部分として車庫を設けるときは，第1項第二号を「倉庫番号を付した倉庫及び車庫番号を付した車庫」とする。ま

新	旧
	た，全ての住戸に倉庫又は車庫が付属しているのではない場合は，倉庫又は車庫は専用使用部分として取り扱うのが望ましい。
第10条関係 ① 共有持分の割合については，専有部分の床面積の割合によることとする。ただし，敷地については，公正証書によりその割合が定まっている場合，それに合わせる必要がある。 　登記簿に記載されている面積は，内のり計算によるが，共有持分の割合の基準となる面積は，壁心計算（界壁の中心線で囲まれた部分の面積を算出する方法をいう。）によるものとする。 ② 敷地及び附属施設の共有持分は，規約で定まるものではなく，分譲契約等によって定まるものであるが，本条に確認的に規定したものである。なお，共用部分の共有持分は規約で定まるものである。 第11条関係 ① 住戸を他の区分所有者又は第三者に貸与することは本条の禁止に当たらない。 ② 倉庫又は車庫も専有部分となっているときは，倉庫（車庫）のみを他の区分所有者に譲渡する場合を除き，住戸と倉庫（車庫）とを分離し，又は専有部分と敷地及び共用部分等の共有持分とを分離して譲渡，抵当権の設定等の処分をしてはならない旨を規定する。	第10条関係 　登記簿に記載されている面積は，内のり計算によるが，共有持分の割合の基準となる面積は，壁心計算によるものとしている。
第14条関係 ① バルコニー等については，専有部分と一体として取り扱うのが妥当であるため，専用使用権について定めたものである。	第14条関係 ① バルコニー等の専用使用権は，専有部分（住戸部分）と一体として取り扱うのが妥当であるため，駐車場の専用使用権と区別して定めたものである。
第15条関係 ① 本条は，マンションの住戸の数に比べて駐車場の収容台数が不足しており，駐車場の利用希望者（空き待ち）が多いという一般的状況を前提としている。 ② ここで駐車場と同様に扱うべきものとしては，倉庫等がある。	第15条関係 ① 本状は，マンションの住戸の数に比べて駐車場の収容台数が不足しており，駐車場の利用希望者（空き待ち）が多いという一般的状況を前提としている。 ② ここで駐車場と同様に扱うべきものとしては，倉庫等がある。

新	旧
③ 本条の規定のほか，使用者の選定方法をはじめとした具体的な手続き，使用者の遵守すべき事項等駐車場の使用に関する事項の詳細については，「駐車場使用細則」を別途定めるものとする。また，駐車場使用契約の内容（契約書の様式）についても駐車場使用細則に位置づけ，あらかじめ総会で合意を得ておくことが望ましい。	
④ 駐車場使用契約は，次のひな型を参考とする。	③ 駐車場使用契約（ひな型）
駐車場使用契約書 ○○マンション管理組合（以下「甲」という。）は，○○マンションの区分所有者である○○（以下「乙」という。）と，○○マンションの駐車場のうち別添の図に示す○○の部分につき駐車場使用契約を締結する。当該部分の使用に当たっては，乙は下記の事項を遵守するものとし，これに違反した場合には，甲はこの契約を解除することができる。 記 1 契約期間は，平成 年 月 日から平成 年 月 日までとする。ただし，乙がその所有する専有部分を他の区分所有者又は第三者に譲渡又は貸与したときは，本契約は効力を失う。 2 月額○○円の駐車場使用料を前月の○日までに甲に納入しなければならない。 3 別に定める駐車場使用細則を遵守しなければならない。 4 当該駐車場に常時駐車する車両の所有者，車両番号及び車種をあらかじめ甲に届け出るものとする。	○○マンション管理組合（以下「甲」という。）は，○○マンションの区分所有者である○○（以下「乙」という。）に対し，○○マンションの駐車場のうち別添の図に示す○○の部分につき専用使用権を設定する。専用使用部分の使用に当たっては，乙は下記の事項を遵守するものとし，これに違反した場合には，甲はこの契約を解除することができる。 記 1 月額○○円の専用使用料を前月の末日までに甲に納入すること。 2 別に定める駐車場使用規則を遵守すること。 3 当該駐車場に常時駐車する車両の所有者，車両番号及び車種をあらかじめ甲に届け出ること。
⑤ 車両の保管責任については，管理組合が負わない旨を駐車場使用契約又は駐車場使用細則に規定することが望ましい。 ⑥ 駐車場使用細則，駐車場使用契約等に，管理費，特別修繕費の滞納等の規約違反の	④ 駐車場使用契約に契約期間及び契約の更新に関する事項を定めることもできる。

新	旧
場合は，契約を解除できるか又は次回の選定時の参加資格をはく奪することができる旨の規定を定めることもできる。 ⑦ 駐車場使用者の選定は，最初に使用者を選定する場合には抽選，2回目以降の場合には抽選又は申込順にする等，公平な方法により行うものとする。 　また，マンションの状況等によっては，契約期間終了時に入れ替える方法という又は契約の更新を認めるという方法等について定めることも可能である。 ⑧ 駐車場が全戸分ない場合等には，駐車場使用料を近傍の同種の駐車場料金と均衡を失しないよう設定すること等により，区分所有者間の公平を確保することが必要である。 **第17条関係** ① 区分所有者は，区分所有法第6条第1項の規定により専有部分の増築又は建物の主要構造部に影響を及ぼす行為を実施することはできない。 ② 「専有部分の修繕，模様替え又は建物に定着する物件の取付け若しくは取替え」の工事の具体例としては，床のフローリング，ユニットバスの設置，主要構造部に直接取り付けるエアコンの設置，配管（配線）の枝管（枝線）の取付け・取替え，間取りの変更等がある。 ③ 本条は，配管（配線）の枝管（枝線）の取付け，取替え工事に当たって，共用部分内に係る工事についても，理事長の承認を得れば，区分所有者が行うことができることも想定している。 ④ 専有部分の修繕等等の実施は，共用部分に関係してくる場合もあることから，ここでは，そのような場合も想定し，区分所有法第18条の共用部分の管理に関する事項として，同条第2項の規定により，規約で別の方法を定めたものである。	⑤ 専用使用権を取得する者の選定基準 1　申込順の最も早い者が取得することが望ましい。最初に取得者を選定する場合等，それが明らかでない場合は，抽選が妥当である。 2　管理費，特別修繕費，その他の使用料を滞納している者については，専用使用権の設定を拒否することができる。 　なお，この基準は，あらかじめ総会で合意を得ていることが望ましい。

新	旧
なお，区分所有法第17条の共用部分の変更に該当し，集会の決議を経ることが必要となる場合もあることに留意する必要がある。 ⑤　承認を行うに当たっては，専門的な判断が必要となる場合も考えられることから，専門的知識を有する者（建築士，建築設備の専門家等）の意見を聴く等により専門家の協力を得ることを考慮する。 　特に，フローリング工事の場合には，構造，工事の仕様，材料等により影響が異なるので，専門家への確認が必要である。 ⑥　承認の判断に際して，調査等により特別な費用がかかる場合には，申請者に負担させることが適当である。 ⑦　工事の躯体に与える影響，防火，防音等の影響，耐力計算上の問題，他の住戸への影響等を考慮して，承認するかどうか判断する。 ⑧　専有部分に関する工事であっても，他の居住者等に影響を与えることが考えられるため，工事内容等を掲示する等の方法により，他の区分所有者等へ周知を図ることが適当である。 ⑨　本条の承認を受けないで，専有部分の修繕等の工事を行った場合には，第63条の規定により，理事長は，その是正等のため必要な勧告又は指示若しくは警告を行うか，その差止め，排除又は原状回復のための必要な措置等をとることができる。 ⑩　本条の規定のほか，具体的な手続き，区分所有者の遵守すべき事項等詳細については，使用細則に別途定めるものとする。 ⑪　申請書及び承認書の様式は，次のとおりとする。 　　　　専有部分修繕等工事申請書 　　　　　　　　　　　平成　年　月　日 ○○マンション管理組合 　理事長　○○○○　殿 　　　　　　　　氏　名　○○○○	

(2　「標準管理規約」新旧対照（平成9年度版／昭和58年度版））　**資料**　267

新	旧
下記により，専有部分の修繕等の工事を実施することとしたいので，○○マンション管理規約第17条の規定に基づき申請します。 　　　　　　　記 1　対象住戸　　○○号室 2　工事内容 3　工事期間　平成　年　月　日から 　　　　　　　平成　年　月　日まで 4　施工業者 5　添付書類　設計図，仕様書及び工程表	
専有部分修繕等工事承認書 　　　　　　　　　　平成　年　月　日 　○○○○　殿 　平成　年　月　日に申請のありました○○号室における専有部分の修繕等の工事については，実施することを承認します。 （条件） 　　　　　　　○○マンション管理組合 　　　　　　　　理事長　○○○○	
第18条関係 ①　使用細則で定めることが考えられる事項としては，動物の飼育やピアノ等の演奏に関する事項等専有部分の使用方法に関する規制や，駐車場，倉庫等の使用方法，使用料等敷地，共用部分の使用方法や対価等に関する事項等があげられ，このうち専有部分の使用に関するものは，その基本的事項は規約で定めるべきものである。 　なお，使用細則を定める方法としては，これらの事項を一つの使用細則として定める方法と事項ごとに個別の細則として定める方法とがある。	

新	旧
② 犬，猫等のペットの飼育に関する規定は，規約で定めるべき事項である。 　飼育を認める場合には，動物等の種類及び数等の限定，管理組合への届出又は登録等による飼育動物の把握，専有部分における飼育方法並びに共用部分の利用方法及びふん尿の処理等の飼育者の守るべき事項，飼育に起因する被害等に対する責任，違反者に対する措置等の規定を定める必要がある。 　なお，基本的事項を規約で定め，手続き等の細部の規定を使用細則等に委ねることは可能である。	
第21条関係 ③　第2項の対象となる設備としては，配管，配線等がある。 ④　配管の清掃等に要する費用については，第26条第三号の「共用設備の保守維持費」として管理費を充当することが可能であるが，配管の取替え等に要する費用のうち専有部分に係るものについては，各区分所有者が実費に応じて負担すべきものである。	第20条関係
第24条関係 ①　管理費等の負担割合を定めるに当たっては，使用頻度等は勘案しない。 ②　管理費のうち，管理組合の運営に要する費用については，組合費として管理費とは分離して徴収することもできる。 ③　自治会費，町内会費等は地域コミュニティーの維持・育成のため居住者が任意に負担するものであり，マンションという共有財産を維持・管理していくための費用である管理費等とは別のものである。	第23条関係 　管理費等の負担割合を定めるに当たっては，使用頻度等は勘案しない。
第27条関係 ②　分譲会社が分譲時において将来の計画修繕に要する経費に充当していくため，一括して購入者より修繕積立基金として徴収している場合があるが，これについても特別修繕費の一部として，修繕積立金として積み立てられ，区分経理されるべきものである。	第26条関係

新	旧
第31条関係 ① 建物を長期にわたって良好に維持・管理していくためには，一定の年数の経過ごとに計画的に修繕を行っていくことが必要であり，その対象となる建物の部分，修繕時期，必要となる費用等について，あらかじめ長期修繕計画として定め，区分所有者の間で合意しておくことは，円滑な修繕の実施のために重要である。 ② 長期修繕計画の内容としては次のようなものが最低限必要である。 　1　計画期間が20年程度以上であること。 　2　計画修繕の対象となる工事として外壁補修，屋上防水，給排水管取替え等が掲げられ，各部位ごとに修繕周期，工事金額等が定められているものであること。 　3　全体の工事金額が定められたものであること。 　　また，長期修繕計画の内容については定期的な（おおむね5年程度ごとに）見直しをすることが必要である。 ③ 長期修繕計画の作成又は変更及び修繕工事の実施の前提として，劣化診断（建物診断）を管理組合として併せて行う必要がある。 ④ 長期修繕計画の作成又は変更に要する経費及び長期修繕計画の作成等のための劣化診断（建物診断）に要する経費の充当については，管理組合の財産状態等に応じて管理費又は修繕積立金のどちらからでもできる。 　　ただし，修繕工事の前提としての劣化診断（建物診断）に要する経費の充当については，修繕工事の一環としての経費であることから，原則として修繕積立金から取り崩すこととなる。	
第34条関係 ① 役員の任期については，組合の実情に応じて1～2年で設定することとし，選任に当たっては，その就任日及び任期の期限を明確にする。	第34条関係

新	旧
第44条関係 ① 議決権については共用部分の共有持分の割合，あるいはそれを基礎としつつ多数を算定しやすい数字に直した割合によることが適当である。 ② 各住戸の面積があまり異ならない場合は，住戸1戸につき各1個の議決権により対応することも可能である。 　また，住戸の数を基準とする議決権と専有面積を基準とする議決権を併用することにより対応することも可能である。 第64条関係 　規約違反，管理費等の滞納等区分所有者等による義務違反に対し，訴訟によることとした場合，その者に対して弁護士費用その他の訴訟に要する費用について実費相当額を請求できるようにするため，あらかじめその旨を規約に位置づけておくことが考えられる。	第44条関係 ① 各住戸の面積が相当異なる場合は，住戸の数を基準とする議決権と専有面積を基準とす

主要参考・引用文献一覧

1．『区分所有法の改正』濱崎恭生著，法曹会，1989年
2．『コンメンタール　マンション区分所有法』稲本洋之助・鎌野邦樹著，日本評論社，1997年
3．『区分所有法　注解不動産法(5)』青山正明編，青林書院，1997年
4．『基本法コンメンタール　マンション法（第二版）』水本浩・遠藤浩・丸山英気編，日本評論社，1999年
5．『マンション管理士・管理業務主任者完全攻略――予想問題＋項目別整理集』，東京法経学院講師室編，東京法経学院出版，2001年
6．『マンション管理法入門』山畑哲世著，信山社，1998年
7．『マンション管理法セミナー』山畑哲世著，信山社，2001年
8．『出る順宅建　本試験問題集』LEC東京リーガルマインド
9．『マンション管理士・管理業務主任者　本試験問題と詳細解説』東京法経学院出版
10．『調査士択一過去問マスター』東京法経学院出版
11．『司法書士過去問集』早稲田経営出版

【著者紹介】

山畑　哲世（やまばた　てつよ）

1958年（昭和33年）鹿児島県奄美大島群島・加計呂麻島に生まれる。
1981年（昭和56年）創価大学法学部法律学科卒業
管理会社日本ハウズィング(株)，大和ハウス工業(株)を経て，現在フジ住宅(株)（大証二部上場）に勤務。

[主要著書]
- 『マンション管理法入門』（信山社，1998年）
- 『マンション管理法セミナー』（信山社，2001年）
- 『マンション管理士必携』共著，（不磨書房，2001年）
- 『マンション管理士・管理業務主任者完全攻略──予想問題＋項目別整理集』共著，（東京法経学院出版，2001年）
- 『マンション管理士・管理業務主任者　本試験問題と詳細解説』共著，（東京法経学院出版，2002年）
- 『マンション管理士PLUS管理業務主任者　完全攻略SP④マンション管理の実務』（東京法経学院出版，2002年）
- 「平井宜雄教授の『反論可能性テーゼ』について」（「ポパーレター」Vol.10, No.1　1998年5月号）

[所属団体・資格等]
管理業務主任者，マンション管理士，区分所有管理士，宅地建物取引主任者，日本マンション学会会員，日本ポパー哲学研究会会員

〈過去問〉で学ぶ　実務区分所有法

2002年8月26日　第1版第1刷発行

著者　山畑　哲世

発行　不磨書房
〒113-0033　東京都文京区本郷6-2-9-302
TEL 03-3813-7199／FAX 03-3813-7104

発売　㈱信山社
〒113-0033　東京都文京区本郷6-2-9-102
TEL 03-3818-1019／FAX 03-3818-0344

制作　編集工房INABA

©著者, 2002, Printed in Japan　印刷・製本／松澤印刷

ISBN4-7972-9068-4 C3332

◆法学検定試験を受けよう！　　　　（定価は税別）

ワークスタディ刑法総論 1,800 円
ワークスタディ刑法各論 2,200 円
　　島岡まな編／北村佳世子／末道康之／松原芳博ほか
ワークスタディ商法（会社法）
　　石山卓磨編／中村信男／土井勝久／松岡啓祐ほか　2,400 円

ケイスメソッド **民　法　Ⅰ　総則** 2,000 円
ケイスメソッド **民　法　Ⅱ　物権法** 2,400 円
　　上條醇／工藤農／舘幸嗣／湯川益英／大窪久代ほか

◆マンション管理士試験受験者に　　　山畑哲世著

〈過去問〉で学ぶ **実務区分所有法** 2,200 円
マンション管理法セミナー 2,222 円
マンション管理法入門 3,600 円

揃えておきたい充実した **法規集**　〈予想問題と法規集〉
マンション管理士必携
　　岡﨑泰造 編／新井泉太朗・天海義彦
　　澤田博一・山畑哲世　　　　　　1，800円（税別）

マンション学13号 日本マンション学会　2,000 円
　　特集；区分所有法改正中間試案を巡って／建替えか、リモデリングか
　　［◇ 日本マンション学会：入会問合せは、Tel　03-3818-8081］

不磨書房／信山社